말글 공부

한글 깨치기에서 문해력까지

김민숙 김주루 김청미 김혜련 오현옥 홍인재 지음

에듀니티

말글 공부가 중요한 이유

학습은 일정한 절차와 단계가 있어서 배울 때를 놓치거나 제대로 배우지 못하면 다음 단계 학습이 불가능하거나 부실해진다. 이러한 학습결손이 누적되면 단기간에 극복하기 어렵다. 이는 학습은 물론 생애 전반에 걸쳐 부정적인 영향을 준다.

기초학력 저하와 학습 격차의 가장 큰 원인은 한글 해득과 문해력의 차이다. 초등학교에서의 한글 교육은 집짓기의 기초와 같다. 아무리 좋은 집도 기초 없이 지을 수 없듯이 한글을 제대로 배우지 않으면 학습이 불가능하다. 초등 저학년에서 한글 교육이 중요한 이유이다.

문해력은 글을 읽고 이해하는 힘이다. 문해력이 떨어지는 학생은 글을 읽어도 그 뜻을 이해하지 못한다. 집중해서 읽거나, 이해하려 애를 써도 가닥이 잘 잡히지 않는다. 그런 학생들은 글을 읽는 것 자체가 견디기 힘든 고통이다. 그래서 읽지 않는다. 읽지 않는 학생이 학습을 잘할 수는 없다. 학습에 잘 참여하지 못하면 학교생활도 즐겁게 할 수 없을 것이며, 학교에서의 삶의 방식과 사고가 그 후의 생활에도 지대한 영향을 미칠 것이다. 결국 문해력은 학습을 좌우할 뿐만 아니라 인간의 삶을 좌우하는 가장 기본적인 능력이라 말할 수 있다.

1997년 IMF 외환 위기는 우리 사회 곳곳에 상흔을 남겼고, 그 영향은 이후로도 계속되었다. 성격은 다르지만, 코로나19도 마찬가지일 것이다. 직, 간접적인 여파가 앞으로 당분간 계속될 것이며, 이러한 국가적인 재난이 있을 때 그 피해는 가장 취약한 계층인 어린이들에게 더 크게 돌아갈 것이다.

2020년 코로나19 발생 초기에 우리나라의 모든 학교는 3월이 되어도 문을 열지 못했다. 학생들은 학교에 가는 대신 집에서 원격으로 수업을 받았다. 6월이 되어서야 개학한 학교 문도 여닫기를 반복하고, 확진과 격리 등을 이유로 일정 기간 집에서만 지내야 하는 상황도 벌어졌다. 학교 역할이 축소되면서 가정의 돌봄 차이는 고스란히 아이의 학력 차이로 귀결되고 있다. 가정환경의 차이가 대물림되어 학습 격차로 이어지고, 학습 격차가 삶의 격차로 이어지는 악순환이 더욱 깊어진 것이다.

우리나라에 체류하는 외국인이 점점 늘어나고 있고, 2050년을 전후하여 국내 체류 외국인이 13.9%에 달할 것이라 내다보고 있다.[1] 어쩌면

---

1) 장한업, 『이제는 상호문화교육이다』, 교육과학사, 2014.

이보다 더 늘어날지도 모른다. 일자리를 찾아 한국으로 건너오는 외국인도 있지만, 결혼을 통해 이주하는 이들도 많다. 2020년 한 해 동안 한국인과 외국인 사이에서 태어난 다문화 아이는 16,421명으로, 전체 출생아의 6%에 해당한다. 2011년부터 10년간 태어난 다문화 아이는 20여만 명에 이른다.

외국인들은 사회 곳곳에서 한국인들이 기피하는 일을 하고, 세금을 내며, 경제가 돌아갈 수 있게 혈관과도 같은 역할을 한다. 외국인과의 사이에서 태어난 다문화 아이는 앞으로 대한민국의 큰 자산이 될 것이다. 이들은 이중언어자로서 그 나라와 우리나라를 연결하는 가교 역할을 할 것이다. 그래서 서로를 존중하고 이해하려는 노력이 훨씬 더 필요해졌다.

그러나 교사의 시야에 들어오는 다문화 아이들의 말글살이는 그다지 양호하지 않다. 다문화 아이인지 알 수 없을 정도로 유창하게 말하는 아이도 있지만, 발음과 어순, 문화 이해 등이 또래보다 부족한 아이들도 많다. 이런 아이들을 어떻게 도와야 할지, 다문화 아이의 특성과 그에 따른 교육 방법은 무엇인지 우리는 아직 걸음조차 떼지 못하고 있는 것 같다.

IMF나 코로나 같은 국가적 재난이든, 불평등한 사회 구조 속에서 처음부터 그랬든, 외국인이거나 다문화 가정의 아이든, 교실에는 학습을 힘겨워하는 아이들이 앉아 있다. 이들 대부분은 한글 해득에서부터 시작하여 누적된 결손으로 학교생활 전반에 걸쳐 어려움을 겪는다. 이들을 어떻게 지원하여 격차를 줄여서 사회로 내보낼 것인가가 우리에게 주어진 중요한 과제이다.

공동체의 일원으로 함께 살아갈 토대를 만드는 말과 글을 제대로 가르치기 위해 지금도 전국의 선생님들이 각자의 교실에서 나름의 방법으로 열심히 노력하고 있다. 다른 아이들보다 느린 아이들을 좀 더 잘 지원하기 위해서도 온 힘을 다해 애쓰고 있다.

　우리도 지난 1년 동안 각자의 교실에서 한글 미해득 아이와 문해력이 떨어지는 아이를 가르쳤고, 우리말이 서툴렀던 다문화 아이에게 말글을 가르쳤다. 각자의 실천 과정과 사례를 나누면서 연구하고 토론하고 정리했다. 우리는 전국의 교실에서 한글 지도에 어려움을 겪고 있는 선생님들에게 도움이 될 글을 쓰고 싶었다. 그래서 각자가 지도한 과정과 사례를 기록하고, 그것을 책으로 엮었다. 함께 하면서 한글 교육에 관한 생각이 더욱 단단해졌고, 그 힘은 다시 아이들을 가르치는 데에 도움을 주었다.

　지금, 이 순간에도 전국의 교실에서 말과 글 때문에 어려움을 겪고 있을 아이들과 그 아이를 가르치는 선생님들에게 이 책이 도움이 되면 좋겠다. 그래서 살아가기에 좀 더 나은 세상이 되면 참 좋겠다.

2022년 여름
6인의 저자 씀

차례

머리말   말글 공부가 중요한 이유   04

1장
....
읽기 발달에 따른
읽기·쓰기 학습 13

| 홍인재 |

우리가 만난 여섯 빛깔의 아이들   15

아동의 읽기 발달 과정   18

한글 단어 읽기 발달 단계   24

학습의 전제 조건, 읽기·쓰기 자동화   26

2장
....
발음이 더딘
1학년 루아와 루비 31

| 김혜련 |

봄 | 내 이름은 더루아, 더루비   33

여름 | 'ㅅ'의 [스] 소리가 정확하게 들렸다   46

가을 | 글자를 읽기 시작한다   52

겨울 | 이제 복잡한 받침이 있는 낱말도 읽어보자   60

담임선생님의 존재감   65

유아기 언어 수준에 머물러 있는 아이의 한글 공부   72

3장

**다문화 아이,
윤서의 한국어 수업** 75

| 김주루 |

윤서를 도와주세요 77

'오리'가 '오이'가 되다 82

'이'랑 '가'랑 헤어져야 해 86

당연히 아는 것은 없다 90

자석 글자 이용하기 94

아이의 속도에 맞추기 96

외국인 엄마의 자녀 양육어 105

다문화 학생을 가르칠 때 이렇게 해보세요 110

4장

**찬이의 말글 공부,
맑은 공부** 113

| 김청미 |

스스로 잘하고 싶은 아이, 찬이 115

입말부터 시작하자 118

놀면서도 많은 말을 배울 수 있다 123

아는 말로 지어내서 읽는 아이 127

아이의 호흡에 맞추기까지 130

읽기와 쓰기가 좋아졌어요 137

그림책으로 삶을 담은 말글 공부　143

말글과 함께 마음이 자라는 공부　147

말과 글이 함께 자라게 하자　152

5장

잘 까먹는 아이,
하늘이의 한글 깨치기　157

| 김민숙 |

수십 번 반복해야 하나를 아는 아이　159

소리로 배우는 한글　164

그림책으로 배우는 한글　179

'한글 책임교육'을 위해 전담 교사가 필요하다　191

잘 까먹는 아이의 한글 깨치기 방법　196

6장

편한 대로 읽고 쓰는
지안이　199

| 오현옥 |

모든 일에 적극적인 아이, 지안이　201

한글 수업의 출발은 아이로부터　203

편한 대로 읽고 썼던 한글　206

받침을 어떻게 가르치지?　211

아이가 원하는 수업 VS 교사가 해야 하는 수업　215

어휘의 마태효과 **222**

한글을 늦게 배워도 정말 괜찮을까? **226**

그림책으로 한글 지도하기 **228**

7장
....

6학년 준영이의 문해 수업 231

| 홍인재 |

더 공부하고 싶은 아이, 준영이 **233**

고학년 아이의 읽기·쓰기 진단하기 **236**

준영이의 3개월 고군분투기 **245**

자음과 모음 소리 공부 **259**

문장 만들기 연습 **269**

마음에도 근육이 필요하다 **278**

고학년 아이의 문해력 키우기 **284**

고학년 아이의 문해 수업, 이렇게 하자 **287**

맺음말　아이들은 왜 배우지 못하는가? **289**

부록

한글 지도 교재와 교구, 무엇을 사용할까? **297**

손바닥 그림책 **298** | 찬찬한글 **301**

1장

읽기 발달에 따른
읽기·쓰기 학습

홍인재

우리가 만난 여섯 빛깔의 아이들

한글은 매우 과학적인 글자라 그 어떤 언어보다 배우기 쉽지만, 모두가 그렇지는 않다. 일부 아이는 매우 힘들어하거나, 배우는 속도가 상대적으로 느리다. 다양한 이유로 언어 발달이 늦어지면서 한글 해득 능력에도 영향을 미치기 때문이다. 초등학교 교실에서 한글 해득에 어려움을 겪는 아이를 곧잘 볼 수 있고, 교사들은 그런 아이를 어떻게 가르칠지가 늘 고민이다.

한글 지도에 매뉴얼은 없다. 아이마다 각자에게 맞는 방법이 있을 뿐이다. 어떤 아이는 의미중심 지도 방법으로 가르칠 때 더 쉽게 배우고, 어떤 아이는 발음중심 지도 방법으로 가르칠 때 더 잘 습득한다. 나이에 따라 다르고, 발달 정도에 따라 다르며, 글자를 받아들이는 경로나 자라온 배경과 환경에 따라 모두 다르다. 그래서 모든 아이에게 똑같이 적용할 수 있는 지도 방법은 없다.

다만 아이들의 읽기는 문장이나 단어가 의미 단위로 뭉쳐 있다가 음절과 음소 단위로 분리되어 발달해간다는 것과 1학년에 입학한 아이 대부분은 발음을 중심으로 글자를 가르쳐야 하는 시기라는 것 정도가 매뉴얼의 전부라고 할 수 있다. 단어와 문장을 어떻게 분리하여 사고하게 할지, 음절 글자를 음소 단위로 쪼개어 어떻게 가르칠지, 이러한 방법을 어느 시기에 어떤 방법으로 적용할지 등이 아이마다 모두 달라서 가르치면서 연구하고, 함께 모여서 사례를 나누는 방법이 가장 좋은 나만의 매뉴얼이 될 수 있다.

이러한 생각을 바탕으로 전북읽기교육연구회 선생님 여섯 명이 짧게는 3개월에서부터 길게는 1년 동안 가르치면서 각자의 아이에게 맞는 한글 공부 방법을 함께 찾아나갔다. 아이를 가르치면서 기록하고, 기록한 것을 함께 나누며 연구하였다. 글자를 전혀 읽지 못하는 아이에서부터 다문화 아이, 한글 해득 이후의 아이까지 여섯 명에게 적용한 방법은 모두 달랐다.

루아는 1학년 쌍둥이 여자아이로 처음 만난 날 '서리콩'을 '더리공'이라고 발음하여 선생님을 어리둥절하게 만들었다. 아직 단어들을 의미 단위로 뭉쳐서 사고하여 음절 단위로는 글자를 분리하지 못했다. 그리고 수돗가에 있는 '수도'와 같은 기본적인 사물의 이름도 모를 만큼 어휘가 부족했다.

윤서는 1학년 다문화 여자아이다. 베트남인 엄마와 한국인 아빠 사이에서 태어난 윤서는 외국인이 한국말을 처음 배울 때처럼 발음이 이상하고, 어순이 맞지 않아서 무슨 말을 하는지 알아듣기 위해서는 특별한 노력을 기울여야 했다.

2학년 찬이는 바둑알로 알까기 놀이를 하는 것을 좋아하고, 즐겨 하면서도 바둑알이라는 이름을 알지 못한다. 친구들과 어떻게 의사소통을 해야 하는지를 잘 모르는 찬이는 상황에 맞는 문장과 말을 잘 고르지 못해서, 많은 상황을 소리치는 것으로 해결하려고 한다. 글을 잘 읽지 못해서 수업에도 참여가 어렵다. 찬이는 통낱말 읽기 단계를 지나 음절 단위로 사고할 줄은 알지만, 알고 있는 글자는 많지 않다.

2학년 남자아이 하늘이는 전날 배웠던 것을 다음 날이 되면 모르고, 지난주에 분명 알고 있던 것도 주말을 보내고 오면 잊어버려서 선생님 속을 태웠다. 1학년 때 담임선생님도, 2학년 때 담임선생님도 하늘이를 열심히 가르쳤는데 좀처럼 읽기 실력이 늘지 않고 제자리다. 어제 배운 글자를 읽어보자고 하면 해맑은 얼굴로 웃으며 "까먹었어요."라고 말하곤 했다.

지안이는 2학년 남자아이로 할아버지와 할머니를 비롯하여 엄마, 아빠의 사랑을 듬뿍 받고 자라서인지 모든 일에 적극적이고 활달하다. 그러나 지안이는 글을 잘 읽고 쓰지 못한다. '오이'와 같은 받침 없는 쉬운 글자는 읽지만, 받침이 들어간 글자는 전혀 읽고 쓰지 못하는 지안이를 두고 엄마는 '때가 되면 읽게 되겠지.'라거나 '조금 늦어도 괜찮아.'라고 생각한다.

1, 2학년 때 겨우겨우 한글을 해득한 아이들은 고학년이 되어서 어떻게 살아갈까? 한글 해득 이후의 과정을 잘 해나가고 있을까? 6학년 준영이는 저학년 때 겨우 한글을 깨쳤지만, 소릿값이 정확하게 자리 잡지 않아서 음절 단위로 끊어 더듬더듬 읽기도 하고, 글자를 쓰려면 받침이 있는지 없는지 헷갈리기도 한다. 어휘력도 매우 낮아서 글을 읽고 내용을 이해하는 데 어려움이 많다. 그럭저럭 수업에 참여하고, 수학 과목에는 자신이 있지만, 국어나 사회 시간은 재미가 없다.

우리가 만났던 여섯 빛깔 아이들의 사연이다. 글자를 읽지 못하는 이유나 읽기, 쓰기 수준이 모두 달라서 출발점과 접근하는 방법을 달리해야 했다.

아동의 읽기 발달 과정

아동의 읽기 발달
통낱말 읽기 → 음절 단위 읽기 → 어절 단위 읽기 → 문장 단위 읽기

아동의 읽기 발달 과정을 정리하면 위와 같다. 아이들은 문장이나 단어를 통째로 읽다가 글자를 하나씩 떼어서 읽을 줄 알게 되고, 음절 글자를 익힌 이후에 어절 단위로 끊어 읽을 줄 알게 되며, 어절 단위 읽기가 익숙해지면 비로소 의미 단위로 끊어서 읽을 수 있다.

통낱말 읽기
통낱말 읽기 단계에 있는 아이들은 글자를 그림으로 인식한다. '개미' 글자를 '개'와 '미'로 나누어 보지 못하고 '개미'로 본다. 아이에게 '개미'는 글자라기보다 그림에 가까워서 실제 개미 그림이나 '개미' 글자나 인식에는 별반 차이가 없다. 이런 아이들은 글자를 읽을 때 그림과 같은 단서가 있어야 읽을 수 있으며, 단서가 사라지면 읽지 못하거나, '개', '미'를 따로 떼어 놓으면 읽지 못한다.

서너 살 무렵의 아이에게 그림책을 보여주면서 '개미가 기어가요.'라고 읽어주면 아이는 다음에 책을 볼 때 '개미가 기어가요.'라고 읽기도 하

고, '개미가 기어가네.'라거나, '개미가 기어갔어요.'라고 읽기도 한다. 그림 단서를 보고 꾸며내거나 기억에 의존하여 읽는 것이다. 읽는다기보다 그림을 보면서 말한다는 표현이 맞다. 그림 없이 '개미가 기어가요.'를 따로 적어서 보여주면 물론 읽지 못한다.

문장이나 단어를 통째로 읽는 아이들은 글자의 마디 개념이 없어서 '강아지'가 세 글자인지 알지 못하기도 하고, '강아지'의 '아'와 '아빠'의 '아'가 같은 글자임을 알아차리지 못하기도 한다. 취학 이전의 아동(4~6세)이 여기에 해당한다. 학교에 오는 아이 중 아직 이 수준에 머무르는 아이가 드물게 있다.

학교에 입학한 아이가 아직도 통낱말 단계에 머물러 있다면 음절 개념 형성을 위한 활동부터 시작해야 한다. 단어를 음절 단위로 끊어서 입으로 소리 내면서 손뼉치기도 해보고, 몇 글자인지 손가락을 접어가며 세어보고, 소리 낸 단어를 자석 글자로 만들어본 후 그렇게 만들어진 글자를 보면서 그리는 것과 같은 활동을 하면 좋다.

음절 단위 읽기

음절 개념이 생기기 시작하면 한 글자씩 아는 글자가 생기기 시작한다. 보통 아이들이 가장 먼저 알게 되는 글자는 자기 이름이다. 가장 많이 듣고, 가장 먼저 배우는 글자이니 당연하다.

일곱 살 건영이는 자신의 이름인 '이건영'을 읽고 쓸 줄 아는 아이였다. 그런데 '이'를 떼어서 보여주면 '이'라고 읽었지만, '건'을 보여주니 읽지 못했다. 어느 날인가부터 '아! 이건영의 건!'이라고 소리쳤다. '개미'와 같은 짧은 단어는 '개'와 '미'를 떼어서 읽을 줄 알았지만, '아이스크림'과 같은 긴 단어는 중간에 들어 있는 글자를 떼어내면 읽지 못했다. 음절의 개념이 생기기 시작한 건영이는 음절 글자 읽기 단계에 막 들어선 아이였다.

건영이와 같은 시기에 있는 아이에게 음절 글자를 보여주면, '미'를 '개미의 미', '나'를 '나비의 나' 하는 식으로 읽는 경우가 많다. 자신이 아는 단어에서 음절 글자를 떼어다가 대답하기 때문이다. 이 시기의 아이들은 '호랑이'의 '호'를 알면 '호박꽃'도 '호랑이'라고 읽고, '호리병'이나 심지어 '호주머니'도 '호랑이'라고 읽기도 한다. 읽기가 유창하지 못하면 고학년도 자신이 알고 있는 글자나 단어를 가져다가 읽느라 틀리게 읽는 아이들이 있다. 하지만 이런 아이들 모두가 다 같은 단계에 있다고는 할 수 없다. 아이들은 이미 알고 있는 낱말 속에서 글자를 떼어다가 읽으며 계속 아는 글자를 모아간다. 많이 듣고, 많이 말하기를 충실히 거친 아이들이라면 음절 개념이 생기면서부터 모든 음절 글자 익히기가 순조롭게 진행되어 글자를 읽는 일이 그리 어렵지 않게 된다.

음절 단위
끊어 읽기

1학년 아이들은 주로 음절 단위로 끊어서 읽는다. 어떤 아이는 빠르게 읽고, 어떤 아이는 한 글자씩 더듬거리며 읽기도 한다. 카메라 앱을 켜고 QR 코드를 찍은 후 아이의 읽기를 들어보자.

첫 번째 아이는 아주 유창하게 잘 읽는다. 음절 단위로 한 글자씩 빠르게 읽는다. 한글을 깨친 지 얼마 되지 않은 두 번째 아이는 한 글자씩 천천히 힘겹게 읽는다. 세 번째 아이는 어절 단위로 쉬면서 음절 단위로 끊어 읽는다. 네 번째 아이는 아직 모든 음절 글자를 다 익히지 못해 오류가 있지만, 이 아이 역시 음절 읽기 단계에 있다.

1학년을 마치는 12월 즈음 아이들 중 40%가량이 음절 글자 읽기 단계에 있었다. 이와 비슷한 비중으로 음절 단위와 어절 단위를 섞어서 띄어 읽었고, 의미 단위로 띄어 읽는 아이도 있었다.[2] 쓰기는 읽기와 조금 달랐다. 쓰기를 하겠다고 했을 때 여기저기서 아이들이 띄어 써야 하는지 물었다. 하고 싶은 대로 하라고 하자 몇몇 아이들을 제외한 모두가 글자를 붙여 썼다. 어절 단위로 띄어 읽게 하면서 띄어쓰기를 매우 강조했던 반 아이들 중 대여섯 명만이 띄어 썼다. 읽기보다 쓰기 발달이 조금 더 늦다는 것을 보여준 사례였다.

부분적 음절 글자 읽기 단계에 있는 아이들에게는 모든 글자를 익히는 활동을 하되, 자연스럽게 소릿값을 익히게 하면 좋다. 소릿값을 익히는 데는 의성어나 의태어를 활용한 말놀이가 좋다. 명시적으로 소릿값을 가르쳐도 좋지만, 아이가 글자에 흥미를 잃지 않도록 하는 것이 더 중요하다.

더듬거리며, 때로 오류를 보이며 힘겹게 음절 글자를 읽는 아이에게는 정확하게 읽기가 무엇보다 중요하다. 이때의 아이들은 손가락으로 짚어 가며 읽어도 좋다. 어느 정도 읽기가 익숙해진 아이들과 모든 글자를 읽으면서 빠르게 읽는 아이들에게는 어절의 개념을 가르쳐야 한다. 함께 소리 내어 읽고, 교사를 따라 읽으면서 아이들은 자연스럽게 어절의 개념을 터득할 수 있다.

어절 단위 읽기

어절의 개념이 생겨야 띄어 읽을 수 있고, 띄어 읽을 줄 알아야 띄어

---

2) 2018년부터 3년간 1학년 학생 130여 명의 읽기 검사 결과 분석 내용.

쓸 수 있다. 2~3학년 아이들은 어절 단위로, 의미 단위로 띄어 읽을 수 있다. 2학년을 마치는 12월에는 90% 이상의 아이들이 어절 단위로, 의미 단위로 띄어서 읽는다. 3학년을 마칠 무렵이 되면 아이들 대부분은 의미 단위로 띄어서 읽는다. 처음 보는 낯선 단어나, '슈정'과 같은 무의미 단어를 음절 단위로 한 글자씩 읽거나 반복하여 다시 읽기도 하지만 전체적으로는 의미 단위로 띄어서 읽는다.

어절 단위로 읽는 아이들은 내용 이해도 어절 단위로 한다. 가령 '깊은 산속에 호랑이가 살고 있었습니다.'를 읽을 때 '깊은'을 읽고 나서 '아하! 깊다는 말이구나.'라고 생각하고, '산속'을 읽으며 산 이미지를 떠올리는 식으로 어절 단위로 생각한다. 문장을 끝까지 다 읽은 후에야 깊은 산에 있는 동굴 속 호랑이 모습을 떠올리며 전체적으로 사고할 수 있다.

음절 읽기를 지나서 어절 읽기 단계에 들어서야 아이들은 왜 띄어서 써야 하는지, 어디에서 띄어야 하는지 감각적으로 이해할 수 있다. 그래서 1학년 때에는 띄어쓰기를 강조하지 않아야 하고, 2학년 때에는 띄어 읽기와 함께 본격적으로 띄어서 쓰기를 가르쳐야 한다. 3학년을 마치기 전에는 띄어쓰기도 마칠 수 있어야 한다.

문장 단위 읽기

읽기가 익숙하고 유창해지면 문장 단위로 글을 볼 수 있게 된다. 문장 단위로 글을 읽게 되면 읽기와 내용 이해를 동시에 수행할 수 있게 된다. 2~3학년 시기에 소리 내어 읽으면서 어절 읽기를 충실히 수행한 아이들은 문장 읽기를 더욱 잘할 수 있다. 이미 1학년 때부터 의미 단위로 띄어 읽는 아이도 있고, 2학년 아이 중에도 그렇게 읽는 아이가 상낭하다. 3

학년을 마치는 아이 대부분은 의미 단위로 띄어서 읽을 수 있다.

3학년 2학기 무렵부터 시작하여 4학년 때에는 문장을 읽을 때 의미 단위로 띄어서 읽는 방법을 안내하고, 그렇게 읽을 수 있게 연습 시간을 마련해주어야 한다. 줄줄줄 읽다가 숨이 차는 곳에서 쉬는 일이 벌어지지 않도록 어디서 쉬어 읽어야 할지 명시적으로 가르쳐야 한다. 그렇게 읽을 줄 알아야 읽기를 활용한 공부를 제대로 할 수 있게 된다.

읽기 발달과 띄어 읽기의 관계

우리가 가르쳤던 아이들은 통낱말 읽기 단계의 아이도 있었고, 문장 읽기 단계의 아이도 있었다. 통낱말 읽기 단계에 있었던 루아는 사고 발달이 아직 거기까지 가지 못했는지, 아니면 그림책과 글자를 접할 기회가 없어서 그랬는지 이유는 잘 모른다. 준영이는 문장 읽기 단계에 있는 아이였지만, 모든 글자를 의미 단위로 띄어 읽지 못했다. 어떤 것은 음절 단위로, 어떤 것은 어절 단위로, 또 어떤 것은 의미 단위로 띄어 읽었다. 모든 글자를 붙여 쓰는 것이 습관이 되어 어디서 띄어야 할지 알면서도 띄어 쓰지 않았다.

다음 QR 코드 속 아이들은 모두 1학년이다. 학년을 마치는 12월에 읽은 것으로 띄어 읽는 방법이 뚜렷하게 구분이 되는 것을 모았다.

읽기 발달 단계별 띄어 읽기

| 음절 중심 | 음절+어절 중심 | 어절 중심 | 어절+의미 중심 | 의미 중심 |

1학년임에도 불구하고 벌써 의미 단위로 띄어서 읽는 아이도 있고, 한 글자씩 손가락으로 짚어가며 겨우 읽어내는 아이도 있다. 문자를 해독^{解讀}한 아이들은 낯선 것은 음절 단위로, 익숙한 것은 어절이나 의미 단위로 띄어서 읽기 때문에 어느 한 방법으로 띄어 읽지 않는다. 이제 막 한글을 깨쳐서 더듬더듬 겨우 읽는 아이는 글자를 익숙하게 읽을 시간을 주어야 하고, 음절 단위로 빠르게 잘 읽는 아이는 어절 단위로 띄어 읽기를 가르쳐야 한다. 5, 6학년이 되어서도 준영이처럼 읽는다면 같은 문장을 반복하여 소리 내어 읽을 시간을 마련해주어야 한다. 아이들에게는 읽기의 바다를 건너 독해^{讀解}의 세계로 나아갈 수 있는 가르침과 시간이 필요하다.

한글 단어 읽기 발달 단계

한글 단어 읽기 발달

통낱말 읽기 → 음절 글자 읽기 → 음소(자소) 읽기

아동의 읽기 발달과 더불어 한글 단어 읽기 발달 이해도 중요하다. 단어를 그림으로 인식하여 통으로 읽는 단계를 지나 음절 단위로 글자를 익히고 나면 음소 단위로 소리를 구분할 수 있게 된다. '수달'을 읽을 때 처음에는 단서를 활용하여 글자를 그림처럼 인식하여 읽다가 [수], [달]과 같이 음절 단위로 글자를 분리한다. 그런 후에 '수'는 [스], [우]로 '달'은

[다], [을]로, 다시 [드], [아], [을]로 분리할 수 있게 된다.

아이들의 단어 읽기 발달 단계를 고려하면, 초등학교 입학 전 아이에게는 통문장, 통낱말로 읽기를 가르치고, 그 후에 '가, 나, 다…'와 같은 음절 글자를, 이어서 소릿값을 가르치는 순서로 진행하면 좋다. 초등학교 1학년을 마치는 시기의 아이 대부분은 음소(자소) 읽기 단계까지 도달한다. 그러나 2, 3학년 아이 중 일부는 여전히 '고녀, 슈랍'과 같은 무의미 단어나, '착춰'와 같이 뜻도 모르고 발음마저 어려운 단어는 읽기 어려워한다. 모든 단어를 유창하게 읽을 수 있는 자동화 단계가 되어야만 비로소 낯선 단어도 무리 없이 읽고, 문장 안에서 의미를 유추해낼 수 있다.

어절, 음절, 음소, 자소

어절語節은 문장을 구성하고 있는 각각의 마디로 문장 성분의 최소 단위이면서 띄어쓰기의 단위가 된다. '옛날에 호랑이가 살고 있었습니다.'라는 문장은 4어절로 구성되어 있다.

음절音節은 단어를 구성하고 있는 음의 단위, 소리의 마디를 의미한다. '호랑이'는 3개의 음절 '호, 랑, 이'로 구성되어 있다.

음소音素는 음(소리)을 이루는 구성요소로 '호랑이'는 6개의 음소를 가지고 있다. '호'는 2개의 음소 '흐, 오'로 '랑'은 3개의 음소 '르, 아, 응'으로, '이'는 1개의 음소 '이'로 구성되어 있다.

자소字素는 글자의 구성요소로 '호랑이'는 7개의 자소로 이루어져 있다. '호'는 2개의 자소 'ㅎ, ㅗ'로, 랑은 세 개의 자소 'ㄹ, ㅏ, ㅇ'으로, '이'는 두 개의 자소 'ㅇ, ㅣ'로 구성되어 있다.

학습의 전제 조건, 읽기·쓰기 자동화

문자 해득을 끝내고 나면 읽기와 쓰기를 활용하여 본격적으로 학습을 할 수 있게 된다. 읽기·쓰기를 활용하여 학습하려면 문자를 눈으로 봄과 동시에 소리가 떠올라야 하고, 동시에 이미지가 그려지면서 무슨 뜻인지 이해가 되어야 한다. 또한, 소리를 들음과 동시에 글자의 모양이 떠올라서 연필을 잡고 쓸 수 있어야 한다. 굳이 생각해내려고 애쓰지 않더라도 소리와 문자가 자동으로 송수신이 되어야 한다. 읽기·쓰기 자동화는 학습의 전제 조건이라 할 수 있다.

예를 들어 '어제 동물원에서 호랑이를 보았습니다. 무섭기도 했지만, 포효하는 모습이 멋있어 보였습니다.'라는 문장을 읽는 경우를 생각해보자. 글을 읽어나가는 동안 차례대로 동물원, 호랑이, 보는 모습 등이 떠오를 것이다. '무섭다, 멋있다'라는 추상적인 말도 평소에 그 느낌에 맞게 만들어놓은 이미지를 떠올리며 글을 읽을 것이다.

물론 이 글을 읽는 대부분의 독자는 글을 읽으면서 자신이 이미지를 떠올린다는 것 자체도 인식하지 못할 것이다. 이미 읽기 자동화 과정을 마쳤기 때문이다. 이미지를 떠올리는 것을 넘어서서 전체적인 느낌과 인상적인 것이 남아서 글의 내용을 파악하고, 글쓴이가 말하고자 하는 것이 무엇인지를 읽음과 동시에, 또는 다 읽은 후에 곰곰 생각하여 찾아낼 수 있다. 능숙한 독자일수록 이러한 과정은 더 잘 일어난다.

아이들은 어떨까? 문자 해득 시기의 아이들은 '호랑이'라는 글자를 음절 단위로 '호-랑-이'라고 한 글자씩 천천히 읽는다. 세 글자를 다 읽고 나서야 '아! 호랑이'라고 이해하며 이미지를 떠올린다. 물론 호랑이를

문자를 읽고 의미를 이해하는 과정

호랑이 → [이미지] → 검은 줄무늬가 있고,
이빨이 사나운 동물
(저마다의 경험에 따라
모두 다르게 해석)

[문자 읽기]　　　[이미지 떠오르기]　　　[해석하기]

알지 못하는 아이라면 이 과정을 수행할 수 없다. 실물을 봤든, 그림으로 익혔든지 간에 기억 속에 호랑이 이미지가 있어야만 가능한 일이다.

음절 단위로 한 글자씩 문자를 읽어내는 시기를 마치고 나면 어절 단위로 글을 읽고 이해할 수 있게 된다. 어절 단위로 글을 읽는 아이들은 '어제 동물원에서 호랑이를 보았습니다.'라는 문장을 읽을 때 '어제'를 읽으며 어제에 해당하는 이미지를 '동물원에서'를 읽으며 동물원을, '호랑이를'을 읽으며 호랑이를, '보았습니다'를 읽으며 보는 장면이 차례로 떠오른다. 문장의 말미에 가서야 '아하! 어제 호랑이를 보았다는 말이구나.'라고 인지하게 된다. 그리고 그에 맞는 경험 속 이미지를 불러다가 자신에게 맞게 해석한다.

아이들의 읽기 발달 과정을 분석해보면 빠른 아이는 1학년 입학 초기부터 어절 단위와 문장 단위로 읽기도 한다. 그러나 아이들 대부분은 1학년을 지나는 동안 음절 단위로 한 글자씩 글자를 읽고, 1학년을 마치는 12월에 40%가량이 음절 단위로 끊어서 글을 읽는다. 그리고 2학년을 마치는 시기에도 많은 아이가 문장을 음절 단위로, 어절 단위로 끊어서 읽는다. 소리 내어 읽기 연습이 부족할 경우 2, 3학년 시절에 마쳐야 할 어절 단위 끊어 읽기를 고학년이 되어서도 계속한다.

6학년 아이들에게 소리 내어 읽기를 시켜보면 약 30%가량의 아이들이 낯선 단어(뜻을 모르는 단어, 또는 자주 보지 않은 단어)는 음절 단위로 읽고, 많은 부분에서 음절 단위로, 어절 단위로 멈칫거리며 읽는다. 이런 아이들은 글자를 어떻게 읽을지 고민하고, 문자에 해당하는 소리를 기억해내느라 내용에 집중할 수 없다.

문장을 음절 단위로, 어절 단위로 끊어서 읽는다는 것은 이해가 그만큼 늦어진다는 것을 의미한다. 따라서 문장을 읽고 이해하고, 그것을 활용하여 공부하려면 글이 문장 단위로 눈에 들어와야 하고, 의미 단위로 끊어서 읽을 줄 알아야 한다.

쓰기는 어떨까? '호랑이'라는 단어를 쓴다고 생각해보자. 우리는 '호랑이'라는 단어의 소리는 어떻게 나며, 모양은 어떻게 생겼는지를 생각하는 절차를 생략하고 들음과 동시에 쓸 수 있다. 쓰기 자동화가 이미 끝났기 때문이다. 그러나 글자를 배우는 시기의 아이들은 먼저 '호랑이'에 들어 있는 소리의 조각들을 입으로 소리 내어보고, 그에 맞는 모양을 찾아 연결하면서 쓴다. 그래서 1학년 아이들의 경우 글자를 불러주면 혼잣말로 '호~~오 라~~앙 이~~'로 소리를 내면서 쓴다. 어떤 아이는 '호-랑-이'와 같이 소리를 모아 음절 단위로 소리내기도 하고, 소리를 내지 않고 쓰는 아이도 있다. 아이들은 저마다의 발달 속도를 반영하며 글을 쓴다. 쓰기도 읽기와 마찬가지로 소리 내어보지 않고도 듣기와 동시에 쓸 수 있어야 그 이후의 학습이 가능하다.

아이의 읽기 발달 단계와 한글 단어 읽기 발달을 고려하여 그 수준에 맞게 아이를 가르치는 것은 매우 중요한 일이다. 읽기와 쓰기를 활용하여 학습을 해나가기 위해서는 자동화 과정이 꼭 필요하다. 이러한 점을 염두에 두고 우리는 다섯 명의 아이는 정확한 문자 해득에 초점을 맞추었고, 준영이는 유창하게 읽고 쓰게 하려고 노력했다. 아이들은 저마다의 속도로 배우고 성장하면서 읽고 쓸 줄 아는 아이들이 되어갔다.

2장

발음이 더딘
1학년 루아와 루비

김혜련
··········

봄 | 내 이름은 더루아, 더루비

4월 중순, 쌍둥이 자매가 담임선생님 손에 이끌려 나를 찾아왔다.

"이름이 뭐야?"

그 아이가 작은 소리로 "더루아." 하고 대답했다. 이름이 '더루아'라니 신기하고 의아해서 다시 물었다. "어? 진짜 더루아?"

내 질문에 아이는 고개를 숙이고 손가락을 만지작거렸다. 옆에 있던 쌍둥이 자매 중 다른 아이가 대신 대답했다. "더루아. 저는 더루비요."

당황스러워하는 내 표정이 오히려 의아한 듯 쌍둥이 자매는 동그란 눈으로 나를 똑바로 바라보았다. 이 상황을 바꾸기 위해 나는 급하게 화분이 그려진 종이를 아이들에게 건네며 나만의 꽃을 그려보자고 했다. 한 송이도 좋고 여러 송이도 괜찮으니 자유롭게 그려보라고 했다. 아이들은 대체로 가족의 수만큼 꽃송이를 그리는 경향이 있는데, 루아와 루비는 똑같이 여섯 개의 꽃을 그렸다. 나는 그중에 자기 꽃은 어떤 것인지 골라서 이름을 써달라고 했다. 아이들은 한 송이 꽃 아래에다 자기 이름을 썼다. '서루아', '서루비'였다.

쌍둥이 자매는 이어진 내 질문에 매우 작은 목소리로 대답했다. 게

다가 잘 알아들을 수 없을 정도로 발음이 부정확했다. 마치 대여섯 살 아이처럼, 흔히 말하는 혀 짧은 소리로 얘기했다. '나의 꽃 그리기' 활동에서 루아와 루비가 그린 꽃송이마다 각각 가족의 이름을 써보라고 했다. 루아와 루비는 네 송이의 꽃 아래에 아빠, 엄마, 자매의 이름을 모두 정확하게 썼다.

> **교사**: 그럼, 나머지는 누구 꽃이야?
>
> **루아**: 공, 밤
>
> **교사**: 공, 밤은 누군데?
>
> **루아**: 우리 강아지요.
>
> **교사**: 집에서는 뭐라고 불러?
>
> **루아**: 더리공이요.
>
> **교사**: 더리공?

글자로 만들어서 보여줄 수 있는지 묻자 루아가 고개를 끄덕이더니 자석으로 글자를 만들었다.

'서리콩'

자석 칠판에 '서리콩'이라는 글자가 만들어져 있었다. 루아와 루비네 집에는 강아지 두 마리가 있는데, 갈색 강아지는 이름이 '밤이', 검정 강아지는 '서리콩'이었다. 쌍둥이 자매 루아와 루비는 둘 다 'ㅅ'을 [ㄷ]로, 'ㅋ'를 [ㄱ]로 소리 내고 있었다. 그래서 '서리콩'을 '더리공'이라고 말한 것이다.

1학년 쌍둥이 자매인 루아와 루비는 엄마와 살고 아빠는 한 달에 한 번 정도 만난다고 했다. 두 아이는 '서리콩'을 '더리공'이라고 발음하는 것도 같고, 읽고 쓰는 단어의 수준도 비슷했다. 유아기에 다양한 언어 환경에 노출되지 못하고 자매들끼리만 소통해서 그런지 발음과 어휘 등이 유아 수준에 머물러 있었다. 두 아이만의 제한된 언어 환경 속에서 지내는 것에 별 불편함을 느끼지 못했을 것이다.

  청각에는 문제가 없지만, 교사의 말을 듣고 따라 하는 것을 정확하게 발음하지 못했다. 말의 내용을 이해하지 못하는 것 같았다. 게다가 말하고 읽는 것을 부담스러워했고, 어른의 말을 듣고 정확하게 반응하는 것을 어려워하는 반면 그림 그리는 것은 무척 좋아했다. 그래서인지 글자를 보고 베껴 쓰는 것은 능숙하게 해냈다.

  두 아이 모두 한글 지도가 필요하지만 내가 루아와 루비를 함께 지도하는 것은 안 될 것 같았다. 늘 붙어 있어서 말하는 것을 비롯하여 많은 부분이 흡사한 아이들이 글을 배우는 과정에서도 서로의 오류를 그대로 반복할 가능성도 있어 보였다.

  루아와 루비는 쌍둥이 자매지만 생김새도 성격도 다르다. 루아는 루비보다 키가 크고 얼굴이 동그랗다. 루비는 조그만 달걀형 얼굴로 루아에 비해 키가 작고 마른 편이다. 하얀 피부가 힘이 없어 보인다. 루아와 루비의 공통점이라면 얼굴에 표정이 잘 드러나지 않는다는 것이다.

  살펴보니 언어 발달이나 학습 능력에도 차이가 있었는데 루비가 루아보다 언어 발달이 조금 빠른 편이었다. 질문을 하면 대부분 루비가 대답했으며, 꽃 그림 아래에 쓴 이름을 읽을 때도 루비의 반응이 더 빨랐다. 그래서 같이 한글을 공부할 때 반응이 빠른 루비 때문에 루아가 위축되어 학습에 방해를 받을 수 있는 상황을 고려하여 읽기 발달이 조금 빠른 루비는 담임교사가 맡고, 두리교사[3]인 내가 루아를 맡아 각각 지도하기로 했다.

루아와 루비를 처음 만난 날, 나는 루아에게 자모음 읽기를 시켜보았는데 '아'도 읽지 못했다. 입학한 지 한 달이 넘어서 교실에서 자음과 모음을 모두 배웠을 텐데, 단 한 글자도 읽지 못하는 것이 다소 충격적이었다. 돌이켜 생각해보니, 낯선 어른이 갑자기 글자를 읽어보라고 해서 무서웠을 것 같다. 어른을 만난 경험이 부족해서 쌍둥이 자매가 위축되어 더 입을 열지 못했는지도 모른다.

그런 아이들을 데리고 한글 해득 수준을 알아보기 위해 진단검사를 했다. 루아와 루비는 이 검사지의 글자를 하나도 읽지 못했다. 여러 상황을 고려하더라도 전혀 읽지 못하는 아이들이 안타까웠다. 그림 카드를 보여주면 읽을까 싶어서 카드 읽기를 해보았다. '개미', '라면' 카드는 그림을 보고 유추해서 낱말을 읽었지만, '마이크', '동물원' 등의 낱말은 그림을 보고도 알맞은 말을 찾지 못했다. 그림책을 읽거나 낱말카드 놀이를 해본 경험이 없었거나, 마이크 등이 무엇인지 몰랐던 것 같다. 그래서인지 그림을 보고 유추해서조차 읽을 수 있는 낱말이 거의 없었다.

루아와 루비는 읽기 발달 단계 중 통낱말 읽기 단계에 있었으며 시각 단서를 활용하여 낱말을 읽었다. 그마저도 배경지식이 부족하여 통째로 읽을 수 있는 낱말의 수가 매우 적었다. 'ㅅ'를 [드]로 소리 내었고, 센소리

---

3) 두리교사는 전라북도교육청에서 1수업 2교사제(두리교사제) 운영을 위해 만든 명칭이다. 정규교사 중에서 희망하는 학교에 배치하여 주로 2학년 교실에서 담임교사와 협력 수업을 진행하고, 1~2학년 아이들의 초기문해력 개별화 수업을 지원한다.

와 된소리도 정확하지 않았다. 글자를 익히기에 앞서 필요한 발음과 말하기, 듣기, 배경지식 등이 부족하여 어느 것 하나도 쉬워 보이지 않는 아이들이었다. 그러나 아이들이 공교육의 테두리 안에 들어왔으니 어떻게든 읽고 쓰기를 가르쳐야 했다.

하나의 낱말을 읽고 쓰기까지

첫 수업 날, 2층의 1학년 교실에서 올라갔다는 루아가 오지 않았다. 루아가 걱정되어 복도에 나가 이리저리 찾던 중 한참 만에 루아가 4층 계단을 오르고 있는 모습이 눈에 들어왔다. "루아야!" 하고 불렀더니 천천히 몸을 돌려 계단을 내려왔다. 3층 우리 교실을 찾지 못해 계속 헤매고 있었던 모양이다. 속상했을 것 같아 다음부터는 데리러 갈 테니 걱정하지 말라고 했는데 루아는 얼굴에 별다른 감정을 드러내지 않았다.

교실에 들어선 루아는 책상에 펼쳐진 몇 권의 그림책을 물끄러미 처다보았다. 읽고 싶은 책을 골라보라고 했더니 입체그림책 『입이 큰 개구리』(키스 포크너 저, 조나담 램버트 그림, 미세기, 2017)를 골라 들었다. 책을 펼쳐 읽어주자 조용히 듣다가 입체 그림인 개구리 입을 만지작거리며 놀기 시작했다. 그러더니 살짝 미소를 지으며 점점 책 가까이로 다가왔다. 읽는 동안 끝까지 집중해서 잘 듣는 것 같았다.

교사: 무슨 이야기인 것 같아?

루아: 개구리.

교사: 입이 큰 개구리? 입이 작은 개구리?

루아: ….

교사: 책 표지에서 개구리 글자를 찾아볼래?

루아: (손으로 개구리 글자를 가리킴)

교사: 개구리가 몇 글자야?

루아: ….

교사: 개, 구, 리(음절 글자를 읽으며 손뼉을 침), 손뼉을 몇 번 쳤어?

루아: 세 번.

교사: 그래, 개구리는 세 글자야.

입이 큰지 작은지 물었을 때 루아는 입을 작게 오므리고 아무 말도 하지 않았다. 루아의 표정을 살피며 책 표지에서 개구리 글자를 찾아보라고 말하자 루아가 손으로 글자를 가리켰다. 몇 글자인지 묻자 루아는 다시 입을 꾹 다물었다. 음절 단위로 끊어서 읽으며 손뼉을 친 다음에야 '세 번'이라고 대답했다. 나는 루아에게 '박수를 세 번 쳤으니, 세 글자'라고 알려주었다. 그런 후 함께 [개], [구], [리]라고 소리 내며 손뼉 치기를 했다. 글자 수라는 말을 이해하지 못했던 것인지, 아니면 '개구리'라는 글자를 그림처럼 통글자로 인지하고 있어서 음절 단위로 세지 못했던 것인지는 정확히 알 수 없었다.

이어서 자석 글자로 '개구리'를 만들어보았다. 루아는 책 표지의 글자를 보고 자석 글자에서 자모음을 찾아 만들었다. 시간이 꽤 걸렸지만, 정확하게 글자를 만들었다. 만들어놓은 자석 글자를 보고 보드마카로 '개구리'를 써보게 했다. 루아는 파란색 보드마카를 골라서, 초성 'ㄱ'을 썼다가 지웠다. 루아가 쓴 글자가 맞다고 얘기하자 다시 그대로 썼다. 루아는 글자를 쓸 때마다 자꾸 망설였다.

쓰기를 마친 후에 나는 루아에게 보드마카로 쓴 글자를 보고 공책에 옮겨 써보라고 말했다. 루아는 연필을 바르게 잡고 획순도 거의 정확하게 '개구리'를 썼다. 그날 나는 개구리를 소리 내어 읽어보고 개구리 그림을 그리면서 루아와 재미있게 놀았다. 집으로 돌아갈 무렵 나는 루아에게 칠판에 다시 '개구리'를 써보라고 했다. 칠판 앞에 서서 루아는 분필을 잡고 서 있기만 했다.

"개! 기역으로 시작하잖아."

내 말을 듣고는 그제야 썼다. 하나의 낱말을 듣고, 읽고, 쓰기까지 루아에게는 큰 노력이 필요했다.

한눈에 읽고 쓰는 낱말 만들기

글자를 그림처럼 인식하는 루아에게 먼저 한눈에 읽고 쓸 수 있는 낱말들을 만들어줘야 했다. 언제든 꺼내 쓸 수 있는 아는 낱말들이 필요했다.

처음에는 자주 사용하는 쉬운 낱말들이 단계별로 있는 'GO FISH 한글' 속 낱말카드를 활용했다. 먼저 1단계 자모음 한글 카드를 이용해서 그림과 글자가 함께 있는 낱말카드를 책상에 펼쳐놓고 읽을 수 있는 카드를 골라서 가져가 보라고 했다. 이런 활동을 할 때 루아는 그림을 보고 유추해서 읽었다. 나무 그림을 보고 '나무'라고 읽고, 토끼 그림을 보고 '토끼'라고 읽으며 카드를 가져갔다. 그러나 그림을 보고 유추하기 어려운 '누나'는 그림을 한참 들여다보더니 '아이'라고 읽었다.

그러던 루아가 '수도'라는 그림 카드를 들어서 읽으려다 말고 가만히 있었다. 한참을 망설이는 루아를 바라보다가 나는 '수도'라고 읽어줬다. 그

   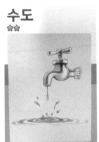

나무　토끼　누나　수도

그림이 있는 낱말카드

런데 따라 읽지 않고 카드를 다시 내려놓았다. '스'을 [드]로 읽는 루아를 위해 나는 'ㅅ'이 들어 있는 글자를 읽을 때마다 다시 읽어보자고 했었다. 매번 반복하게 해서 부담스러웠는지 루아는 '수'라는 글자를 읽으려 하지 않았다. 그래서 그 후로 '수도' 카드가 나올 때면, 내가 먼저 큰 소리로 읽어주었다.

　그림이 있는 낱말카드를 여러 번 소리 내어 읽어본 다음 카드를 잘라서 그림 카드와 글자 카드 두 장으로 만들었다. 그림으로 유추하는 것을 넘어서서 글자를 보고 읽게 해보려는 의도였다. 그것으로 그림과 글자 짝짓기 놀이를 했다. 책상에 펼쳐진 그림 카드에 맞는 글자 카드를 찾아 소리 내어 읽는 활동이었다.

　이런 활동이 어느 정도 익숙해진 후 그림 카드는 빼고 글자 카드만 펼쳐놓고 읽어보도록 했다. 여러 번 읽었기 때문에 글자들을 통으로 외워서 잘 읽었다. 이런 활동은 보통 유아기 아이들이 한글을 익힐 때 하는 놀이로, 글자를 그림처럼 통째로 인식해서 읽는 단계에서 필요한 활동이다. 글자를 통으로 외워서라도 한눈에 읽을 수 있는 낱말의 양을 늘리는 것에 목적을 두고 이런 활동을 집중적으로 했다. 한눈에 읽으면서 언어

그림과 글을 분리한 낱말카드

재인再認이 자연스럽게 이루어져 일견 단어가 많아지면 루아도 글을 읽는
데 재미를 붙일 수 있을 것으로 생각했다.

마지막으로 글자 카드를 펼쳐놓고, 읽을 수 있는 카드를 골라 정확하
게 소리 내어 읽었을 때 가져가는 게임을 했다. 게임을 반복하면서 점점
속도가 빨라졌다. 특히 가끔 함께 오는 쌍둥이 자매 루비와 둘이 게임을
할 때면, 더 많은 카드를 가져가기 위해 집중해서 글자를 보고 더 빠르게
읽었다.

1단계 자모음 낱말카드 한 단계를 한 달 만에 거의 다 읽을 수 있게
되어서 빠르게 잘 읽는 낱말들을 골라 받아쓰기를 해보았다. '아빠, 엄마,
기차, 누나, 다리, 리본, 모자, 하마' 등 잘 읽는 낱말들은 거의 정확하게 잘
썼다.

루아가 완벽하게 읽고, 쓸 수 있는 낱말들로 '나만의 낱말카드 만들
기'를 했다. 내가 잘라준 종이에 루아가 꾹꾹 눌러 쓴 낱말들로 낱말카드
스무 개를 만들었다. 6월이 되자 루아가 한눈에 빠르게 읽고 쓸 수 있는
낱말이 스무 개 정도가 되었다.

루아가 만든 낱말카드

'人'를 [드], [즈]로 읽는 아이, 어떻게 도와줘야 할까?

나를 만나기 전 루아는 그림책을 읽은 경험이 거의 없는 것 같았다. 재미있게 읽은 그림책을 물어도 답이 없고, 책상 위에 올려 둔 그림책들에도 관심을 보이지 않았다.

그림책은 글과 그림을 함께 읽어내야 한다. 글 읽기와 그림 읽기를 통해 그림책이 담고 있는 의미를 이해하며 읽기의 즐거움을 배운다. 아이들에게 다양한 단서를 제공하여 주도적으로 읽기를 할 수 있게 돕는 그림책은 초기문해력 발달에 매우 중요한 역할을 한다. 그렇다고 모든 그림책이 아이들의 읽기 발달에 긍정적인 것은 아니다. 글밥이 많거나, 어려운 어휘가 포함되어 있거나, 아이들이 흥미를 갖기 어려운 내용 등은 자기 주도적 읽기 성공 경험이 필요한 아이들에게 좌절감을 느끼게 할 수 있다. 아동의 읽기 발달 단계에 맞는 그림책 선정이 그래서 중요하다. 루아에게는 어떤 그림책을 읽혀야 할까.

'책 발자국 그림책4) 0단계'부터 시작했다. 『놀이터』 그림책을 두 번째 읽는 날이었다. 루아는 그림과 글자를 번갈아 보며 소리 내어 천천히 읽었고, 익숙한 낱말 '엄마', '나'는 빠르게 잘 읽었다. 그런데 '그네'를 잘 읽지 못했다. 분명 그네는 많이 타봤을 텐데 이상했다.

그래서 보드판과 보드마카를 챙겨 들고 놀이터로 나갔다. 먼저 루아와 미끄럼틀을 타고 놀았다. 미끄럼틀 계단을 오르는 루아의 발걸음이 신나 보였다. 한참을 놀고 난 후 나는 루아에게 보드판에 미끄럼틀을 써보자고 했다. 그러자 신나던 표정이 사라지고 기운이 없는 모습으로 보드판에 고개를 숙이며 보드마카만 만지작거렸다. 루아가 글자 쓰는 것을 무척힘들어하는 것 같아서 내가 써서 보여주고 그대로 써보라고 했다. 보고쓰는 것은 금세 잘 써서 쓴 것을 읽어보라고 했다.

"미끄럼틀."

작은 소리지만 잘 읽었다. 한참을 칭찬한 다음에 시소를 타러 갔다. 한쪽에 루아가 앉고 다른 한쪽에 내가 앉아서 쿵쿵 엉덩방아를 찧게 해주었다. 루아는 슬쩍 웃었다.

"이 놀이기구 이름이 뭐지?"

"디도."

"글자로 써보자."

나는 다시 루아의 손에 보드마카를 쥐여주었다. 역시나 망설이는 루아에게 '시소' 글자를 써서 보여줬다. 루아가 보드판에 '시소'라고 썼다.

"루아야, 네가 쓴 것 읽어봐."

"디도."

---

4) 엄훈 외, '책 발자국 K-2 수준 평정 그림책 시리즈', 교육공동체벗, 2018.

루아는 시소를 [디도]라고 읽었다. 이 사이로 바람이 나오게 천천히 약하게 [스] 소리를 연습해보았다. 여러 번 연습했지만 [즈] 소리로 들렸다. 결국 [지도]라고 읽었다. 루아가 시소는 타기 싫다고 했다. 놀아야 하는 놀이터에서 글자를 쓰고 발음도 어려운 '시소' 소리를 내라고 했으니 그런 말이 나올 법도 했다. 미안한 마음이 들어 그네를 타러 가자고 했다. 루아는 발을 하늘로 쭉 뻗으며 힘차게 그네를 탔다. 루아가 실컷 그네를 타는 동안, 루아 옆자리 그네에 앉아서 기다려주었다.

돌이켜 생각해보면 [드] 소리가 [즈] 소리로 바뀐 것은 점점 비슷한 조음위치를 찾아가고 있었던 것 같다. 루아가 시소를 [지도]라고 읽었을 때, 비슷하게 읽었다고 칭찬해주지 못한 것이 안타깝다.

교실로 돌아오면서 수돗가에서 손을 씻게 했다. 낱말카드 놀이를 할 때 '수도'를 읽지 못했던 기억이 나서였다. "이게 수도야."라고 말해주며, '수도'를 따라 해보라고 했다. 루아는 '주도'라고 소리를 냈다. '주'는 들릴 듯 말 듯 작은 소리지만 '도' 소리는 정확했다.

아이의 발음은 읽기와 밀접한 관련이 있다. 발음이 정확한 아이들이 훨씬 더 빨리 잘 읽는 경향이 있다. 그래서 발음의 정확도를 높여야 한다. 그리고 발음의 정확도를 높이기 위해 아이의 발음 패턴을 꾸준히 관찰해야 한다.

루아의 발음 패턴을 관찰하고 연구하면서 하기 쉬운 것, 잘하는 것부터 연습해보기로 했다. 아이마다 차이가 있겠지만, 당시 루아는 [드] 소리를 정확하게 잘 내었기 때문에 [드] 소리 먼저 완벽하게 익히고 난 후 조음위치가 같은 ㄴ, ㄷ, ㅌ, ㄸ를 익혔다. [스] 소리를 가장 어려워했지만, 점차 [즈] 소리에 가깝게 낼 수 있게 되었다. 같은 잇소리 조음위치인 'ㅈ' 소리는 낼 수 있어서 [즈] 소리를 정확하게 내는 연습을 반복했다. [즈] 소리가 정확해지면 [스] 소리를 구별하여 소리 낼 수 있을 것 같았다.

[스] 소리를 본격적으로 연습할 즈음, 루아에게는 유아기에 연습이 부족했던 조음기관을 갖고 노는 다양한 경험이 필요해 보였다. 그래서 루아에게 입에 빨대를 물고 불어보라고 했다. 빨대 끝에 루아의 손바닥을 가져다 대어주었다.

"어때, 바람이 느껴져?"

내 물음에 루아는 고개를 끄덕이더니 한참 동안 빨대를 입에 물고 바람을 불어댔다. 그래서 도화지에 물감을 짠 후 빨대로 불어 그림을 그려보라고 했다. 세게 불기, 약하게 불기 등 다양한 놀이를 하며 그림을 그렸다.

다음 날에는 입안에 사탕을 넣고 오른쪽, 왼쪽으로 움직여보라고 했다. 볼이 불룩해지는 느낌이 좋은지 루아는 자기 볼을 만져보라고 했다. 가장 우스워했던 놀이는 '혀 내밀기'였다. 거울을 보여주며 혀를 길게 아래로 내밀어보라고 했다. 혀끝을 코에 닿게도 해보라고 했다. 루아는 혀를 빼고 위아래로 움직이는 자기 모습이 우스웠는지 히죽 웃었다. 이렇게 놀이하는 것처럼 루아의 혀를 운동시켰다.

이 밖에도 유아기 언어 발달 관련 책에서 읽었던 'ㅅ' 계열 소리 연습 방법이 생각나서, 운율에 맞춰 루아와 [스] 소리를 반복해서 연습했다.

뱀이 간다. '스~~'
쉬한다. '쉬~~'
빨대 물고 '스~~'
손 놀이 '쎄쎄쎄~'

이처럼 소리를 듣고, 입 모양을 보고 소리를 익히는 활동들을 꾸준히 했다. 매 수업 시작 5분 정도는 발음을 중심으로 한글 지도를 했다. 모음의 조음위치는 『한글이 그크끄』 교재로 공부하며 소리 내는 활동을 반복했다. '찬찬한글'을 활용하여 여러 번 반복하며 몸으로 흉내 내기, 큰 소리로 모음 소리내기 활동으로 정확하게 듣고 소리 내는 연습을 했다.

여름 | 'ㅅ'의 [스] 소리가 정확하게 들렸다

루아와 함께 일주일에 세 번 한글 공부를 했다. 월, 수, 금이 공부하는 날이다. 7월 1일 금요일은 루아에게도, 나에게도 특별한 날이어서 또렷하게 기억에 남는다. 여느 때와 마찬가지로 수업을 마친 루아가 내가 있는 교실로 들어왔다. 교실 문을 활짝 열고 숨을 헐떡이며 들어서는 루아에게 물었다. "왜 뛰어왔어?"

루아는 질문에 답은 하지 않고 가방에서 뒤적뒤적 뭔가를 찾아 꺼내더니, 내게 살포시 건네준다. 수업 시간에 색종이로 접은 하트였다.

루아: 이거, 가져요.

교사: 와! 진짜 예쁘다. 어떻게 접었어?

루아: 선생님이 준 종이로요.

교사: 응? 누구?

작은 목소리로 선생님이 주었다고 말했으나, 재차 문자 입을 다물었다. 담임선생님이 주셨냐고 물었더니 루아가 고개만 끄덕였다. 나는 이날 루아가 분명히 선생님이라고 말하는 소리를 들었다. 그동안 그렇게도 어려워했던 [스] 소리를 낸 것이다.

나는 지난봄부터 루아와 함께 연습했던 낱말카드를 꺼냈다. 여러 번 읽고 썼지만, 늘 [스] 소리에서 멈칫하거나 [즈]에 가깝게 소리 냈었던 낱말들이 있는 카드 더미였다. 가지, 고추, 리본, 나무, 구두, 비누, 기차 등은 어렵지 않게 또박또박 읽었다. 그리고는 버스도 정확하게 읽었다. 무의식적으로 자연스럽게 [버스]라고 소리 냈다. 이어서 수도, 사자도 정확하게 읽었다. 나도 모르게 함빡 웃으며 루아를 껴안아줬다. 자꾸만 웃음이 나서 큰 소리로 웃었다. 늘 제자리 걸음으로만 느껴지던 루아의 한글 공부였는데, 한 발 성큼 멀리뛰기를 한 것 같았다.

받침소리를 익히다

7월을 넘어가면서 루아는 자모음을 익히고, 받침이 없는 낱말을 읽게 되며 발음의 정확도도 높아졌다. 하지만 그렇다고 해서 글을 모두 읽을 수 있는 것은 아니었다. 받침이 있는 글자를 읽을 수 있어야만 글을 읽을 수 있다. 먼저 나는 대표 받침소리 ㄱ, ㄴ, ㄷ, ㄹ, ㅁ, ㅂ, ㅇ부터 가르쳤다. 자모음을 익힐 때 각각의 소릿값을 알고 조합하는 방법을 배운 학생이라면 받침소리도 금세 익힌다.

나는 루아에게 받침 글자 'ㄱ'은 [윽], 'ㄴ'은 [은], 'ㄷ'은 [읃], 'ㄹ'은 [을], 'ㅁ'은 [음], 'ㅂ'은 [읍], 'ㅇ'은 [응] 소리가 난다고 설명해주었다. 받침 'ㄱ'은 기윽의 [윽] 소리가 난다는 설명을 듣고, 몇 개의 받침 글자 조합을 연습한 루아는 스스로 받침소리를 찾아냈다. 수업 시간에 담임선생님과 공부했던 것을 기억하고 있어서 빠르게 습득했던 것 같다.

받침소리를 조합하는 방법을 연습할 때, '손바닥 그림책 3단계'인 『일곱 빛깔 받침 글자』 그림책을 활용했다. 이 그림책은 받침 글자의 소릿값과 자모음에 받침소리를 조합하는 방법을 운율에 맞춰 노래처럼 따라 부르며 배울 수 있도록 구성되어 있어서, 활용하기 간편하고 좋다. 루아도 이 책을 활용하여 노래를 부르며 즐겁게 받침 글자를 익혔다. QR 코드를 찍어서 음원 파일을 열면 루아는 파일의 노래에 맞춰서 같이 불렀다.

루아는 『일곱 빛깔 받침 글자』를 읽으며 '따---으, 따--으, 따-으, 따으, 딱'과 같이 운율에 맞춰 노래처럼 부르는 것을 좋아했다. 자모음 글자 조합이 가능한 수준에서 받침 글자 소리를 익히자, 자모글자에 받침을 쉽게 조합할 수 있었다. 받침 글자를 읽을 때, 루아는 속으로 '가---으, 가--으, 가-으, 가으, 각' 이런 방식으로 노래를 부르며 소리를 찾고 있는 것 같았다. 그래서인지 받침을 조합해서 글자를 읽는 속도는 느렸지만 한 글자 한 글자 또박또박 바르게 읽었다.

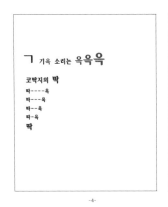

손바닥 그림책3-①권 『일곱 빛깔 받침 글자』 중에서

7월 말에 실시한 한글 또박또박 진단 시스템5) 한글 해득 진단검사 결과, 루아는 아직 '한글 미해득' 단계에 머물러 있었지만 여러 항목에서 진전을 보였다. 기본 모음, 기본 자음, 다양한 자음, 자모 낱말, 대표 받침 글자, 대표 받침 낱말, 쓰기 항목에서 한글 해득 수준에 도달한 것이다. 하지만 복잡한 모음과 받침 등 해득 수준 미도달 항목을 집중적으로 학습해야 했고 빠르고 정확하게 읽을 수 있는 유창성 향상도 필요했다.

당시 루아는 자음, 모음, 받침 글자를 조합해서 글자를 읽는 방법을 터득한 직후라 아주 천천히 또박또박 음절 단위로 글자를 읽었다. 이렇게 루아가 글자를 스스로 조합해서 읽을 수 있을 즈음 여름 방학을 맞이했다. 나는 아직 읽지 못한 책 발자국 그림책 몇 권을 건네주며, 꼭 소리 내어 세 번씩 읽어 오라고 했다.

언어 습득 환경 만들기

8월 말에 다시 만난 루아의 읽기는 7월 말 방학 전에 띄엄띄엄 한 글자씩 읽던 수준 그대로였다. 방학 동안 읽고 가져온 『무궁화꽃이 피었습니다』 그림책을 읽어보라고 했더니 또박또박 잘 읽었다. 여러 번 읽어본 것 같았다. 모르는 글자가 없었냐는 질문에도 없다고 했다.

받아쓰기를 해보았다. 루아는 '무궁화꽃이 피었습니다'를 정확하게 잘 썼다. 책 속에 나오는 낱말 중 '술래잡기'도 써보라고 했더니 '래'를 '레'로 썼다. 아직 이중 모음이 헷갈리는 중인 것 같아서 [ㅔ] 소리를 내어보

---

5) 교육부와 한국교육과정평가원에서 개발하여 운영하는 한글 또박또박 진단 시스템(www.ihangeul.kr)은 한글 해득 수준을 진단하고 미도달 부분을 보충 지도할 수 있는 자료를 제공한다.

고, 입을 더 크게 벌려 [ㅐ] 소리를 내며 입 모양을 보여주었다. 사실 [ㅔ] 와 [ㅐ] 소리를 입 모양이나 소리만으로 구분하기는 어려울 수 있다. 그래서 'ㅖ' 소리가 들어가는 낱말들을 찾아보자고 했다. 루아는 'ㅖ' 소리가 들어가는 낱말을 찾는 것이 어려웠는지 시무룩해졌다. 그래서 나는 '꽃게', '루아에게'가 있다고 알려주었다. 'ㅐ'가 들어가는 낱말은 '멍멍 개', '개미'라고 공책에 써서 보여줬다. 그제야 "아! 개미가 있었지."라며 아는 체를 하기에 열심히 칭찬해주었다. "그렇지! 루아가 다 아는 낱말들이야."

루아가 지쳐갈 때쯤 쌍둥이 자매 루비가 찾아왔다. 루비는 담임선생님과 한글 공부를 끝내고 방과후 미술 수업에 루아와 같이 가려고 온 것이다. 루비는 책상 위에 놓인 그림책을 보더니 "무궁화꽃이 피었습니다."라고 크게 읽으며 말했다.

루비: 이거 쉬운 거잖아.
루아: 나도 쉽거든.
루비: '무궁화꽃이 피었습니다' 하고 싶다.
루아: 시시해.

자매의 대화를 듣다가, 나는 다음 시간에 함께 '무궁화꽃이 피었습니다' 놀이를 하자고 얘기했다. 루비는 신나서 폴짝폴짝 뛰며 다음 시간에 꼭 하자고 나의 다짐을 받아냈다. 놀이를 하자고 조르는 루비가 귀여워서였지만, 그보다 놀이에 흥미를 보이지 않는 루아에게 놀이에 대한 즐거움을 느끼게 해주고 싶었다. 놀이를 하면서 더 다양한 언어 환경에 노출될 수 있다고도 생각했다.

다음 날 루비가 루아와 함께 왔다. 약속한 대로 '무궁화꽃이 피었습니다' 놀이를 했다. 나와 루아, 루비, 이렇게 셋이서 가위바위보로 술래를 정하고 놀이를 시작했다. 돌아가면서 술래를 서너 번 했을 만큼 놀이를 반복했다. 나는 슬슬 지쳐가는데, 아이들은 계속 다시 하자고 했다. 루아와 루비는 재미있는지 소리를 지르며 놀이에 몰입했다. 확실히 루아가 말을 많이 하고 있었다. 루아는 루비에게 "계속 나만 잡지 마.", "빨리 해!" 등 잔소리도 했다. 루아는 투덜거리면서도 즐거운 듯 신나게 교실을 뛰어다녔다.

지난 시간에 루아가 '술래잡기' 낱말을 틀리게 썼던 게 기억나서 아이들에게 술래잡기를 하자고 제안했다. 먼저 놀이 이름을 칠판에 크게 쓰라고 시켰다. 루아와 루비는 경쟁하듯 칠판으로 달려가 분필을 집으면서 서로 먼저 쓰겠다고 싸웠다. 나는 분필을 하나 더 꺼내주고 동시에 써보라고 했다. 루아는 지난 시간에 연습한 덕분인지 '술래잡기'라고 정확하게 썼다. 루비는 '레'라고 썼다가 루아가 쓴 걸 보고 금세 고쳐 썼다. 지난 시간에 'ㅐ', 'ㅔ'의 소리와 'ㅐ', 'ㅔ'가 들어가는 낱말을 연습한 효과가 있는 것 같았다.

루비는 7월 말에 한글 해득 수준 진단검사 결과, 한글 해득 완성단계였다. 유창성과 쓰기 항목에서 보충이 필요했지만, 확실히 루아보다 읽기 속도가 빠른 편이었다. 1학년 담임교사는 2학기부터 루비와의 한글 공부를 종료하고 수학 공부를 해야 할 것 같다고 해서 내가 루아와 루비를 함께 지도해보겠다고 제안했다. 루아와 루비의 발음이 정확해져서 서로의 오류를 따라 할 우려가 사라졌기 때문이었다. 또한, 루비가 조금 더 빠르게 잘 읽지만, 루비나 루아 모두 음절 단위로 읽고 있는 수준이어서 같이 공부해도 좋을 것 같았다. 무엇보다 둘이 있을 때 확실히 루아가 말이 많아지고, 루비보다 잘하고 싶어 하며 경쟁하기 때문에 함께 공부하는 것이 도움이 될 것 같았다.

가을 | 글자를 읽기 시작한다

9월부터 루아와 루비는 함께 한글 공부를 했다. 방과후 수업과 겹치지 않게 화요일과 수요일, 일주일에 두 번으로 횟수를 줄였다. 두 아이 모두 느리지만, 글자를 읽을 수 있게 되었기 때문에 횟수를 줄여도 괜찮을 것 같았다.

루아가 루비와 함께 공부하기 시작하며 달라진 모습이 있다. 예전엔 교실에 들어오자마자 가방을 내려놓고 책상 앞에 앉아서 내가 무언가 시작하기를 조용히 기다리는 편이었다. 그런데 루아는 루비가 오면서부터 함께 교실을 돌아다녔다. 서로 재잘재잘 얘기하며 놀이하듯 교실을 돌았다. 마음이 조금 더 편해진 모양이었다.

9월 중순, 평소와 같이 루아와 루비가 교실에 들어와 칠판과 내 책상 주변을 돌아다녔다. 그러다가 루비가 칠판에 그림을 그렸고, 루아는 내 옆에 오더니 컴퓨터 화면에 보이는 글자를 읽었다. "당신이 있어 학교는 오늘도 안전합니다." 떠듬떠듬 천천히 읽었지만 잘 읽었다.

"루아야, 요즘 글자를 자꾸 읽고 싶어?"라고 묻자, 칠판에 붙어 있는 감정 카드를 보고 또 읽었다. "흥미롭다."

무슨 뜻인지 알겠느냐고 물었더니 말없이 고개를 저었다. 루아에게 글자가 보이기 시작한 것 같았다. 눈에 보이는 글자는 무조건 읽고 싶어 했고, 소리 내어 띄엄띄엄 읽어나갔다. 예전에 우리 아들이 한글을 읽기 시작하면서, 보이는 글자마다 읽어대던 기억이 났다. 차창 밖으로 보이는 간판의 글자를 읽고, 엄마가 읽는 책의 제목도 떠듬떠듬 읽으며 자랑스러워했다. 루아도 그런 단계에 온 것 같았다.

루아와 루비를 데리고 교실 밖으로 나갔다. 학교 곳곳을 돌아다니며 글자 찾기 놀이를 해보기로 했다. 교실을 나오며 문 앞에 푯말을 루비가 먼저 읽었다. "수학 교실."

순간 루아의 발걸음이 빨라졌다. 그러면서 앞서 걷더니 루아는 다른 교실의 푯말을 큰 소리로 읽었다. "2학년."

"소화기." 루비도 빠르게 계단을 내려가며 읽었다. 이렇게 우리는 학교를 한 바퀴 돌아보며 여러 가지 낱말들을 찾아 읽어보고 어떤 뜻인지 알아보았다. 쓰레기 분리배출 장소에 도착하자 루아와 루비가 경쟁하듯이 글자를 읽었다. '플라스틱류', '병류', '캔류', '일반쓰레기' 등 어려울 것 같던 낱말이지만 평소 자주 접해본 경험 때문인지 열심히 잘 읽었다.

우리는 화단 쪽으로 이동해서 봄에 꽂아두었던 꽃 이름 푯말 몇 개를 읽었다. '오스테오펄멈', '버베나', '난타나', '메리골드' 등 꽃 이름이 대체로 처음 본 낯선 낱말들이어서 루아와 루비는 무의미 단어를 읽듯 한 글자씩 천천히 읽었다. 그리곤 금세 흥미를 잃고 운동장 쪽으로 향했다.

빠르고 정확한 읽기를 위해

루아와 루비는 음절 단위로 천천히 한 글자씩 읽는 상태였기 때문에 조금 더 빠르고 정확하게 읽는 연습이 필요했다. 유창성 향상을 위해 '손바닥 그림책 1단계'부터 그림책을 소리 내어 반복해서 읽도록 했다. 처음에는 다섯 번 정도 읽어야 자연스럽게 읽을 수 있었다. 하지만 2단계 그림책을 읽을 때는 세 번 정도 읽으면 자연스럽게 읽었고, 내용을 묻는 질문에도 곧잘 대답했다.

'손바닥 그림책' 읽기를 할 때는 세 권 정도를 책상에 펼쳐두고 읽고 싶은 책을 골라서 읽게 했다. 초반에는 루아와 루비에게 같은 책을 고르게 했다. 그러다가 2단계 책을 읽을 때는 다른 책을 각각 선택하게 하기도 했다. 서로에게 책을 읽어주면, 듣기 과정이 생기고, 또 상대방의 책 내용에 조금 더 흥미를 느끼는 것 같았기 때문이다.

그림책을 읽을 때, 먼저 새로운 책을 혼자서 읽어보도록 했다. 이때 읽기 어려워하는 글자에 표시해 두었다가 책 읽기를 마친 후 정확한 소리를 저장할 수 있도록 음운 인식 공부를 더했다. 자석 글자로 만들어보고 받침 글자를 바꾸어 가면서도 읽었다. 그날 새로 읽은 책은 집으로 보내어, 집에서 소리 내어 읽어보고 엄마의 확인을 받아오게 했다. 시간이 지날수록 루아와 루비는 엄마한테 확인받기보다 둘이 서로 읽고, 읽어준 후 엄마의 사인을 자기들이 그려오는 꾀를 내기도 했다. 이렇게 학교에서 한 번 읽은 책을 집에서 한 번 더 읽고 가져오면, 다시 학교에서 소리 내어 읽어보도록 했다. 루아와 루비는 자신 있는 목소리로 꽤 빠르고 정확하게 잘 읽었다. 한 권의 책을 학교에서 읽고, 집에서 읽고, 다시 학교에서 한 번 더 읽으면서 낯선 글자들도 한눈에 알아보고 소리와 잘 연결할 수 있기를 바랐다.

소리 내어 읽기를 한 후에 루아와 루비가 어려워했던 낱말들을 다시 읽고 쓰기, 그림에 색칠하기, 그리고 싶은 그림 그리기 등의 활동을 했다.

마지막으로 책 속에 나오는 낱말의 뜻을 풀이해보는 활동을 했다. 책 속에 나오는 낱말 중 읽기 어렵거나 어떤 말인지 이해가 안 되는 낱말을 찾아 동그라미를 그리고 그 낱말이 언제, 어떻게 사용되는지 함께 이야기 나누며 그 뜻을 생각해보는 것이다. 아는 낱말은 빠르고 정확하게 읽을 수 있으므로 아는 낱말이 많아질수록 읽기의 속도가 향상되고 쓰기 정확도도 높아지고, 더 나아가 독해에 도움을 준다.

손바닥 그림책 1단계에서는 다섯 번 이상 읽은 책에서 낱말을 골라 받아쓰기를 했다. 이중 모음이나 복잡한 받침이 있는 낱말에서 가끔 오류가 있었지만 대체로 정확하게 잘 썼다. 그러다가 2단계 그림책을 읽을 때쯤엔 책을 읽고 글자 놀이 등 몇 가지 활동을 한 후에 '코끼리 코는 길어.', '카드는 재밌어.'와 같이 간단한 문장 받아쓰기가 가능했다.

빠르고 정확한 읽기를 위한 그림책 수업 과정

① 익숙한 그림책 혼자 읽기

② 새로운 그림책 혼자 읽기 (교사는 이때 학생의 읽기 오류 관찰)

③ 새로운 그림책 함께(교사-학생) 읽기

④ 읽기에서 오류가 잦은 낱말 풀이 활동하기

   - 낱말의 뜻 알아보기

   - 자석 글자, 게임 활동 등으로 낱말과 친숙해지기

⑤ 한 문장 쓰기

"선생님, 칠판에 글씨 써도 돼요?"

10월 어느 날, 루아와 루비는 교실에 오자마자 종이를 달라고 했다. 평소처럼 그림을 그리려나 보다 생각했다. 잠시 후 루아와 루비는 편지를 써서 가져왔다. 루아는 아직 서툴지만 나를 자세히 관찰하고, 하고 싶은 말을 썼다. 문장부호에 대한 지도는 더 필요할 것 같았다. 루비는 뜻밖에 수준 높은 문장을 써 와서 놀랐다. 만화에서 본 내용을 기억하고 나에게 써줬다고 했다. 무엇보다 루아와 루비가 자발적으로 글을 쓰고, 성취감을 느끼고 있다는 것이 무척 대견했다.

이후에 루아와 루비는 매시간 종이를 달라고 했다. 점점 문장이 길어지고, 내용이 많아졌다. 색종이를 접어 편지를 쓰기도 하고, 그림을 그린 후 말풍선을 넣어 대화 문장을 쓰기도 했다. 그러다가 어느 날 루비가 조심스럽게 다가와 이렇게 말했다. "선생님, 칠판에 글씨 써도 돼요?"

나는 흔쾌히 분필 몇 자루를 내어주었다. 루아도 달려와서 분필을 낚아채더니 칠판에 딱 달라붙어서 글자를 썼다. 그날 이후부터 루아와 루비는 교실에 들어오면 칠판에 낙서를 한참 동안 하고 난 후에야 한글 공부를 하자고 했다. 나는 칠판 가득 그림과 글자가 채워질 때까지 기다렸다.

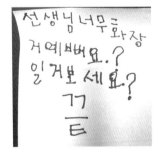

루아가 쓴 편지

루비가 쓴 편지

루아와 루비의 자발적 글쓰기는 가을이 되어서야 시작되었다. 사실 쓰기 지도를 이 시기에 시작한 것은 아니었다. 쓰기와 읽기는 처음부터 함께 지도했다. 쓰기는 읽기에 도움을 주고, 읽기는 쓰기를 촉진할 수 있기 때문이다.

쓰기는 준비과정이 중요하다고 생각했다. 그래서 연필을 바르게 잡는 방법부터 지도했다. 다행스럽게도 루아는 1학년 때 학급에서 배운 대로 올바른 습관이 형성되어 있었다. 글씨도 반듯하고 획순에 맞게 잘 쓰고 있었다. 다만 모음 'ㅏ', 'ㅓ' 등을 쓸 때 획을 오른쪽에서 왼쪽으로, 즉 반대 방향으로 쓰는 경향이 있어서 그 부분만 집중적으로 지도했다. 글자를 쓸 때는 '위에서 아래로', '왼쪽에서 오른쪽'으로 쓰는 것임을 강조했다. 이때 다양한 선 그리기 활동을 많이 해보았다. 색연필, 연필, 사인펜 등으로 곧은 선을 위에서 아래로, 왼쪽에서 오른쪽으로 그려본 후에 연필로 모음이나 자음자를 써보도록 했다. 그밖에도 꺾인 선, 굽은 선, 동그라미 등을 다양하게 그려보며, 본격적인 글씨 쓰기를 준비했다.

낱말 쓰기 활동에서는 배운 낱말을 자석 글자, 라온, 공깃돌 등으로 글자를 만들어본 후 쓰기로 넘어갈 필요가 있었다. 쓰기 자체를 싫어하는 아이들의 경우, 다양한 놀이를 통해 글자의 모양을 익힌 후 쓰기로 이어가면 쓰기에 대한 부담을 줄여줄 수 있기 때문이다. 처음에는 원형 자석

곧은 선 　　　　　　　　 꺾인 선 　　　　 굽은 선, 동그라미

을 글자 수만큼 연이어 올려놓고, 원형 자석 아래에 자석 글자로 낱말을 만들었다. 그리고 보드마카로 따라 쓰게 했다. 보드마카가 부드럽게 잘 써지고, 지우기 쉬워서 그런지 루아는 보드마카로 쓰는 것을 좋아했다. 시간이 지나면서 루아는

그림책 『입이 큰 개구리』를 읽고
'개구리' 글자 만들고 쓰기 활동

연필로 글자를 쓰는 것에 크게 부담을 느끼지 않아서 바로 공책에 써보게 했다.

봄에 루아는 자음과 모음을 배우며, 합성하는 연습을 할 때여서 낱말을 듣고 빠진 낱자를 찾아 쓰는 활동을 먼저 했다. [구두]를 듣고 빠진 부분에 모음 쓰기, [기차]를 듣고 첫소리 자음 찾아 쓰기 등 낱말 전체를 받아쓰기보다는 자모음 소리를 듣고 음절 상자에 자모음을 찾아 쓰게 했다. 자모음 소리를 듣고 정확한 위치에 자모음을 써보며 자모음 소릿값과 위치를 익히는 게 필요하다고 생각했기 때문이다.

루아는 통째로 외워 읽는 낱말의 개수가 늘어나면서부터 낱말 전체를 혼자 다 쓰겠다고 했다. 그래서 그림책에서 읽었던 낱말 중 서너 개를 불러주면서 듣고 받아쓰는 연습을 했다. 이때 되도록 '기차', '고기', '가지',

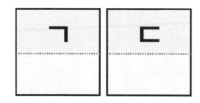

[구두]를 듣고 모음 쓰기

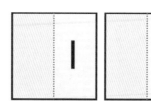

[기차]를 듣고 자음 쓰기

'고추'와 같이 음운변동이 없는 낱말들을 골라서 불러줘야 했다. 음운변동이 있는 낱말을 받아쓸 때는 실패 확률이 높아지므로 성취감을 느낄 수 있는 낱말들로 선별했다. 많이 보고 읽은 낱말, 통째로 외워서 일견 단어가 된 낱말들은 음운변동과 상관없이 단번에 잘 썼다. 아는 단어는 잘 읽고 잘 쓸 수 있었다.

6월쯤부터 '한 문장 쓰기'를 시작했다. 그날 읽은 그림책 내용이나 아이와 대화 중 나왔던 아이의 입말 등을 간략한 문장으로 써보게 했다. 문장을 쓸 때는 먼저 어떤 글을 쓰고 싶은지 말로 해보게 했다. 그리고 쓸 내용을 말하며 메시지 상자 위에 바둑돌이나 둥근 자석을 놓아보라고 했다. 이때 띄어쓰기, 문장부호 등을 알려주며 오류를 수정해주었다. 놓인 바둑돌들은 음절 단위로 음운을 인식하여 쓸 수 있도록 해주었고, 띄어쓰기에 부담을 느끼지 않고 완전한 문장을 쓸 수 있게 도와주었다.

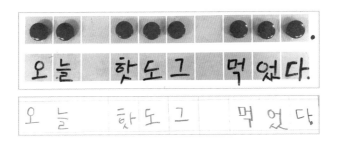

위와 같은 활동은 서너 번으로 충분했다. 루아는 공책에 바로 문장을 쓰고 싶어 해서, 10칸 공책에 사인펜으로 점을 찍거나, 색연필로 동그라미를 그려본 후 문장을 쓰게 했다.

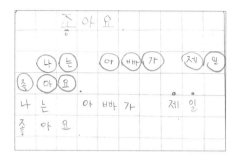

한 문장 쓰기로 시작해서, 점차 문장의 개수를 늘려갔다. 한 문장에서 의태어나 의성어 등을 활용해 꾸며주는 말이 있는 문장으로 확장해 나갔다.

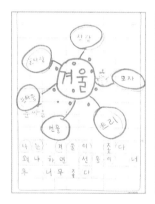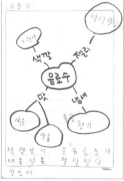

겨울 | 이제 복잡한 받침이 있는 낱말도 읽어보자

복잡한 받침이 있는 낱말 읽기

초등학교 저학년 아이들은 복잡한 받침이 있는 낱말을 읽고 쓰는 데 어려움을 느끼는 편이다. 이런 복잡한 받침이 있는 낱말은 많이 읽어보고,

자주 써보는 것으로 정확도를 높일 수 있다.

11월경 받침소리가 같은 받침은 '받침 가족'으로 묶어서 함께 연습했다. 예를 들어, [비읍] 받침 가족으로 'ㅂ', 'ㅍ'이 있다. 집[집]과 앞[압] 등 받침 자음은 다르지만, 받침소리는 모두 [읍]으로 같기 때문이다. 이같이 읽을 때 소리는 같지만, 쓸 때 다르다는 점을 이해시키며 지도했다.

복잡한 받침은 같은 소리가 나는 받침끼리 묶어서 지도하되, 다양한 예시 낱말을 활용하여 어휘력을 확장해나갔다. 루아와 루비 모두 대표 받침소리를 정확하게 구분할 수 있었기 때문에 복잡한 받침 글자를 잘 이해하는 편이었다.

받침 가족	대표 받침소리	예시
ㅂ, ㅍ	[읍]	집, 앞
ㄱ, ㄲ, ㅋ	[윽]	약, 밖, 부엌
ㄷ, ㅌ, ㅅ, ㅆ, ㅈ, ㅊ, ㅎ	[읃]	곧, 밭, 옷, 있다, 낮, 꽃, 히읗

겹받침 낱말을 지도할 때는 문법적인 요소보다는 생활과 그림책 속 친숙한 낱말을 중심으로 읽고 쓰면서 소리와 쓰기가 다름을 자연스럽게 구분하도록 했다. 특히 초등학교 저학년 시기에 어려워하며 쓰기의 오류가 가장 많이 나타나는 부분이기도 해서 자주 쓰는 낱말들을 중심으로 읽고 쓰는 연습을 했다. 또한, 문장에서 쓰이는 형태를 연습할 수 있도록 배운 낱말을 문장으로 만들어보게 했다.

루아와 루비는 손바닥 그림책 『먹기 싫어요』를 읽으며 겹받침 '싫다'를 연습했다. 이 그림책에서는 '~먹기 싫어요'라는 문장이 반복되기 때문에 자연스럽게 '싫다'를 여러 번 읽는 연습이 되었다. 또 책을 읽고 난 다음에 '~싫어요'라는 낱말이 들어가는 문장을 다양하게 쓰면서 자연스럽게 맞춤법을 기억할 수 있게 도와주었다. 이처럼 그림책이나 실생활에서 자주 쓰는 낱말들을 중심으로 낱말의 뜻을 알아보고, 낱말이 활용되는 예시 문장을 다양하게 써보면서 루아와 루비는 겹받침을 서서히 익혀나갔다.

어절 단위로 끊어 읽기 연습

4월에 만났을 때, 루아는 글자 '아'를 보고 읽지 못했다. 그러던 루아가 봄과 여름을 지나면서 7월에 했던 한글 또박또박 진단검사(가형)에서 기본 모음, 기본 자음, 다양한 자음과 자모 낱말을 거의 다 읽을 수 있게 되었다. 다행히 복잡한 모음과 대표 받침 글자, 받침이 있는 낱말을 어느 정도는 읽을 수 있었지만 매우 느리게 천천히 읽었다.

12월에 실시한 한글 또박또박 진단검사(나형) 결과, 루아는 한글 해득 완성단계가 되었다. 이때 루아는 복잡한 받침이 있는 낱말까지 모두 읽을 수 있었으며, 읽기 속도도 매우 빨라졌다. 유창성을 제외하고 모든 항목에서 100%에 도달했다. 루아는 이제 어떤 글자든 읽을 수 있는 아이가 되었다.

　모든 글자를 읽을 수 있게 되었지만, 루아는 음절 단위로 한 글자씩 읽는 데서 나아가 어절 단위로 끊어 읽는 연습을 해야 했다. 어절 단위로 끊어서 연음법칙을 적용하여 적당한 속도로 정확하게 읽는 것이다. 어절 단위로 읽게 되면 자연스럽게 띄어쓰기도 인식하고 문장을 바르게 쓸 수 있게 될 것이다. 어절 단위 읽기가 익숙해지고 낱말 덩어리들의 뜻을 빠르게 재인^{再認}하게 되면, 문장의 의미를 생각하며 의미 단위로 읽을 수 있는 단계로 발전하게 된다. 글을 읽고 내용을 이해하는, 학습을 위한 읽기를 위해서는 반드시 의미 단위로 유창하게 자동화된 읽기가 필요하다.

　겨울방학까지 얼마 남지 않은 기간이었지만 손바닥 그림책 3단계 쑥쑥 그림책 시리즈를 가지고 어절 단위로 끊어 읽기 연습을 했다. 루아와 루비는 읽기 속도가 빨라진 터라 끊지 않고 빠르게 읽고 싶어 했다. 그래서 띄어쓰기가 된 부분에서 숨을 한 번 쉬고, 손가락으로 낱말 덩어리를 짚어가며 읽어보게 했다. 루아는 숨을 안 쉬고 글자들을 쭉 이어서 읽고 있었기 때문에 나와 한 어절씩 번갈아 읽었다. 루비와 셋이서 한 어절씩 돌아가며 읽기도 했다. 루비는 금세 낱말 한 덩어리를 이해하고 끊어 읽기를 잘하며 어절 단위로 읽었다. 루아도 끊어 읽으려고 노력했지만, 아직은 빨리 읽고 싶은 마음이 더 큰 것 같았다.

　루아나 루비가 손바닥 그림책을 소리 내어 읽을 때, 나는 옆에서 자꾸 질문을 했다. 이제 글자를 읽기만 해서는 안 되기 때문이다. 해독은 끝났지만, 독해는 시작이었다.

　손바닥 그림책 3단계 『나는 공룡 박사예요』를 읽을 때였다. 루아는 지난 시간에 읽었고, 집에서도 한 번 읽고 온 그림책이어서 자신 있게 그

손바닥 그림책 3단계-⑥권, 『나는 공룡박사예요』 중에서

리고 무척 빠르게 소리 내어 읽었다. 나는 책장을 급하게 넘기려는 루아
를 잡고 질문을 했다.

교사: 풀과 나무 열매만 먹는 공룡은 무슨 공룡이야?

루아: 초식 공룡.

교사: 고기만 먹는 공룡은?

루아: 육식 공룡.

교사: 루아는 채소가 좋아? 고기가 좋아?

루아: 고기요.

교사: 그럼 육식 루아네.

루아는 내 말을 이해했는지 웃으며 얼른 책장을 넘겨 다음 글을 읽
었다. 글자 자체를 읽는 데만 몰두하지 않고 내용을 이해하며 읽기를 원했
기 때문에 아이들이 글을 읽을 때 내용과 관련된 것을 계속 질문했다.

루아와 루비는 1학년을 마치고 겨울방학을 맞이했다. 새로운 봄, 3월
에는 2학년 교실에서 더 많은 양의 글을 마주해야 할 텐데…. 걱정이 앞섰

다. 이제 막 걸음마를 뗀 아이들에게 뛰라고 하는 기분이었다. 루아와 루비는 읽기 연습이 더 필요했다. 마저 다 읽지 못한 그림책들을 챙겨주며, 방학 동안 꼭 소리 내어 읽어보라고 당부했다. 루비는 작별 인사를 건네는 나를 바라보며 말했다.

> **루비**: 두리 선생님이랑 공부 더하고 싶어요.
> **교사**: 공부하는 거 힘들지 않아?
> **루비**: 공부하는 거 재미있어요.
> **루아**: 난 공부 재미없어. 그래도 공부 더 하고 싶어요.

아직은 조마조마한 마음이지만, 루아와 루비에게 스스로 성장할 수 있는 힘이 생겼다고 믿는다. 글을 읽고 쓸 수 있는 힘, 그 힘은 루아와 루비가 앞으로 살아갈 삶에 가장 큰 디딤돌이 되어줄 것이다.

담임선생님의 존재감

2015 개정 교육과정에서 초등학교 1~2학년 학생들이 공교육 안에서 한글을 해득할 수 있도록 한글 책임교육 시간을 68시간으로 증배했다. 그중 1학년에 57시간이 배정되어 있다. 그것도 51시간을 1학기에 하게 되어 있다. 말하자면 한글 교육이 가장 충실하게 이루어질 수 있는 시기가 바로 1학년 1학기인 것이다. 그만큼 1학년 담임선생님의 역할과 책임이 중요하다.

루아와 루비의 담임선생님은 4년째 1학년을 맡아오며 한글 교육이 얼마나 중요한지 깨달았다고 말했다.

3월 학기 초 적응 기간에 '두근두근 1학년'[6] 적응 활동책을 꺼내라고 했는데 책을 못 꺼내는 애들이 있었어요. 글자를 못 읽으니 책을 찾아 꺼낼 수가 없었던 거죠. 어찌어찌 책을 찾아서 학교, 학년 반, 이름을 쓰는데 어디에 쓸지를 몰라요. ○○초등학교라고 쓰여 있으니까, 학교 이름만 쓰면 되는데 초등학교라는 글자를 보고도 초등학교를 또 쓰는 거예요. 교과수업이 시작되면 더 힘들어져요. 국어 교과서를 찾지 못하고, 공부할 쪽수를 찾는 것조차 못하거든요. 그래서 한글 교육이 우선이라고 생각했어요.

1학년 교실에 앉아 있는 아이들의 한글 해득 수준은 제각각이다. 글자를 줄줄 읽는 아이에서부터 전혀 읽고 쓰지 못하는 아이들까지 범위가 너무 넓다. 루아의 담임교사는 3년 전부터 한글 제자 원리와 발음중심 지도 방법으로 한글을 지도한다고 말했다.

4년 전 처음 1학년 담임을 맡았을 때는 교과서를 중심으로 가르쳤는데, 아는 애들은 더 잘 알고 모르는 애들은 계속 몰랐어요. 그때의 아찔했던 경험 때문에 여러 연수 등을 통해 한글 지도 방법을 배워서 자

---

6) 전라북도교육청 입학 초기 적응 활동 교재.

음자, 모음자의 소릿값부터 하나씩 가르쳤어요. 처음부터 체계적으로 가르쳐야 했으니까요. 국어 교과서는 접어두고 교육과정을 재구성해서 3월 말부터 4월까지는 한글 집중 교육을 했어요. 물론 한글을 알고 들어온 아이들도 있지만, 체계적으로 배운 게 아니었기 때문에 한글 제자 원리에 관해 설명해주고 소릿값을 알려주니 재미있게 잘 배웠어요. 한글을 아예 모르는 애들은 더 빠르게 읽을 수 있게 되었어요.

루아의 담임교사는 한글 집중교육 기간뿐 아니라 1년 내내 1학년 수준에 맞는 한글 지도를 꾸준히 해왔다. 매일 아침 그림책 읽어주기, 알림장에 한 문장 써 오기 등 아이들에게 문해 환경을 만들어주려고 노력했고, 가정과 소통했다.

그림책은 매일 읽어주려고 노력했어요. 보통은 교과와 관련된 그림책을 많이 읽어줬어요. 그래야 수업에서 아이들이 더 관심을 가지고 이해도 잘했어요. 학년에서 가치 덕목을 주제로 정해서 그림책을 선정하기도 하고, 아이들이 흥미 있어 할 만한 것을 읽어주기도 하고 다양한 그림책을 활용했어요. 아이들에게 읽기도 중요하지만 듣고 공감하고 이해하는 과정이 필요해서 많이 들려줬어요.

루아의 담임교사는 알림장에 한 문장 써 오기 활동이 한글 지도에 많은 도움이 되었다고 했다. 특히 루아와 루비에게는 '매일 한 문장 써 오기' 숙제가 힘든 과정이었지만 가정에서 엄마가 적극적으로 도와주었기 때문에 가능했다고 말했다.

처음에는 쓰고 싶은 문장을 자유롭게 써 오라고 했어요. 그런데 학급 아이들 대부분이 매일 똑같은 문장을 반복해서 써 오는 거예요. 그래서 그날 배운 내용 중에서 주제어를 정해주고 문장을 써 오라고 했어요. 알림장에 써 온 문장은 하교하기 전에 선생님 앞에서 소리 내어 읽어야 해요. 루아와 루비는 처음에 문장을 다 읽지 못하고 간신히 단어 한두 개 정도만 읽을 수 있었어요. 그래서 읽을 수 있을 때까지 집에서 여러 번 읽어 오라고 했어요.

루아와 루비는 엄마와 함께 문장을 쓰고 읽었다고 했다. 이렇게 연습해야만 선생님 앞에서 문장을 읽을 수 있었기 때문에 여러 번 읽어서 외우듯이 문장을 읽었다고 했다. 이런 과정이 루아와 루비의 한글 해득에 큰 도움이 되었을 것이다. 나는 담임교사에게 루아와 루비가 1년 만에 글을 읽고 쓸 수 있게 되어서 참 다행이라고 말했다. 담임교사는 다른 애들은 한 달이면 하는 걸 1년 만에 했지만 그래도 참 다행이라며 웃었다.

루아와 루비가 1년 만에라도 읽고 쓰게 된 건 행운일 거예요. 아예 한글을 못 읽는 애들은 보통 그 상태로 2학년에 진급하기도 하거든요. 2학년이 되면 학습할 분량이 또 늘어나게 되는데 점점 더 부진이 되고, 진짜 답이 없어요.

한글 지도의 최적기인 1학년 때 반드시 한글을 읽고 쓸 줄 알아야 하는데, 따라오지 못하는 아이들을 담임교사 혼자서 지도하기엔 역부족이다. 지원시스템이 필요한 이유다.

오전 내내 수업하고 오후에 남겨서 지도해야 하는데, 여러 명을 혼자 지도할 수가 없어요. 그렇다고 수업 중에 빠져나가 별도로 한글을 배우게 하는 것도 안 될 것 같아요. 1학년 수업 중 활동은 대부분 첫 경험이기 때문에 친구들과 함께 배우는 것이 중요하다고 생각해요.

루아의 담임교사는 3월부터 바로 방과후 개별지도 시스템이 필요하다고 했다. 올해는 학기 초부터 루아와 루비의 개별지도를 시작했다. 루아가 두리교사인 나와 개별학습을 시작한 4월부터 담임교사는 루비의 개별지도에 집중할 수 있었다. 무엇보다 가정의 적극적인 협조가 있었고, 루아와 루비가 착실하게 모든 과정을 잘 따라와 준 것이 한글 해득의 길이었다고 말했다.

집중적인 개별학습이 꼭 필요하다

담임교사와의 대화 속에서 새삼 한글 해득의 길이 보였다. 교육과정 내에서 문해 환경을 적절하게 제공할 수 있는 질 높은 수업과 최대한 빨리 지원해줄 수 있는 일대일 개별화 지원시스템이 필요하다.

초등학교 저학년 아이들의 읽기 능력 부족은 결과적으로 학습 부진으로 이어질 가능성이 크다. 학교생활 전반에 걸쳐 또래 아이들과의 관계 형성에도 큰 영향을 미칠 가능성 또한 크다. 글자가 가득한 교과서를 활용한 수업에서 풀 수 없는 암호와도 같은 글자에 둘러싸인 채 교실에 앉아 있는 아이의 기분은 어떨까. 수업 시간 내내 무언가를 지시하는 담임 선생님의 언어를 이해할 수 없고, 칠판에 안내된 내용을 몰라서 멍하니 앉아 있어야만 하는 아이의 심정을 누가 알아줄까.

1학년에 입학한 아이들의 읽기 발달 수준은 저마다 다르다. 그 격차는 유아기에 어떤 언어 환경에 노출되어 얼마만큼의 다양함을 경험했느냐의 차이에서 시작된다. 벌어진 격차는 적절한 조치가 없으면 점점 더 커지게 될 것이다. 잘 읽는 아이들은 더 많이 읽으며 더 잘 읽게 되고, 못 읽는 아이들은 읽지 못함으로 인해 학습 부진과 잦은 실패를 경험할 것이다. 이런 경험으로 인하여 자존감이 낮아진 아이들 마음은 점점 더 읽기와 학습을 포기하게 될 가능성이 커진다. 이와 관련해 엄훈 교수는 「아동기 문해력 발달 격차에 대한 문제 해결적 접근」(2019)이라는 논문에서 다음과 같이 제언했다.

> '초등학교 저학년 시기, 그것도 가급적 1학년 시기에 문해력 발달 면에서 아이들이 실제로 동일한 출발점에 설 수 있도록 보장해주는 것, 그것이 바로 초기문해력의 조기 개입이다. 초기문해력 조기 개입은 초등 저학년의 교실 수업 강화와 교실 수업으로는 해결되지 않는 최저 수준의 아이들을 위한 초기문해력 단기 집중 개별화 수업이라는 두 개의 트랙 전략으로 구현될 수 있다.'

루아와 루비같이 발음이 부정확하고 글자를 전혀 못 읽는 아이들은 교실에서 친구들과 대화를 안 하거나 교사의 질문에 대답하지 않는 등 최소한의 상호작용도 거의 없었을 가능성이 크다. 루비와 루아도 그랬던 것 같다. 교사의 질문에 매우 작은 목소리로 '네', '아니요'와 같은 단답형으로 대답하거나 입을 꾹 닫아버린 채 고개를 끄덕이는 것으로 의사 표현을 했었다. 1학년에 입학하고 한 달이 지나도록 글자를 그림으로 인식하고 읽는 수준에서 1년이라는 기간을 그대로 보냈더라면, 읽기 발달의 최적기를 또 놓치게 되었을 것이다. 담임교사의 면밀한 관찰과 진단이 적극적인 조기 개입으로 이어져 루아와 루비는 글을 읽을 수 있게 되었다.

담임교사의 적극적인 개입은 두 가지로 살펴볼 수 있다. 1학년 교육과정에서 한글 지도 시간을 충실히 이행하고, 국어과 수업에서도 지속해서 말놀이, 글놀이 활동을 했다. 그림책을 매일 읽어주었고, 알림장에 한 문장씩 써 오는 과제를 꾸준히 제시했다. 더불어 수업이 끝난 후에는 루비와 일대일로 개별 수업을 진행하여, 쌍둥이 자매의 언어 발달 촉진에 큰 영향을 주었다.

아마도 두 아이에게 개별적인 집중 교육이 없었다면 루아와 루비도 글자를 읽지 못하거나, 늦게 겨우 깨쳐서 다른 학습을 할 수 없는 상태가 될지도 모른다. 경험과 발달에 차이가 있는 아이들이 학교에 입학한 순간부터 면밀한 관찰과 그에 맞는 지원이 그래서 꼭 필요하다. 두 아이에게 그랬던 것처럼 아무리 느린 읽기 학습자라도 적절한 시기에 집중적인 교육이 이루어진다면, 루아와 루비처럼 읽고 쓸 수 있다.

유아기 언어 수준에 머물러 있는 아이의 한글 공부

초등학교 1학년에 입학할 즈음 아이들은 대부분 음절 단위로 글자를 인식하게 된다. 글자와 소리의 대응 규칙을 이해하여 새로운 낱말을 읽을 수 있는 단계이다. 그런데 유아기 시절에 양질의 언어 환경에 노출되지 못하였거나, 읽기 발달이 조금 느린 아이들이 있다. 이런 아이들은 대체로 통낱말 읽기 단계로 글자를 그림으로 인식하고 있는 수준이다. 또 흔히 말하는 혀짧은 소리로 말하는 등 유아기 언어를 구사하는 경우도 있다. 대체로 [스], [즈] 소리를 [드] 소리로 발음하는 오류가 나타난다. 이때 적극적 개입으로 오류를 수정하고 한글 해득을 위한 지도 방법이 필요하다.

첫째, 아이의 잘못된 발음 패턴을 관찰하자.

아이가 자주 틀리는 발음을 적어보고 일정한 패턴을 알아본다.

(예: [ㅅ]을 [ㄷ]으로 발음함. 시소를 [디도], 수도를 [두도]라고 읽음)

둘째, 조음기관을 가지고 노는 경험을 제공하자.

청각과 조음기관의 이상이 없는데도 발음을 잘못하고 있다면, 유아기 시절의 습관이 남아 있거나 조음기관을 사용하는 방법이 서투를 수가 있다. 따라서 조음기관을 가지고 노는 경험이 필요하다. 혀를 쭉 내밀기, 빨대 물고 바람 불어보기, 사탕을 입에 넣고 좌우로 움직이기 등 혀와 입 등의 근육을 이용하는 놀이 활동이 도움이 된다.

셋째, 아이가 잘 읽는 글자부터 연습하고 확장해나가자.

아이가 [드] 소리를 정확하게 잘한다면, [드] 소리가 있는 낱말부터 연습해 본다. 그리고 'ㄷ'과 조음위치가 같은 'ㄴ, ㅌ, ㄸ'을 먼저 익히게 한다. 그 후에 오류가 잦은 [스] 소리는 같은 잇소리인 'ㅈ, ㅊ'를 함께 연습한다면 정확한 'ㅅ' 소리를 알아채고 발음하는 데 도움을 줄 것이다.

넷째, 언어 발달 단계에 맞는 활동부터 시작하자.

아직 통글자 단계에 있다면 그림과 함께 낱말을 외우듯이 읽도록 도와준다. 한눈에 읽을 수 있는 낱말이 많아지면 읽기에 조금 더 자신감이 생긴다. 아이가 아는 낱말을 활용하여 음절 수준으로 음운 인식훈련을 하면 조금 더 쉽게 받아들인다. 아이가 아는 글자가 많을수록 아이는 그다음 단계인 음절 수준, 음소 수준으로 더 잘 나아갈 수 있으며, 모르는 단어도 쉽게 읽을 수 있게 될 것이다.

3장

다문화 아이,
윤서의 한국어 수업

김주루
·············

윤서를 도와주세요

우리 학교는 전주 시내에 있는 다문화정책학교로 일반 학급 외에도 '한국어 학급'이 따로 개설되어 있다. '한국어 학급'은 다문화정책학교 중에서 중도 입국 학생과 외국인 학생의 비율이 높을 때 교육부로부터 지정을 받아 운영한다. 그 학생들에게 맞는 한국어 교육을 심도 있게 제공하는 것이 설치 목적이다. 2021학년도까지는 전주에서 유일한 학급이었으나, 2022학년도부터 다른 학교에 한 학급이 추가 설치되었다.

우리 학교의 경우는 인근에 국립대학교가 있어 학업이나 연구를 위해 오는 외국인 자녀들이 많다. 학교에 '한국어 학급'이 있다는 것을 알고 학구와 상관없이 취학하는 중도 입국 학생도 적지 않다. 전교생의 20%가 넘는 학생이 다문화 학생이고 그중 외국인 자녀와 중도 입국 자녀의 비율이 높다.

참고로 2021년 교육부에서 제시한 다문화 학생의 유형과 다문화 교육 지원계획은 다음과 같다.

교육부에서 제시한 다문화 학생의 유형[7]

국제 결혼 가정	국내 출생 자녀	• 한국인과 결혼이민자 사이에서 태어나 한국에서 성장한 경우 • 한국어 구사에는 어려움은 없으나, 학습에 필요한 문장이나 어휘를 이해하는 데 곤란을 겪는 경우 존재 • 사춘기에 진입하면서 다문화에 대한 고정관념에 불편함을 느끼며, 심리 정서 지원 요구
	중도 입국 자녀	• 결혼이민자가 한국인과 재혼한 이후에 본국에서 데려온 경우, 한국인과 결혼이민자 사이에서 태어났으나 결혼이민자 본국에서 성장하다가 입국한 경우 등 • 새로운 가족과 한국문화에 적응하기 위한 스트레스가 발생하며, 정체성 혼란이나 무기력 등을 경험하는 경우 존재 • 한국어 능력이 부족하여 공교육 진입과 적응에 어려움 발생
외국인 가정	외국인 가정 자녀	• 외국인 사이에서 태어난 경우(한국계 중국인, 중앙아시아 고려인, 시리아 난민 등 포함) • 정주 여건이 불안정하여 학업을 지속하기 어려운 경우 존재 ※ 유엔아동권리협약에 따라 미등록 이주 아동의 교육권 보장

　2021학년도에 우리 학교에 50명이 입학했다. 예년과 달리 그중 외국인 학생이 10명이나 되었다. 다섯 명 중 한 명꼴로 외국인 학생인 것이 놀랍기도 하고 한편으로는 걱정이 되었다. 그 학생들이 문화와 언어가 다른 학급에서 잘 적응할지, 담임선생님과 공부하는 게 어렵지는 않을지 염려가 되었다.

　우리 학교는 2월 말에 '징검다리 과정'을 운영한다. 외국인 학생이나 중도 입국 학생이 우리나라의 공교육에 잘 진입할 수 있도록 징검다리를 놓아주는 프로그램이다. 이 시간에는 학생뿐만 아니라 학부모를 위한 교

---

7) 2021년 다문화 교육 지원계획(교육부)

육도 한다. 학생들에게는 학교와 학교생활을 미리 안내하고 간단한 한국말을 가르치며 학부모에게는 한국 공교육과 자녀 교육에 도움이 될 만한 내용을 소개한다.

내가 학부모 교육을 담당하고, 1학년 담임선생님들이 학생 교육을 맡았다. 나는 학부모들에게 안내장 확인하기, 출석 등 한국의 공교육 시스템 안내에 초점을 두었다. 1학년 담임선생님들은 아이들이 처음 시작하는 학교생활이 낯설지 않도록 학교 안내도 하고, 교실 놀이 등으로 학교생활에 대한 기대감을 불어넣었다. 처음 생각과는 달리 아이들은 한국말로 기본적인 의사소통을 하는 데에는 큰 문제가 없었다. 한국에서 오랫동안 유치원에 다닌 덕분인 것 같았다. 그렇게 여러모로 안정된 가운데 학기를 시작할 수 있었다.

입학 초기 적응 활동이 끝날 무렵, 윤서의 담임선생님이 나를 찾아왔다. 윤서 아버지는 한국인이고, 어머니가 베트남인인데 아이가 하는 말을 잘 알아듣기 어렵다고 했다. 학급에서 수업받기 어려울 정도로 한국어가 서툰 윤서가 한국어 학급에서 공부할 수 있을지 물었다. 당시 나는 학생 지도 시간이 꽉 차 있었던데다 국내 출생의 다문화 학생은 입급 대상자가 아니기에 윤서를 따로 지도하는 것이 어려울 것 같았다. 하지만 담임교사의 간절함에 우선 윤서를 만나보기로 했다.

윤서는 표정이 밝았고, 재잘재잘 말하기를 좋아하는 아이였다. 하지만 말하는 내용을 알아들을 수 없을 정도로 발음이 부정확했다. 윤서와 대화하는 내내, 윤서가 하는 말에 주의를 기울여보았지만 제대로 알아듣는 게 무척 힘들었다.

교사: 아침에 뭐 먹고 왔어요?

윤서: 채천이요.

교사: 채천?

윤서: 아니요, 채천이요.

교사: (한참 생각하다가) 아, 생선?

윤서: 네.

(중략)

교사: 동생이 몇 살이에요?

윤서: 어…, 다섯 개요.

(중략)

교사: 선생님이 내주시는 숙제, 안 어려워?

윤서: 괜찮아요.

교사: 선생님이 어제는 무슨 숙제를 내주셨어요?

윤서: 아두 엄는데요.

별도의 한국어 교육이 없으면 윤서는 교사와의 상호작용뿐 아니라 친구들과의 관계에도 어려움을 겪을 것 같았다. 외국인 학생들에게 많은 시간과 노력을 들여 한국어를 가르치는 만큼 윤서에게도 심도 있는 한국어 수업이 필요해 보였다. 그래야 윤서가 한국인으로 잘 살아갈 수 있을 것 같았다.

윤서의 입급을 위해 한국어 학급 운영에 기본이 되는 '다문화 교육 정책학교 운영 가이드라인'을 다시 읽어보았다. 이전에는 보이지 않던 문구가 눈에 들어왔다. 윤서도 한국어 학급 입급 대상자라는 근거를 찾은 것이다.

> '(중략) 또한 한국에서 태어나고 자랐지만, 외국 출신 부 또는 모의 제
> 한된 한국어 수준에 영향을 받은 학생 (중략) 중에서 한국어 의사소통
> 능력이 부족하여 학교생활 적응이나 한국어로 이루어지는 수업 참여
> 에 어려움을 겪는 학생도 대상으로 삼을 수 있다.[8]

윤서를 가르치기 전에 먼저 어머니를 만났다. 부정확한 발음과 틀린
어순을 말하는 습관이 윤서와 많이 닮아 있었다. '다문화 교육 정책학교
운영 가이드라인'에 나와 있는 "외국 출신 부 또는 모의 제한된 한국어 수
준에 영향을 받은 학생"이 바로 윤서라는 생각이 들었다. 윤서 어머니도
열심히 가르쳐달라고 부탁했다. 부모의 동의를 받은 후 4월 첫날부터 매
일 1교시에 윤서와 한국어 수업을 했다. 내가 했던 수업을 '국어 수업'이
라고 해야 할지, '한국어 수업'이라고 해야 할지 헷갈린다. 윤서는 한국인
이기 때문에 '국어 수업'이라고 해야 할 것이다. 하지만 일반적인 국어 교
과서에 나오는 내용 외에도 한국어 의사소통을 위한 것까지 배워야 하니
'한국어 수업'이라고 해야 할 듯도 하다.

　나는 '국어'를 가르치는 초등교사이지만 '한국어'를 가르칠 수 있는
'한국어 교원'은 아니다. 이로 인해 가끔은 '내가 윤서에게 가르치는 내용
과 방법이 맞나?'라는 의문을 가지기도 했다. 하지만 윤서가 한국인으로

---

8) 2017 개정 교육과정의 적용 대상에 관한 내용은 '2021 다문화 교육 정책학교 운영 가이드라인'
7쪽에서 발췌함.

서 한국어를 잘 사용하도록 도울 수 있을 것이라 믿고 아이와 매일 만났다. 2021년 4월부터 12월까지 윤서의 읽기 및 쓰기, 말하기 및 듣기 수업, 다시 말해 '국어 수업'과 '한국어 수업' 중간 그 어딘가의 수업을 했다. 그리고 수업하면서 다문화 아이의 언어에 대해 발견하고 배우게 된 것들을 기록했다.

'오리'가 '오이'가 되다

조용하고 평화로운 마을에 작고 귀여운 마쉬멜롱들이 살고 있었다. 어느 날, 검은색 털숭숭이 괴물이 '이파라파냐무냐무'라고 크게 소리를 지르며 나타난다. 마쉬멜롱들은 괴물이 말하는 것이 무슨 뜻이냐며 난리가 난다. 한 마쉬멜롱은 '우리를 맛있게 먹겠다'는 뜻이라고 해석한다. 다른 마쉬멜롱들도 그 말에 동의한다. 모두가 목숨을 지키기 위해 검은색 괴물을 무찌르려고 갖가지 노력을 한다. 그러다가 용감한 마쉬멜롱 하나가 괴물에게 "소리 지르지 말고, 천천히, 또박또박 말해!"라고 말했다. 그제야 괴물은 "이. 빨. 아. 파. 너. 무. 너. 무"라고 본래 자기 마음을 이야기한다.

『이파라파냐무냐무』(이지은 지음, 사계절, 2020)라는 제목의 그림책 내용이다. 이 그림책의 주제는 무엇일까? 다른 사람은 어떨지 몰라도 내게 이 책의 주제는 '천천히, 또박또박 말하기의 중요성'이다.

'천천히'와 '또박또박'은 내가 윤서에게 수업 시간마다 강조하는 말이다. 윤서와 대화하면서 내가 제일 많이 하는 말은, '뭐라고?', '그게 무슨 뜻일까?', '다시 천천히 말해보자.'이다. 윤서는 발음이 무척 좋지 않다. 앞니가 빠져서 바람이 새는 소리와 함께 비염으로 인한 코맹맹이 소리가 난다. 이런 신체적인 이유 말고도 '정확한' 한국어를 들을 기회가 적은 것도 원인인 것 같았다.

윤서는 '오리'를 [오이], '개나리'를 [개나이], '밥이랑'을 [밥이양] 등으로 발음하는 경우가 많았다. '오', '리', '개', '나', '리', '밥', '이', '랑' 이렇게 한 글자씩 읽어보라고 하면 바르게 읽었다. 하지만 두세 개 글자를 합해 한 낱말로 읽거나 말할 때는 정확하지 않았다. 위 낱말들의 공통점은 'ㄹ' 발음이 정확하게 나지 않는 것이다. 처음에는 이 문제를 해결하고자 이런 낱말들만 모아서 연습해보았다. 낱말들만 읽고 말하는 연습을 하면 곧잘 따라 했으나 그때뿐이었다.

그래서 일상 대화와 문장 속에서 연습하려고 『이야기 발음 카드』(김재리 외, 예꿈, 2017)를 사용했다. 이야기 발음 카드는 하나의 이야기가 6개

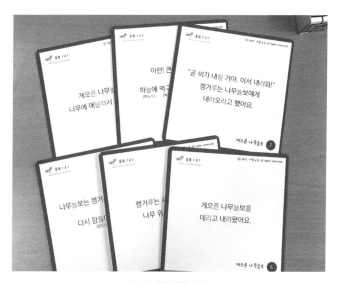

'ㄹ' 이야기 발음 카드

의 그림 카드로 되어 있다. 앞면에는 그림만 있고, 뒷면에는 그림과 관련된 문장이 적혀 있다. 그 문장은 목표 발음 위주로 되어 있다. 예를 들면, 자연스러운 'ㄹ' 발음을 위해서 '게으른 나무늘보를 데리고 내려왔어요.'와 같은 문장을 연습한다. 먼저 그림을 보여주고 내가 어떤 내용인지 물으면 윤서가 답을 했다. 문장 안에는 윤서가 잘 안 되는 발음이 포함된 낱말들이 있었다.

교사: (그림을 가리키며) 이게 뭐야?

윤서: 벌레?

교사: 그래. 그럼 이 벌레가 어디를 가려고 생각하고 있는 거야?

윤서: 노이터.

교사: 맞아. 놀, 이, 터, 노리터.

윤서: 노리터.

교사: 그래, 애벌레가 놀이터에 가려고 신발을 신지?

윤서: (문장을 보며) 애벌레가 노리터레 가려고 신발을 신어요.

교사: (천천히) 노리터에 가려고.

윤서: 노리터에 가려고.

(중략)

교사: 애벌레가 걸어갈까? 뛰어갈까?

윤서: 거어가요.

교사: 걸. 어. 가. 요, 거러가요.

윤서: 거러가요.

발음 카드를 3~4일 정도 연습했다. 윤서는 '놀이터', '걸어가요'를 정확하게 발음하지 못했다. 그래서 카드를 가지고 충분히 대화를 나누고 카드 뒷면에 있는 '애벌레가 놀이터에 가려고 신발을 신어요.', '애벌레가 걸어가요.' 등의 문장을 여러 번 듣고 따라 읽게 하였다. 윤서가 자신이 틀리게 발음한다는 것을 모르기도 해서 틀리게 발음한 낱말 그대로를 적어서 보여주었다. 그러면 윤서는 자신이 무엇을 잘못 말했는지 알고 발음을 수정하여 말했다.

몇 년 전 1학년 담임교사를 할 때였다. 1학기가 거의 끝나갈 즈음, 아이들이 한글을 잘 깨우쳤는지 알아보는 시간을 마련했다. 받침 없는 글자와 낱말, 받침 있는 글자와 낱말, 무의미 낱말 등을 불러주고 쓰게 했다. 그때 수철(가명)이가 '우유'를 '오요'라고 적었다. 더 어려워 보이는 낱말은 대부분 맞았는데, 비교적 쉬워 보이는 '우유'를 틀려서 이상했다.

아이에게 다시 또박또박하게 '우유'라고 불러주었는데 여전히 '오요'라고 적었다. 또다시 불러주니 '우요'라고도 적었다. 아무래도 모음을 헷갈리는 것 같아서 모음 'ㅏ'부터 'ㅣ'까지 쭉 적고 읽어보게 했다. 아이는 'ㅗ'를 [오]와 [우] 중간 정도의 소리로 읽었다. 'ㅜ'도 마찬가지로 [오]도 아니고 [우]도 아닌 소리로 읽었다. 재차 몇 번을 읽게 해도 'ㅗ'와 'ㅜ'는 똑똑히, 정확하게 들리지 않았다. 그제야 나는 아이가 [오]와 [우] 발음뿐만 아니라 다른 발음 또한 명확하지 않다는 것을 알았다. 30여 명이 되는 학급 아이들 속에서 내 귀에 그 아이의 발음이 잘 들리지 않았던 것 같았다. 좀 이상하게 들렸어도 그것이 문제가 됨을 알아차리지 못했는지도 모른다.

그 후로 며칠 동안 수철이에게 [오]와 [우] 발음을 들려주며 정확하게 따라 말하게 했다. 발음이 정확해진 다음에야 'ㅗ'와 'ㅜ'가 들어간 낱말 읽고 쓰기를 연습했다. 그렇게 하니 아이가 더는 '우유', '오이' 같이 'ㅗ'와 'ㅜ'가 들어간 낱말을 쓰는 게 틀리지 않았다. 보통 문자를 가르칠 때, 자음과 모음을 익히고 그것을 읽고 쓰는 것만으로 생각하기 쉽다. 하지만 제대로 발음할 줄 알아야 정확하게 읽고 쓸 수 있기 때문에 문자지도에 있어서 '발음'은 매우 중요한 부분이다.

수철이보다 윤서의 발음 문제는 훨씬 더 심각했다. 다른 사람들에게 하고 싶은 말은 많은데 정확한 말로 자신의 의견을 표현하지 못하고 있는 것 같아 안타까웠다. 윤서와 대화하면서 '뭐라고?', '그게 무슨 뜻일까?', '다시 천천히 말해보자.'라는 말을 더 이상 하지 않아도 되는 날을 기다리고 또 기다렸다. '이빨 아파. 너무너무'라고 그림책 속 괴물이 말했던 것처럼 윤서도 또박또박 천천히 말하기를 연습하여 자연스럽게 우리말을 사용할 날이 어서 오기를 바랐다.

'이'랑 '가'랑 헤어져야 해

수업의 첫 부분은 항상 '재잘재잘 이야기 나누기'였다. 책이나 교재를 사용하기 전에 윤서와 눈을 맞추고 이야기를 나누었다. 이야기 주제는 다양했다. 윤서의 표정, 물건, 행동, 식사 그리고 휴일 다음 날이라면 휴일 동안 있었던 이야기 등이었다. 한국어 대화가 많이 필요한 아이라 생각하여 수업 시간마다 이런 수다 시간을 할애했다.

윤서는 묻는 말을 듣고 맥락에 맞게 대답하는 것을 어려워했다. 어순에 맞게 말하는 것, 조사를 정확하게 사용하여 말하는 것도 어려워했다. 간단한 낱말만으로 대답하거나 어순이 바뀐 문장으로 말하기도 했다. 그래서 윤서에게 질문하고 윤서의 대답 속에 나오는 낱말을 이용해서 내가 올바른 문장을 만들어주고 그 문장을 아이에게 따라 말하게 했다. 내가 또박또박 천천히 말하면 윤서는 내가 굳이 시키지 않아도 그 문장을 바로 따라 말했다.

어느 날은 윤서가 분홍색 원피스를 입고 왔다. 나는 그 원피스를 보고 대화를 시작했다

> **교사**: (윤서 옷을 가리키며) 옷 예쁘네! 누가 사주셨어요?
>
> **윤서**: 엄마. 할머니랑 엄마랑 같이 갔어요.
>
> **교사**: 어디 가서 샀어요?
>
> **윤서**: 옷이. 옷이가게.
>
> **교사**: 옷, 가, 게. 선생님이 다시 물어볼게요. 이 옷 어디서 샀어요?
>
> **윤서**: 옷가게.
>
> **교사**: 문장으로 말해보자. 옷가게에서 샀어요. 엄마가 사주셨어요. 이렇게 말해도 돼요. (천천히) 엄마가 옷가게에서 사주셨어요.
>
> **윤서**: (또박또박하게) 엄마가 옷가게에서 사주셨어요.

윤서는 옷가게라는 말을 '옷이가게'라고 말했다. 이전 수업과 마찬가지로 낱말 뒤에 무조건 '이'를 붙여 '옷'을 '옷이', '우산'을 '우산이'와 같이 말했다. 명사 뒤에 '이'를 붙여서 하나의 낱말로 생각하는 것 같았다. 그래서 '옷이가게'가 아닌 '옷가게'라는 낱말을 연습시키고 그다음 문장으로 말

하는 연습을 했다. 대답으로 '옷가게'라고만 해도 되지만 윤서에게는 완성된 문장으로 말하기가 필요하다고 생각했다. 일상의 대화 속에서도 문장으로 말하는 학습이 필요하고 나아가 언어 습득을 위한 과정이 될 것이라 기대했다.

교사: 옷에 뭐가 많이 묻었네. 이게 뭐예요?
윤서: 모르겠어요.
교사: 교실에서 뭐 먹었어요?
윤서: 집에서 딸기우유 있고, 큰 우유가 먹었어요.
교사: 아, 우유를 먹었어요?
윤서: 네
교사: (천천히) 딸·기·우·유를 먹었어요.
윤서: (또박또박하게) 딸기우유를 먹었어요.

윤서는 문장에 맞는 조사 사용을 어려워했다. 무엇을 먹었느냐는 질문에 '우·유가 먹었어요.'라고 대답했다. 평소에도 윤서는 '무엇을 먹었다'가 아닌 '무엇이 먹었다'와 같이 말할 때가 많았다. 이럴 때 '우유'나 '우유요'라고만 대답한다면 이 아이는 '을/를', '이/가'를 사용하는 것을 연습하지 못할 것이다. 문장으로 말하기를 시키는 이유였다.

내가 영어를 배웠던 경험이 윤서를 가르칠 때 많은 도움이 되었다. 영어를 배우던 때를 떠올려보면 단어를 익히고 난 다음 그걸로 문장을 만들면서 많은 실수를 했다. 실수가 잦으니 말하는 것이 부끄러워 거의 입을 열지 않았고, 그러니 더 배우지 못하는 악순환이 반복되었다. 제내로 말할 기회를 주지 않는다면 윤서도 마찬가지일 것이다.

수업 시작 전 윤서의 마스크가 유난히 더러워 보였다. 그 이유를 묻자 '콧물이가 났어요.'라고 대답했다. 이전의 수업에서도 '우산이가 없어요, 연필이가 있어요, 책상이가 있어요, 옷이가 샀어요.'라고 했었다. 다행히 '반지가 있어요. 지우개가 있어요. 고양이가 먹어요.' 등과 같이 '가'가 붙는 경우는 바르게 말했다.

외국 학생에게 고학년 정도 되면 받침 있는 글자 뒤에는 '이'를, 받침 없는 글자 뒤에는 '가'를 붙인다고 문법적인 설명을 통해 가르친다. 하지만 느리게 배우는 윤서에게는 직접 보여주는 방법을 선택했다. 나는 두 개의 종이를 준비하여, 하나에는 '이', 다른 하나에는 '가'라고 크게 적었다. 그러고는 두 종이를 들고 낱말 뒤에 이 둘 중 하나만 붙여야 한다고 했다.

교사: 윤서야, 우리 '~가 있어요', '~이 있어요'를 연습해보자. (한 손에는 '이', 다른 한 손에는 '가'를 들고) 책상은?

윤서: 책상이가 있어요.

교사: (종이 두 개를 떨어뜨리며) 이 둘은 헤어져야 해. 다시. 책상? ('이' 종이를 앞으로 내밀며)

윤서: 책상이 있어요.

교사: (종이 두 개를 보여주며) 공책?

윤서: 공책이 있어요.

교사: (종이 두 개를 보여주며) 연필?

윤서: 연필이 있어요.

교사: (종이 두 개를 보여주며) 책?

윤서: 책이가 있어요.

교사: (종이 두 개를 떨어뜨리며) 이 둘은 헤어져야 해. 빠이빠이 해야 해.

윤서: 책이 있어요.

'이'와 '가'를 떨어뜨리는 수업은 며칠 더 이어졌다. 확실히 안 것 같았다가도 윤서가 실수한 날은 다시금 '이'와 '가'가 쓰여 있는 두 개의 종이를 보여주었다. 내가 먼저 문장을 고쳐주기보다는 기다려주었다. 윤서는 '헤어져야 해, 빠이빠이 해야 해.'라고 혼잣말로 중얼거리며 스스로 문장을 다시 고쳐 말하곤 하였다. 윤서는 헤어진다는 말이 '이'와 '가'를 같이 쓰지 않는다는 것으로 잘 이해한 듯 보였다. 저학년이었던 윤서에게는 문법적인 설명보다 간단하면서도 시각적인 방법이 효과적이었다.

당연히 아는 것은 없다

행동으로 배운 것은 잘 기억한다

'찬찬한글'의 모음 부분에 보면 작은 아이(찬찬이) 그림이 있다. 윤서는 그 그림을 무척 좋아했다. 그림 속 아이가 손을 옆으로, 아래로, 위로 뻗고 있는 모습을 보고 그대로 따라 했다. 까르르 웃으면서 흉내 내는 것을 좋아했다. 그러면서 윤서는 모음의 이름과 소릿값을 익혔다.

내가 윤서의 발음 중 가장 알아듣기 힘들었던 소리는 'ㅅ'이었다. '생선'을 '채천', '사탕'을 '따탕'으로 발음했다. 'ㅅ'을 보고 '시옷'이라 읽었지만, [스]라고 소리 내지는 못했다. 정확하게 [스]라는 소리를 내기 위해 어떻게 할까 하다가 뱀이 지나갈 때 나는 소리 [스]를 설명하게 되었다. 그러면서 두 팔로 뱀이 기어가는 흉내를 내었다. 윤서는 자신도 두 팔로 뱀이 기어가는 듯 흉내를 내며 [스]라고 따라 말했다.

쌍자음 'ㅆ'은 [ㅅ]과 [ㅆ] 중간의 소리가 났다. 그래서 '쌀'을 [살]도 아니고 [쌀]도 아니게 발음했다. 분명한 소리를 내게 하려고 손에 쌀을 쥐고 있는 것을 밑으로 세게 흩뿌리는 흉내를 내며 [쌀]이라고 했다. 윤서는 웃으면서 손을 쥐었다 밑으로 뿌리며 센소리로 [쌀]이라고 했다. 그 후로 'ㅆ'이 나오기만 하면 윤서는 같은 행동을 하며 [쌀]이라고 했다.

윤서는 'ㄱ'이 초성으로 오는 경우 [그]라고 잘 발음했다. 문제는 받침 'ㄱ'에서 [윽] 소리가 난다는 것을 기억하지 못했다. 정확하게 발음하기도 어려워했다. [윽] 소리가 어떤 소리와 가장 비슷할까 생각해보았다. 목이 눌릴 때 나는 소리이지 않을까 싶었다. 그래서 두 손으로 목을 감싸고 고개를 뒤로 젖히는 흉내를 내며 [윽]이라고 소리 냈다. 다행히 윤서는 잘 이해했고 자신도 흉내와 함께 [윽] 소리를 정확하게 냈다.

'ㅇ' 또한 초성으로 오는 경우는 정확히 발음했지만, 받침으로 올 때는 정확하지 않았다. '청소기'를 읽을 때 [청] 소리가 [청]과 [처] 중간 소리가 났다. 종성인 [응] 소리가 마무리되지 않은 느낌이었다. 아무리 따라 말하게 해도 우리가 알고 있는 [청] 소리가 분명하게 나지 않았다. [응] 소리에 맞추어 두 손을 둥글게 모으는 것처럼 하니 윤서도 자기 손으로 손을 모으며 [응] 소리를 내었다. [청.소.기] 정확한 소리가 났다. 또한 화장실에서 일을 보면서 힘을 줄 때처럼 두 손을 꽉 쥐고 [응] 소리를 내도록 해보았다. 윤서는 똥 싸는 흉내를 내며 [응] 소리를 쉽고 재미있게 기억했다.

발음을 가르칠 때 그 낱자의 소리 내는 방법을 그림이나 말로 설명할

[윽] 소리를 내는 모습   [응] 소리를 내는 모습

수도 있다. 『한글이 ㄱㅋㄲ』와 같은 시각적인 그림책으로 소리를 내는 방법, 혀의 위치 등을 보여주면 아이가 조금 더 쉽게 배운다. 이런 수업 이후 윤서는 자연스럽게 'ㅅ'이 나오는 경우 뱀이 기어가는 흉내를 내며 [스]를, '쌀'을 보고는 손으로 쌀을 흩뿌리는 흉내를 내며 [쌀], 받침 'ㄱ'은 두 손으로 목을 감싸 쥐며 [윽] 소리를 내었다. 행동과 함께 소리를 내면서 윤서는 소릿값을 기억하고 정확하게 발음하는 것을 배워갔다.

받침이 뭔지 몰랐구나!

윤서는 자음과 모음의 이름과 소리, 자음과 단순한 모음이 결합한 글자 등을 열심히 배웠다. 받침 없는 낱말을 불러주면 80% 정도는 정확하게 썼다. 낱말을 불러주면 음절 상자에 빠진 자음이나 모음을 넣는 부분이 찬찬한글에 있다. 윤서는 받침 없는 글자를 배우는 동안 이 부분을 잘해냈다.

받침이 있는 글자를 배울 때였다. 'ㅁ' 받침소리를 배우고 나서 '샴푸'를 불러주니 망설였다. 'ㅁ' 받침을 어디에 써야 하는지 고민하면서 한참을 종이만 쳐다보았다. 그러다가 내 얼굴을 보며 '푸' 글자 밑에 'ㅁ'을 썼다.

내가 "여기가 맞아?" 하고 묻자 윤서는 "아니야." 하며 '샤' 밑에 'ㅁ'을 썼다. 마찬가지로 '튀김', '임금님' 등 다른 낱말도 받침을 어디에 써야 할지 모르고 계속 내 얼굴을 쳐다보았다. 내 눈치를 살피며 자음을 여기에 썼다 저기에 썼다 했다. 마치 눈치 게임을 하는 것 같았다.

순간 '윤서가 받침이라는 것 자체를 모르는 게 아닐까?'라는 의심이 들었다. 그동안 받침 없는 낱말은 음가에 따라 정확하게 자음과 모음을 쓰던 아이가 갑자기 이런 모습을 보이니 말이다. 윤서가 받침 글자라는 것을 이해하는지 알아보기 위해서 낱말을 들려주고 거기에 받침이 있는 글자인지 아닌지, 무엇이 받침인지 확인하는 질문을 해보았다.

교사: 윤서야, '가방'에서 '가'에 받침이 있어요, 없어요?

윤서: 있어요.

교사: 무슨 받침?

윤서: (ㄱ을 가리키며) 기역이요.

교사: '교실'에서 '교'에 받침 있어요? 없어요?

윤서: 있어요.

교사: 그럼 '실'에는 받침이 있어요, 없어요?

윤서: (눈치를 살피며) 있어요.

교사: '수'에는 받침이 있어요, 없어요?

윤서: 있어요.

교사: 무슨 받침?

윤서: (ㅜ를 가리키며) 이거요.

그동안 음절 상자와 『가나다 요술책』을 활용하여 자음과 모음의 결합, 그리고 자음이 합해져서 글자가 만들어지는 것을 매일 공부하면서도 윤서는 '받침'이라는 말 자체를 모르고 있었다. 윤서에게 '받침'이라는 개념은 낯설고 어려운 개념인 것 같았다.

나는 '받침'의 뜻을 윤서에게 알려주었다. '받쳐주는 것'이라는 설명과 함께 '냄비 받침'과 같은 사물을 예로 들어 설명하였다. 계속해서 '받침 없는 글자'와 '받침 있는 글자'를 보여주고 들려주며 그 차이를 느끼게 하였다. 이런 반복의 과정이 며칠간 지속된 후에야 윤서는 '받침'이라는 것을 이해하는 듯 보였다. 찬찬한글의 음절 상자에 빠진 자음과 모음, 받침을 적어 보도록 하였더니 그제야 눈치를 보지 않고 거의 정확하게 적었다.

내가 1학년 담임교사를 할 때나 내 자녀를 가르칠 때는 '받침'이라는 말을 굳이 설명할 필요가 없었다. 아이들은 이미 '받침'이 무엇인지 알았고, 글자의 '받침'이 어디에 붙는 것인지도 알았다. 아이들에게 '받침', '받침 글자'라는 것을 이해했는지 확인하지도 않았고, 그럴 필요도 느끼지 못했다. '당연히 알 것이다'라고 생각했다. 하지만 학생이 당연히 알 거라는 생각이 얼마나 어른 중심이고, 교사 중심인지 윤서를 통해 느끼게 되었다.

자석 글자 이용하기

문자지도를 할 때 자석 글자는 매우 좋은 학습 자료이다. 자음과 모음의 이름을 알고 음가를 익히면서 자석 글자로 자음과 모음을 조합하여 글자를 만드는 과정은 꼭 필요하다. 아이들은 이 과정을 통하여 자신이 말하는 대로 글자가 되고 낱말이 되고 문장이 된다는 것을 경험해볼 수 있다. 나는 거의 매일 자석 글자를 사용해 윤서와 수업했다. 자석의 자음과 모음을 가리키며 자모음의 이름을 불러주고 그날 배운 낱말을 만들어 보고 그것대로 써보게도 하였다. 이것이 조금 익숙해졌을 때는 ㄱ, ㅋ, ㄲ / ㄴ, ㄷ, ㅌ / ㅁ, ㅂ, ㅍ, ㅃ / ㅅ, ㅈ, ㅊ, ㅆ, ㅉ / ㄹ / ㅎ 순으로 배열하여 소리 내는 방법이 같은 자음끼리 묶어놓고 함께 음가를 익히고 글자를 조합해보는 활동을 했다. 윤서는 자석 글자를 매우 좋아했다.

> **교사**: 선생님이 낱말을 들려주면 잘 듣고 여기에 빠진 자음이나 모음을 써봐. 치즈(음절 상자에 자음 'ㅊ'과 모음 'ㅡ'를 써야 함), 먼저 [츠] 소리 나는 자음을 찾아봐.
>
> **윤서**: 츠 어딨지? (자석 글자 판의 'ㅊ'을 가리키며) 잠깐만요…. 이거 보고 쓸 거…. (자석 글자판을 거듭 쳐다보면서 'ㅊ'을 씀)
>
> **교사**: '즈' 써봐. 즈으. [으] 소리 나는 모음이 뭐가 있지?
>
> **윤서**: (교사가 가지고 있는 자석 글자판을 자세히 보려고 일어섬) 잠깐만요. (자석 글자를 한참 동안 쳐다보고만 있음)
>
> **교사**: 선생님이 볼 때 전에 자석 글자 없이도 글자를 잘 썼는데…. 이거 없애볼까? (자석 글자판을 옆으로 치움) 모음 중에 [으] 소리가 나는 것이 뭐가 있을까? 생각해보자.
>
> **윤서**: (한참 생각하다가 'ㅡ' 쓰면서) 이거요?
>
> **교사**: 그래 맞아. 잘했어.

윤서는 자음과 모음의 음가를 알고 듣는 대로 글자를 꽤 잘 찾고 잘 쓰기도 했다. 하지만 대화 내용에서처럼 윤서는 내가 불러준 소리를 되뇌며 계속 자석 글자판을 힐끗힐끗 보며 쓰지 못했다. 집중하지 못하고 약간은 불안한 듯 자석 글자판에 의지하는 모습을 보였다. 그래서 자석 글자판을 아예 치우고 시간이 걸려도 윤서의 머릿속에 저장된 낱자의 이름과 소리를 떠올려보게 하니 그제야 썼다.

이 수업을 돌이켜보면, 불러주는 소리를 잘 듣고 음가대로 쓰는 쓰기 수업이었다. 아이가 자석 글자를 이리저리 맞춰가며 낱말을 만들어 쓰는 단계를 지났으니 굳이 구체물을 보여주지 않아도 되었다.

문자지도 초기에는 행동이나 교재, 교구는 필수이며 그것이 아이들의 학습을 효과적으로 돕는다. 그러나 구체물에 의존도를 높이면, 오히려 아이가 찬찬히 생각하는 것에 방해가 될 때가 있다. 이날 나는 구체물을 투입해야 할 때와 빼내야 할 때를 구분해야 함을 배웠다.

아이의 속도에 맞추기

1학년 담임교사를 할 때 2교시와 3교시 사이에 30분 동안 중산놀이를 한 적이 있었다. 아이들은 놀이 활동 시간 30분을 너무나 좋아했다. 그 시간 때문에 학교에 온다는 아이도 많았다. 각자 자기가 원하는 놀이를 하기도 하고, 줄넘기를 하는 아이도 있었다.

줄을 넘는 아이 중에는 도움이 필요한 학생 몇 명이 있었다. 그 학생들은 줄넘기를 자기 앞으로 돌리면서 두 발로 뛰고, 계속해서 줄을 뒤로 돌려야 하는 그 과정을 이해하지 못했다. 아무리 천천히 설명하고 시범을 보여주어도 자연스럽게 연결되지 않았다. 줄을 앞이 아닌 뒤로 돌리기도 하고, 줄이 발 바로 앞까지 왔는데도 두 발을 뛰지 못하기도 했다. 그런데 가만히 보니 줄넘기를 힘들어하는 아이들 대부분이 읽고 쓰는 데 조금 더 느린 아이들이었다. 아마도 동작을 연결하는 것과 글자를 조합하여 읽고 쓰는 것이 연관성이 있지 않을까 싶었다.

읽기 지도를 할 때, 자음과 모음의 결합은 매우 중요하다. 예를 들어, '가'라는 글자는 'ㄱ'과 'ㅏ'의 결합이다. [그]와 [아] 소리가 만나는 것이므로 [그아]를 빨리 읽으면 [가]가 된다. '각'은 '가'와 받침 'ㄱ'이 만났으니 [가]와 [윽]을 빨리 발음하여 [가윽가윽가윽 각]이 된다. 자음의 소리와 모음의 소리를 합하여 글자를 읽는 연습은 읽기 수업의 시작이 됨과 동시에 매우 중요한 부분이다.

그래서 자모음 소리 결합으로 글자를 읽는 연습을 자주했다. 윤서가 받침 없는 글자를 제법 잘 읽는다고 생각되던 어느 날이었다. 윤서가 '교' 자를 보고 바라보기만 했다. 이전 같으면 내가 '그요그요그요'라고 말하면 기다렸다는 듯이 '그요그요그요 교!'라고 했을 것이었다. 하지만 윤서는 '그요그요그요'라는 말을 듣고 '그요그요그요?'라며 [교]라고 마무리하지 못했다. 다시 천천히 '그요그요그요'라고 하니 윤서는 '그요그요그요 고'라고 읽었다.

윤서가 '톡'을 읽지 못한 날도 있었다. 나는 윤서가 [톡]이라고 읽을 수 있도록 이전에 하던 대로 '토윽토윽토윽'이라고 말해주었다. 그런데 윤서는 '토윽토윽토윽 똑'이라고 읽었다. [토]로 시작한 소리를 [또]로 마무리하며 읽은 것이다. 아이 대부분이 할 수 있는 자연스러운 소리 조합이 줄넘기 동작 연결이 되지 않는 것처럼 윤서에게는 어려운 과정인 듯했다.

낱말에서 문장 읽기로 나아가면서 윤서의 자신감은 크게 향상이 되었다. 윤서는 그 무렵 '나는 잘해요, 잘 읽어요, 이거 쉬워요'라는 말을 자주 했다. 하지만 오류도 많이 발견되었다. 문장 읽기를 해보니 빨리는 읽으나 발음이 부정확할 때가 많았다. 그럴 때 고쳐 말해주면 틀린 발음을 고치기보다는 빨리 읽으려고만 하는 경향을 보였다. 아마도 보고 읽어야 한다는 생각과 빨리 앞서 나가고자 하는 마음이 강해서인 것 같았다. 그때마다 글자를 보지 말고 먼저 '선생님 입을 보세요.'라고 강조했다. 그러면 윤서는 내 입 모양을 보며 다시 정확하게 읽는 연습을 했다.

이전에 잘 알던 글자인데도 예상치 못한 방법으로 읽는 때도 있었다. '노랗다'를 보고 윤서가 [하]라고 운을 떼며 제대로 읽지 못했다. '웃'을 보고는 [숫]이라고도 읽었다. '랗'자의 받침인 'ㅎ'을, '옷'자의 받침인 'ㅅ'을 초성으로 가져와 읽는 듯 했다. 그래서 다시 받침으로 오는 자음의 음가를 알려주고 읽기 연습을 했다. 하루는 '과즙'을 보고 '사과'라고 읽었다. '떡볶이'를 보고 '거북이'라고도 읽었다. 아이들이 음가를 알고 어느 정도 읽기가 잘된다고 생각할 때 갑자기 이상하게 읽으며 이전에 잘 읽었던 것도 정말 엉뚱하게 읽을 때가 있다. 아직 배운 대로 깊이 생각하여 읽기보다는 평소의 습관대로, 보이는 대로 읽어서이지 않을까 싶다. 읽기가 자동화되기 전에 흔히 있을 수 있는 일이다.

학교 앞은 '어린이 보호구역'이다. 여기는 절대 속도를 높이면 안 된다. 30km의 규정 속도를 반드시 지켜야만 한다. 느리게 배우는 아이들도 어린이 보호구역처럼 속도를 지켜 천천히 가야 하지 않을까 싶다. 아이를 찬찬히 들여다보면서 배웠던 것을 잊어버리면 다시 알려주고, 새로운 오류가 나오면 그 오류가 왜 나왔는지 살펴 다시 연습해보는 것이 필요하다.

나는 원래 빠른 속도감을 좋아하는 교사였다. 내가 가르친 것이 아이에게 빠르게 전달되기를 바랐고, 아이에게 내가 원하는 목적이 빨리 나타나기를 원했다. 그러다 보니 수업 시간에 말이 빨랐다. 아이에게 정선된 말을 하기보다는 잡다하고 많은 말을 하여 아이에게 혼란을 주기도 하였다. 이런 나의 모습은 수업 나눔을 통해서 적나라하게 나타났다. 전문적 학습 공동체에서 내 수업 사례 발표했을 때 동료 선생님들이 그 부분에 대해 나에게 많은 조언을 해주었다. 아이의 속도에 맞추어 좀 더 천천히, 간단히, 단순하게 교사의 언어를 사용하도록 말이다. 그 조언을 기억하며 윤서와의 수업은 의도적으로 속도를 낮추어 할 수 있었다. 아이랑 갈 때는 천천히 가도 괜찮다는 생각을 늘 잊지 않으려고 노력했다.

나도 놀고 싶어!

여느 때처럼 윤서가 교실로 들어오기 전, 나는 오늘의 수업 목표는 무엇인지 오늘은 윤서에게 무엇을 어떻게 가르칠 것인지 생각하고 있었다.

'그래, 오늘은 찬찬한글로 복잡한 모음과 자음의 결합을 공부해야지. 받침 없는 글자를 서서히 마무리해보자.'

윤서가 교실로 들어왔다. 나는 아이가 앉자마자 내가 생각한 수업을 시작하려고 했다.

"친구들이요…." 윤서가 눈물을 글썽이며 말끝을 흐렸다. 교재를 덮고 윤서의 표정을 살피며 말을 들었다. 친구들은 밖에 놀러 나갔다는 것이다. 창문 너머로 운동장을 보니 윤서네 반 담임선생님과 아이들이 모래놀이장에 모여 있었다. 윤서는 매일 1교시마다 한국어를 배우니 가끔은 학급에서 하는 활동을 반 친구들과 하지 못하는 경우가 있다. 오늘이 바로 그런 날이었다.

나는 윤서에게 선생님이랑 함께 나가자고 말했다. 내 말이 끝나자마자 윤서는 이전에는 한 번도 들어보지 못했던 소리로 크게 외쳤다.

"선생님, 고맙습니다!"

나는 윤서를 데리고 운동장으로 나가 담임선생님에게 말을 하고 친구들 사이로 사이로 윤서를 들여보냈다. 윤서는 반 친구들 사이로 들어가 같이 놀기도 했고, 혼자 떨어져 놀기도 했다. 그런 윤서를 보면서 담임선생님과 여러 이야기를 나눴다. 윤서는 그다음 날 매우 환한 얼굴로 수업에 들어왔다.

윤서의 기쁜 얼굴을 보며 이런저런 생각을 했다. 어제 나는 윤서와의 수업을 어떻게 해야 했을까? 내가 계획했던 수업 목표를 이루지 못했으니 실패한 수업일까? 눈물이 글썽거렸던 윤서를 달래서 교재를 펼치고 수업을 해야 했을까?

다인수 학습에서 학생 한 명 한 명의 기분을 살피고 아이들마다의 이야기를 들어주려면 특별한 노력이 필요하다. 학습부진을 겪는 아이나 정서적인 지지가 필요한 학생을 개별 지도하는 상황에서는 더욱 그렇다. 교사가 계획하고 생각했던 수업 목표와 교재는 잠깐 옆으로 미뤄두고, 이야기를 들어주는 것이 교사가 계획한 수업을 하는 것보다 더 큰 효과가 있을 수 있다.

'오늘 아침에 뭘 먹고 왔어요?', '멋진 시계를 차고 왔네. 누가 사줬어요? 마음에 들어요?', '오늘 기분은 어때요? 속상한 일이 있었나요?' 이런 질문들로 시작해서 아이의 마음을 아이의 마음을 들여다보고, 그에 따라 수업을 전개하다 보면 생각지도 못했던 좋은 수업의 길로 들어서기도 한다.

윤서: (다른 때와는 달리 2교시에 교실로 옴)

교사: 오늘 별로 기분이 안 좋은 거 같네. 왜, 무슨 일 있었어요?

윤서: 꿈누리실에서….

교사: 전통 놀이했어요?

윤서: 너무 힘들어서….

교사: 아, 뛰어다니는 게 힘들었어요?

윤서: (고개를 끄덕끄덕함)

교사: 그러면 전통 놀이 끝나고 교실로 가서 뭐 했어요?

윤서: 색칠 놀이했어요.

교사: 무슨 색칠을 했어요?

윤서: 생일 파티….

교사: 계속 색칠하고 싶었어요?

윤서: (고개를 끄덕임)

교사: 아…. 계속하고 싶었구나. 우리 윤서가 색칠하고 싶었는데 못 해서 속
　　　상했구나.

　　윤서는 이날 전통 놀이를 하고 나서 색칠 공부를 하다가 한국어반에
왔다. 전통 놀이를 마치고 자기가 좋아하는 색칠 공부를 예쁘게 완성하고
싶은 마음이 있었던 것 같다. 나도 아이와 하고 싶은 게 많았다. 찬찬한글
도 하고, 『가나다 요술책』을 넘겨가며 받침 글자를 모두 읽고, 한 문장 쓰
기도 하려고 했다. 하지만 모든 것에 앞서 아이의 마음을 말랑말랑하고
부드럽게 해주는 과정이 먼저라고 생각했다.

　　윤서의 이야기를 다 들어주고 나서 마침 내가 가지고 있던 퍼즐 놀

이 장난감을 선물로 주었다. 윤서의 표정이 환해졌다. 이후 학습활동도 즐겁게 함께했다. 애초에 계획했던 활동의 절반도 못 했지만, 학습 효과는 배가되었으리라 생각한다. 교사 중심의 수업 방식이나 속도를 내려놓고 아이의 마음을 읽는 것이 먼저라는 것을 윤서와 함께하며 배웠다.

모르겠다고 말하기

윤서는 천천히 배우는 아이였다. 하루는 자음 'ㅁ'의 소리를 [므]라고 배우고 한 시간 내내 'ㅁ'이 들어간 낱말을 읽고 썼다. 그러고 나서 다음 날 배웠던 낱말을 읽어보도록 하면 읽지 못하는 경우가 허다했다. 배위가는 속도가 너무 느려서 때로는 '윤서는 정말 배우고 있나?'라는 의문이 들기도 했다.

윤서와 수업한 지 두 달 정도 지난 후, 나는 원적 학급[9]에 가서 윤서가 수업에 참여하는 모습을 보았다. 일대일 수업에서의 윤서와 원적 학급에서의 윤서는 많이 달라 보였다. 담임선생님이 하는 말을 거의 듣지 않는 듯했다. 가위로 자르기나 색종이 접기, 색칠하기 등 자기가 하고 싶은 활동에만 집중하고 있었다.

담임선생님이 가족을 그린 후 그림 위에 누구인지 써보라고 했다. 윤서는 그림을 제법 잘 그렸다. 그러고 나서 그림 위에 가족 이름을 써야 하는데, 잘 쓰리라는 내 예상과는 달리 한참을 망설였다. 내가 지켜보다가 가까이 가서 그림을 가리키며 '아빠, 엄마, 동생'이라고 써보라고 했다. 윤

---

9) 윤서가 원래 속한 반을 말한다. '한국어 학급'의 학생들은 평상시에는 '원적 학급'에 있다가 국어, 사회 과목 등 높은 한국어 실력이 필요한 시간에 한국어 학급으로 와서 수업을 받는다.

서는 '아빠요?'라고 두세 번을 되물으며 내 얼굴을 쳐다보았다. 평소 수업을 생각해본다면 윤서가 충분히 쓸 수 있으리라 생각했다. 하지만 머뭇거리며 쓰지 못했다. 나는 한 글자씩 또박또박 '아', '빠'라고 불러주었고 천천히 써보도록 했다. 윤서는 아주 천천히 '아빠'라고 썼다. 그리고 아빠, 엄마에 이어 '동생'을 쓰는데 'ㄷ'을 'ㄱ'으로 썼다.

수업을 마친 후 윤서의 수업 모습이 왜 달랐을까 곰곰이 생각해보았다. 아마도 윤서는 교사의 말을 빨리 이해하지 못했을 것이다. 이해하지 못하는 말이 많아지면서 자기가 무엇을 해야 하는지 모르기도 했을 것이다. 자기는 잘 모르는데 친구들처럼 뭔가 빨리해야 한다는 조바심도 들지 않았을까 싶다.

학급 수업을 관찰한 후, 나는 윤서와 수업을 하면서 윤서가 배우는 속도에 맞게 가르치려고 더욱 노력했다. 전날 배운 것을 기억하지 못하면 다음 날 다시 설명하고, 그다음 날도 모르면 천천히 다시 이야기해주었다. 더불어 윤서에게 수업 중 잘 알아듣지 못하거나 활동이 어려운 경우 '선생님, 잘 모르겠어요.', '선생님, 도와주세요.'라고 말하도록 가르쳤다. 수업 중 교사의 말을 이해하지 못했을 때 어떻게 할지 몰라 가만히 있을 것으로 예상이 되었기 때문이었다. 먼저 나와의 수업에서부터 '모르겠어요, 도와주세요.'라는 말을 많이 하게 했다. 윤서가 자신이 무엇을 알고 모르는지에 대해 아는 메타인지를 갖게 되기를 바랐다. 또한, 모르는 것을 알게 되는 기쁨을 경험하기를 원했다.

교사: 내일하고 모레는 학교에 안 나와요. 내일 뭐 할 거예요?

윤서: 놀아고 싶어요.

교사: '놀고 싶어요'라고 말해야 해.

윤서: 놀고 싶어요.

교사: 그럼 오늘은 '놀고 싶어요' 이 문장을 써보자.

윤서: 선생님, 도와주세요.

교사: 당연히 도와줄 거예요. '노'를 먼저 써보자.

윤서: (크고 정확한 발음으로) 노랑색의 노.

(중략)

교사: '싶'의 '시'를 먼저 써. '시원해' 할 때의 '시'야.

윤서: '시, 시, 시', 모르겠어요. 선생님, 모르겠어요.

교사: 잘 생각해보자. 기역, 니은, 디귿, 리을.

윤서: (잠깐 생각하다가 조그만 소리로) 나 알 것 같아. ('ㅅ'이라고 씀)

교사: '어요'는?

윤서: 쓸 수 있어요. ('어요'라고 씀)

　　윤서는 교사의 말에 모르는 것이 있으면 '도와주세요', '모르겠어요'라는 말을 적극적으로 하면서 나에게 도움을 구했다. 나도 윤서가 이렇게 말하니 무엇을 아는지 모르는지를 확실히 알고 가르쳐줄 수 있었다. 또한, 내가 도움을 주었을 때 윤서 스스로 답을 찾아가기도 하고, '알 것 같다'고 혼잣말을 하기도 했다. 윤서가 밝은 표정으로 "나 알 거 같아."라고 말했을 때 나도 무척이나 기뻤다.

외국인 엄마의 자녀 양육어

KBS2 TV 프로그램 〈슈퍼맨이 돌아왔다〉의 나은이는 슈퍼스타다. 나은이 엄마는 스위스인으로 가정에서 한국말을 전혀 사용하지 않는다. 그런데 나은이는 몇 개의 외국어와 함께 우리말을 하는 데 어려움이 없다. 엄마가 한국말을 못하는 외국인임에도 불구하고 나은이가 우리말을 잘하는 이유가 무엇일까?

현재 내가 근무하고 있는 학교에는 중도 입국 학생과 외국인 학생이 많다. 중도 입국 학생은 부모 중 한 사람이 외국 사람이어서 해외에서 태어나 줄곧 살다가 입국한 학생을 말한다. 외국인 학생은 가족 모두가 외국인으로 외국에서 살다가 부모의 일이나 학업 때문에 우리나라에 온 학생들이다. 중도 입국 학생과 외국인 학생 모두 대체로 가정에서는 한국어가 아닌 외국어를 사용한다. 학교에 와서야 한국어를 배우고 사용한다.

그럼에도 불구하고 정도의 차이는 있지만, 한국말을 못하던 그 아이들은 우리 학교에 온 지 1년 만에 친구와 자연스럽게 대화하고, 2년이 지나면 자신이 생각하는 문장을 간단하게 쓸 수 있는 수준이 된다. 그래서 한국말을 전혀 모르는 아이가 입·취학을 해도 별로 걱정하지 않는다.

그러나 처음부터 우리나라에서 나고 자란 국제결혼가정 아이 중 한국어를 배우는 데 특별히 더 어려움을 겪는 아이가 있다. 이런 아이들은 한국에서 태어났고, 부모 중 한 명은 한국인이며, 한국에서 살기 때문에 한국어를 자연스럽게 익혀서 잘할 것 같은데 그렇지 않다. 우리 학교에도 그런 아이가 상당히 있다. 우리말을 하기는 하는데 알아듣기 어렵고 대화가 매끄럽지 않다. 윤서도 그런 아이 중 하나다.

윤서는 한국인 아버지와 결혼이민자인 베트남인 어머니 사이에서 태어나 한국에서 성장한 '국내출생자녀'[10]다. 윤서는 아버지, 어머니와 함께 살고, 함께 살지 않는 할머니가 윤서의 등하교 및 생활을 도와주고 있다. 어머니는 아이를 양육할 때와 가족과 함께 있을 때 베트남어를 거의 사용하지 않고 부자연스러운 발음과 억양으로 한국어를 사용한다.

윤서는 한국에서 태어났고 유치원도 한국에서 다녔다. 즉, 윤서는 태어났을 때부터 지금까지 쭉 한국어 환경에 놓여 있다. 하지만 윤서는 한국어를 잘하지 못한다.

윤서: 선생님! 저 안경이 샀는데 안꼬아가 갔어요.

교사: 어딜 갔다고?

윤서: 안꼬아. 그게 눈이 치료해요.

교사: 눈이 아파서 가는 병원을 '안과'라고 해. 언제 안과에 갔어?

윤서: 안경 샀어. 엄마랑 같이 갔어요.

교사: 눈이 안 좋아요?

윤서: 그게 눈이 치료해요. 여기 멀리서 하면 안 보여요.

교사: 그래서 안경을 썼더니 잘 보여요?

윤서: 네.

초등학교 1학년인 윤서는 나를 만나면 해맑은 얼굴로 끊임없이 말한

---

10) 2021 다문화 교육 지원계획(교육부)의 정책 용어

다. 윤서의 말을 들으며 나는 조사의 쓰임과 문장의 순서를 조정하고, 어색한 발음을 짜 맞추기 위해 고도의 집중력을 발휘한다. 무엇을 말하고자 하는지 묻고 또 묻는다. 제대로 된 문장으로 말하게 하려고 따라서 말하기 연습을 시키고, 대화를 길게 이어가며 시범을 보이기도 한다. 그러나 윤서의 발음과 조사 사용, 올바른 어순 등은 진척이 더뎠다. 태어날 때부터 한국인인 윤서의 언어생활이 왜 그럴까 궁금하고 답답하여 전문가에게 자문하기도 했다.

경인교대 강남욱 교수와 주고받은 메일을 읽으며 나은이와 윤서를 꼼꼼하게 비교해봤다. 나은이와 윤서는 둘 다 국제결혼 가정의 아이로 국내 출생 자녀다. 아버지가 한국인이고, 어머니가 외국인인 것도 같은 점이다. 차이가 나는 것은 어머니의 언어 사용이다.

나은이의 엄마는 양육어로 한국어가 아닌 독일어를 선택했다. 윤서의 엄마는 베트남어가 아닌 서툰 한국어로 아이를 키웠다. 그래서 나은이는 아빠와 그밖의 환경으로부터 한국어를 정확하게 익혔을 것이고, 엄마로부터는 독일어를 배웠을 것이다. 윤서는 엄마를 비롯한 아빠, 할머니에게서, 그리고 유치원에서 한국어를 배웠겠지만, 주 양육자인 엄마의 한국어를 가장 깊숙하게 받아들였을 것이다.

이런 나의 짐작을 증명할 만한 일이 있다. 지난 6월이었다. 학교에 입학한 지 백일이 되는 날을 기념하여 부모가 아이에게 백일 축하 영상 보내기 행사가 있었다.

'엄마또 사라해. 윤서야, 빽일 입학하고 축하해. 말씀 잘 듣고, 공부 잘하면 좋겠다. 선생님 말 잘 듣고. 알았어? 엄마 아빠 사랑해. 건강하

고, 고마워 윤서야. 우리 윤서 앞으로 열심히 공부하자. 열심히 선생님이랑… 뭐지? 엄마랑 뽀뽀하자.'

영상 속에서 엄마는 윤서처럼 말하고 있었다. 윤서가 나에게 평소에 말하던 발음, 억양과 흡사했다. 내 귀에 윤서의 말이 들리는 듯했다. 양육에 소극적인 아버지와 어색한 한국어를 구사하는 엄마 사이에서 윤서는 주 양육자인 엄마의 언어를 그대로 받아들인 것이다.

윤서를 처음 만났을 때 어머니가 베트남인이니 윤서의 우리말 발음이나 어순이 이상한 것은 당연하다고 생각했다. 그래도 한국에서 태어나 자연스럽게 언어를 받아들이며 생활하는 다른 아이들처럼 윤서도 시간이 지나면 읽기를 쉽게 배울 수 있으리라 여겼다. 그러나 윤서의 한글 실력은 좀처럼 나아지지 않았다. 윤서의 언어를 두고 고민하고 연구하면서 글자 익히기에 앞서 말하기가 있고, 말하기의 중심에 발음이 있다는 것을 깨닫게 되었다. 윤서와 가장 깊게 상호작용하면서 말을 들려주는 윤서 엄마의 언어에 관심을 갖게 되었다.

나은이의 경우처럼 윤서도 엄마가 서툰 한국어보다 베트남어를 양육어로 사용했다면 어땠을까? 아버지가 정확한 한국어로 아이 양육에 적극적으로 개입했다면 어땠을까? 윤서는 베트남어와 한국어를 동시에 사용하는 이중언어자로 성장하지 않을까?

정확한 발음으로 말하는 것이 바탕이 되면 한글도 더 쉽게 배울 수 있다. 어릴 적에 언어를 배운다는 것은 학습보다는 '습득'에 가깝다. 주변 사람한테서 듣는 한국어의 양이 많으면 많을수록 한국어를 더 빨리 습득할 수 있다. 하지만 앞서 말한 나은이나 우리 학교의 중도 입국 및 외국 학생들처럼 듣는 한국어의 양이 많지 않은 아이들도 능숙한 한국어 사용 능력을 보여주는 경우가 있다. 정확한 한국어를 들려주는 사람이 적극적으로 양육에 개입하거나, 유치원과 학교에서 정확하고 많은 양의 한국어를 접한 아이들은 서툰 한국어를 습득한 윤서보다 한국어를 훨씬 정확하고 빠르게 익힐 수 있었다.

혹여 외국인 엄마가 한국에서 아이를 양육하면서 베트남어와 같은 모국어를 사용하는 것을 그리 달가워하지 않는 시선이 있을 수 있다. 혹시라도 엄마가 출신국의 언어를 사용하면 아이가 우리말을 빨리 익히지 못할까 하는 우려 때문일 것이다. 그러나 나은이와 윤서의 사례처럼 외국인 엄마의 양육 언어가 아이의 언어 습득에 어떤 영향을 미치는지 안다면 다문화 가정에 어떤 조언이 필요한지 판단할 수 있다. 1학년에 들어온 아이가 윤서와 같은 경향을 보인다면 그 가정의 언어생활을 적극적으로 들여다보고 부모 면담을 통해 적절한 조언을 해줄 필요가 있다.

'윤서는 왜 한국어를 잘하지 못할까?'라는 문제를 품으니 학교와 교사의 역할을 좀 더 고민하게 되었다. 정확하고 풍부한 한국어 사용을 위해 윤서와의 일상적인 대화 시간을 늘리고, 그 속에서 가져온 문장이나 단어를 학습의 도구로 사용하기도 한다. 윤서는 학교에서 열심히 한국어를 익히며 성장하고 있다. 윤서와 같은 다문화 가정 아이가 사회의 일원으로 제 몫을 하게 하려면 언어를 익히고 활용하게 하는 교육이 좀 더 촘촘하게 이루어져야 한다. 한국어 교육 정책을 만들 때 정책가들은 나와 윤서가 함께한 시간의 기록이 조금이라도 참고가 되기를 기대해본다.

다문화 학생을 가르칠 때 이렇게 해보세요

하나. 다양한 주제로 이야기하기

아이들은 이야기를 좋아한다. 이야기를 듣는 것도 좋아하고 말하는 것도 좋아한다. 게다가 선생님과 일대일로 만나서 이야기하는 것은 아이에게도 즐거운 경험이 되니 신나게 이야기할 때가 많다. 그럴 때는 교사가 귀와 마음을 열고 아이의 이야기를 들어주고, 그와 연결하여 대화를 나누면 좋다. 아이의 발음에 어떤 문제가 있는지, 어떤 단어를 모르는지, 반복되는 말의 실수가 무엇인지를 이런 대화를 통해 파악할 수 있다. 다양한 낱말을 소개하고 뜻을 설명해주어 아이가 알고 사용할 수 있는 낱말의 수가 많아지도록 해주면 좋다.

둘. 아이가 말한 것에서 쓸 문장 고르기

아이와 신나게 대화를 한 후 그중 쓸 문장을 골라본다. 아이에게 '오늘은 어떤 문장을 써볼까? 무엇을 쓰고 싶어?'라고 물어볼 수도 있다. 아이가 한 말 중에 반복하여 실수하는 문장이나 그날 배울 내용과 연관된 문장을 교사가 제시해볼 수도 있다. 처음에는 단어로 시작했다가 점차 어절 수를 늘려가면서 문장으로 써보게 하면 된다.

셋. 정확한 발음부터 가르치기

한글은 소리를 문자로 나타내는 언어이기 때문에 발음의 정확성이 무엇보다 중요하다. 발음을 정확히 해야만 글자도 정확히 적을 수 있다. 바른 입 모양으로 정확한 소리가 나오는지 관찰한 후 그 소리대로 적도록 한다. 맞춤법에 맞게 쓰는 것이 중요하지만, 초기에는 소리 나는 대로 적는 것도 허용해주면서 용기를 북돋는 것도 좋다.

넷. 한국어 문법도 놀이처럼 해보기

문법은 어른이고 아이이고 할 것 없이 참으로 어렵게 느껴진다. 언어의 규칙을 찾고 그것이 몸으로 습득되기까지는 많은 시간이 걸린다. 모국어도 아닌데 문법에 맞는 말이 바로 나오기는 어렵다. 어린 학생이나 이해가 좀 느린 아이들에게는 문법을 가르칠 때 외우게 하기보다는 놀이처럼 문법을 익히게 하면 좋다. 나 또한 윤서를 가르칠 때 '이'와 '가' 조사를 사용하게 하는 것이 어려웠으나 놀이처럼 했을 때, 행동으로 하면서 익혔을 때가 효과가 가장 좋았다. 시중에 '한국어 수업을 위한 문법 활동'과 관련한 책도 있으니 이런 것을 이용하면 도움을 받을 수 있을 것이다.

다섯. 외국어를 이해하기 위해 노력하기

우리는 초등교사로 초등교육 전문가이다. 하지만 다문화 학생에게 외국어로서, 아니면 제2 언어로서 우리말을 가르치다 보면 전문적인 한국어 교육에 대한 고민이 생기기도 한다. 나는 윤서의 언어가 베트남어에서 영향을 받았는지 알기 위해서 베트남 언어의 특징과 베트남 학습자에게서 발견되는 오류를 논문에서 찾아보기도 하고 한국어 교육을 전공한 교수에게 조언을 구하기도 했다. 전문적 학습공동체에 속한 동료 교사들에게 수업에 대한 조언을 듣는 것도 도움이 되었다. 물론 이 과정에서 모든 답을 다 찾을 수 있는 것은 아니었지만 '국어 교육'과 다른 '한국어 교육'에 대해서 많이 배울 수 있었다.

4장

찬이의 말글 공부,
맑은 공부

김청미
·············

스스로 잘하고 싶은 아이, 찬이

1학년 때부터 교무실을 자주 들락거리던 아이가 있었다. 수시로 들러 제집처럼 물을 마시고, 씩씩대며 들어와 누군가를 이르기 일쑤라고 했다. 친구들과 툭하면 다투고 억울해하며 화를 낸다고도 했다. 어느 날에는 복도가 떠들썩하게 고래고래 소리를 질러 이목을 집중시키기도 했다. 저대로 2학년에 올라갈 수 있을지 걱정스러운 눈길과 말들이 많았다. 화를 많이 내는 아이, 찬이였다.

내가 찬이를 처음 제대로 본 것은 그다음 해 찬이가 2학년이 된 3월 말이었다. 교무실 한쪽 자리에서 만난 찬이는 내가 묻는 말에 웃기만 했다. 수줍은 미소라기보다 대답을 피하려는 듯한 웃음이었다. 다음에는 도서관에서 만나자고 했더니 보건실과 도서관을 헷갈려했다. 자기 교실 바로 옆에 있는 도서관이 몇 층이냐는 물음에도 곧바로 대답하지 못했다. 그때 찬이는 웃는 것 같기도 하고, 찡그리는 것 같기도 한, 알 수 없는 표정이었다. 그렇게 찬이와의 만남이 시작되었다.

다부진 몸집의 아홉 살 남자아이 찬이는 특수교육 대상 중에서 완전 통합학급 학생[11]이다.

1학년 때는 다소 적응하지 못하는 모습을 보였어도 그럭저럭 일반 학급에서 지냈는데 2학년이 되자 한글 미해득을 비롯한 학습 결손 및 교우 관계 마찰 등으로 학급 생활 부적응이 더욱 심해졌다. 그래서 2학년부터는 통합교과 수업만 일반 학급에서 하고 국어, 수학 수업은 특수학급에서 하고 있다.

　　학교가 재미있냐는 나의 물음에 찬이는 학교에 오기 싫다고 했다. 만들기 시간은 좋은데 다른 수업 시간은 재미없다고 했다. 혹시 어려워서 그런 거냐고 묻자 그건 아니라고 했다. 학교에 오면 놀 사람이 없어서 오기 싫고, 집에서 혼자 자전거 탈 때가 제일 재미있다고 했다. 그래도 학교에서 하고 싶은 게 있냐고 물어보니 축구를 하고 싶은데 형들이 안 시켜준다고 했다.

　　나는 찬이의 한글 해득을 돕기 위해 2021학년도 3월 말부터 11월 말까지 일주일에 세 번씩 찬이를 만났다. 최근 4년간 1학년 담임을 맡았던 나는 저학년 한글 기초와 초기문해력의 중요성을 경험으로 터득했다. 그러나 전반적인 1학년 교육과정과 수업에는 어느 정도 자신이 있었지만, 한글 미해득 학생을 일대일로 교육한 경험은 턱없이 부족한 편이었다. 그래서 찬이의 한글 해득을 돕는 경험은 내게도 초기문해력 교육 전문성을 높일 좋은 기회가 되리라 생각했다. 내가 먼저 배우는 마음으로 찬이를 만나보기로 했다.

　　자기 이름 세 글자를 그림 그리듯이 간신히 쓰고, 단순한 질문에도

---

11) 교육지원청으로부터 특수교육 대상 학생으로 지정받은 학생 중 학생과 학부모의 특수교육 요구가 없거나, 일반교육으로도 충분할 때 일반 학급에서 모든 교육적인 활동을 하는 학색을 말한다.

쉽게 답하지 못하는 찬이에게는 글말에 앞서 입말을 먼저 키우는 것이 필요했다. 또 책상 앞에 앉아서 10분 이상 집중하기 어려운 찬이와는 놀이처럼 자연스럽게 시간을 보내야 했다. 그래서 처음부터 한글 공부를 서두르지 않았다. 먼저 찬이가 좋아하는 놀이를 함께 했고, 맛있는 간식을 나누어 먹으며 천천히 이런저런 입말을 많이 나누었다. 그렇게 입말을 나눈 시간들은 서서히 마음을 나누는 말글 공부 시간이 되었다. 찬이는 말글 공부를 하다가 어려운 것이 나오면 모른다거나 어렵다고 말하는 대신, 수줍게 웃으면서 나를 바라보았다. 때로는 모르는 것 같아서 알려주려고 하면 "아니에요, 이거 저 알아요." 하며 시간이 좀 걸리더라도 스스로 읽고 쓰려고 했다. 어느 날에는 "이렇게 하면 어때요?"라며 공부하는 방법을 먼저 제안하기도 했다. 화를 많이 내는 아이 찬이는 실은 스스로 잘하고 싶어 하는 아이였다.

언젠가 복도를 지나다 찬이를 본 적이 있다. 수업 중에 다투기라도 한 모양인지 친구와 나란히 꾸중을 듣고 있었다. 선생님은 진지하게 한참을 말하며 묻고 있는데, 찬이는 대답은 하지 않고 마치 일부러 약 올리거나 놀리는 듯한 표정으로 선생님을 바라보고 있었다. 나와 처음으로 교무실에서 만나 이것저것 물었을 때도 대답을 바로 하지 않고 작은 소리를 내며 웃기만 하고, 눈을 제대로 마주치지 않았다. 같은 질문을 두 번 이상 하면 그제야 띄엄띄엄 짧게 대답했다. 이야기를 나누는 내내 주로 혼자서 웃기만 했다. 아니 웃는 것 같기도 하고 찡그리는 것 같기도 했다. 보통의 아이라면 어른이 묻는 말에 아는 것은 바로 대답하고 모를 때는 고개를 갸우뚱하며 모르겠다는 표정을 짓는데, 찬이는 그런 표현을 하지 않았다. 꾸중을 듣는 상황이면 속상해하거나 억울하다는 표현을 할 법도 한데 역시 그러지 않았다. 어쩌면 찬이는 상황에 맞게 제대로 반응할 줄 모르는 것이 아닐까. 누군가와 긴 시간 눈을 맞춰 이야기를 나눈 경험이 없을 수도 있다는 생각이 들었다. 얼핏 전해 들었던 아이의 환경을 떠올려보니, 어렸을 때 자연스럽게 이루어졌어야 할 일상적인 대화나 상호작용이 부족했을 수도 있겠다는 생각으로 이어졌다.

취학 전 일상적인 상호작용의 결핍은 상황에 따른 적절한 반응과 대화를 방해하고 여러 상황에서의 자연스러운 어휘 습득 기회를 앗아갔을 수 있다. 그로 인해 결핍된 어휘는 학교생활에서 관계 형성과 학습 모두에 악영향을 끼칠 수 있다. 현재 찬이의 한글을 비롯한 학습 부진과 전반적인 학교생활에서 보이는 부적응 모습 역시 이러한 것들과 무관하지 않다는 생각이 들었다. 찬이의 한글 해득 수업을 앞두고 나는 이런 문제의식을 갖게 되었다. 그렇다면 나는 아이에게 무엇을 해줄 수 있을까? 어떻게 아이를 만나야 할까? 우선 아이와 주고받는 말을 늘려 아이가 가진 언어의 양과 폭을 넓혀주는 것에서부터 시작하는 것은 어떨까?

입말부터 시작하자

찬이와 본격적인 수업을 하기 전에 몇 가지를 마음에 새겼다. 첫째, 내가 찬이를 만나는 이유는 아이의 한글 해득을 돕기 위해서다. 둘째, 정서적 안정과 지원이 절실한 아이이므로 아이와의 관계에 기반한 수업, 즉 아이와 나누는 대화와 만남 자체에 의미를 둔다. 셋째, 아이를 통해 내가 배운다는 걸 기억하자. 나의 계획대로 끌어가는 수업보다 아이의 관심과 속도, 아이의 호흡에 맞추어가는 수업을 해보기로 마음먹었다.

수업 첫날, 나는 다른 준비를 하는 대신 쓰기 공책 한 권과 연필 한 자루만 챙겼다. 아이의 호흡을 따라가기로 했으므로 이것저것 챙겨가서 해보는 것보다 서두르지 않고 하나씩 천천히 아이를 살펴야 하기 때문이었다. 공책과 연필을 잊지 않고 챙긴 것은 입말이 글말이 될 수 있음을 익히는 것이 중요하기 때문에 수업 첫날부터 그 경험을 꾸준히 해보게 하겠다는 생각에서였다. 그리고 적어도 한 문장씩이라도 아이가 매 수업 시간에 쓴 흔적들은 그대로 아이가 만드는 수업기록이 될 것이라는 생각도 있었다. 그렇게 이런저런 기대와 다짐을 안고, 한글 해득을 넘어 말과 글을 함께 키우고 나도 찬이와 같이 배우는, 찬이와 나의 '말글 공부' 첫 수업이 시작되었다.

약속했던 대로 우리는 도서관에서 만났다. 어색한 듯 두리번거리는 찬이에게 다가가 반갑게 인사를 건넸다. 아이의 손을 잡고 마주 보며 보건실과 헷갈리지 않고 잘 찾아와 고맙다고 말했다. 그제야 씩 웃는 찬이와 도서관을 같이 둘러보았다. 먼저 출입구 옆쪽 벽에 붙어 있는 '도서관 이용 예절' 안내문을 같이 읽어보자고 했다. '도서관'의 '도' 정도는 읽을 것으로 생각하며 소리 내어 읽기를 기다렸는데 한참을 그대로 서 있기만 했다. 내가 한 글자씩 손으로 짚어가며 "도, 서, 관."이라고 하자 그제야 알았다는 듯이 "아, 도서관."이라고 했다. 이 안내문은 지금 우리가 있는 이곳 도서관에서 어떻게 해야 하는지 알려주는 것이라고 했더니 찬이는 1학년 때 와봤다며 알고 있다고 말했다. 그러면서 여기에서는 뛰고 싸우면 안 된다고 나에게 알려주었다.

여기에 뭐가 제일 많이 있냐고 물었더니 책이 많다고 했다. 나는 앞으로 도서관에 있는 책도 같이 읽고 이야기도 나누며 지금 여기 쓰여 있는 글자들도 찬이 혼자 술술 읽을 수 있게 같이 공부해보자고 했다. 그리고 교실에서 하는 국어 수업이 아니니까 놀이도 하면서 재미있는 시간을 보내자고 했다. 또 이 시간에는 우리 둘만 있으니까 큰 소리로 이야기를 나누어도 되는데 다칠 수 있으니 뛰지는 말자고 했다. 찬이가 고개를 끄덕였다.

우리는 창문 앞에 있는 책상으로 가서 앉았다. 준비해 간 공책과 연필을 꺼내며, 오늘은 첫날이니까 이름을 써보자고 했다. 내가 공책 제일 위에 날짜부터 쓰는 거라고 하며 오늘이 3월 며칠인지 물었다. 찬이가 뭔가를 떠올리듯 잠시 멈칫하더니 자기가 쓸 수 있다며 '3월 23일 화요일'을 천천히 힘주어 썼다. 교실 칠판에서 봤다고 했다.

찬이 이름을 써보라고 하니 곧바로 이름 세 글자를 쓰기 시작했다. 그런데 마치 외운 모양을 떠올려 그리는 것처럼 획순도 자형도 맞지 않게 썼다. 내 이름을 알려주며 여러 번 따라 말하게 하고는 내 이름을 써주고 써보게 했다. 내가 이름 뒤에 '선생님'을 써줄 수 있냐고 하니 머뭇거리다가 '생산냄'이라고 썼다. 내가 '선생님'이라고 옆에 써서 알려주었더니 이번에는 '선생냄'이라고 썼다. 선생님이라는 글자를 이미지로 더듬더듬 기억하며 쓰는 것 같았다. 한 번 더 보고 써보자고 했더니 이번엔 '선생님'이라고 바르게 따라 썼다. 한 번 더 내 이름 글자를 보며 소리 내어 읽게 했다.

그리고 나서 오늘 우리가 한 일을 써보자고 했다. "오늘 우리가 뭐 했지?" 찬이는 바로 대답하지 못했다. "오늘 찬이는 몰랐던 무엇을 배웠지?" 다시 물으니 '선생님 이름'이라고 했다. 나는 "선생님 이름을 배웠어요."라

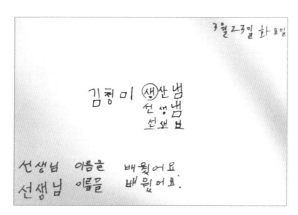

3월 23일 찬이의 한 문장 쓰기

고 말하고 따라 하게 했다. 그리고 내가 먼저 문장을 써주고 그 아래에 따라서 써보게 했다. 찬이와 나의 말글 수업 첫 번째 기록이었다. 마지막으로, 이 시간에는 오늘처럼 이렇게 말을 많이 하면서 글자 공부를 할 거라서 이 시간의 이름은 '말글 공부 시간'이라고 알려주었다.

찬이: 맑은 공부요?

교사: 아니. 말, 글 공부.

찬이: 아, 말, 글 공부.

나는 처음에 찬이가 잘못 발음한 대로 이 시간이 '말글 공부' 시간이면서 '맑은' 공부 시간이 되기를 속으로 바랐다.

본 것을 한 문장으로 말하기부터

도서관에 창가에 둘이 나란히 앉을 수 있는 책상이 있다. 다음 날부터 우리는 거기에 앉아 창밖으로 보이는 것들에 대해 이야기하면서 수업을 시작했다. 먼저 찬이에게 밖에 무엇이 보이는지 물었다. 찬이는 '나무요.'라고도 했고, '오토바이.'라고도 말했다. 나는 문장으로 말하는 시범을 보였다.

교사: 자, 선생님이 말하는 게 찬이도 보이는지 찾아봐. 모자 쓴 아저씨가 자전거를 타고 갑니다. 보여?

찬이: 네.

교사: 찬이도 선생님처럼 해봐. 선생님도 찾아볼게.

찬이: ….

교사: 그럼 선생님이 또 해볼게. 하얀 자동차가 지나갑니다. 찾았어?

찬이: 네.

교사: 찬이도 보이는 대로 이렇게 말해봐.

찬이: …. 오토바이가 지나갑니다.

교사: 오, 저기 보인다. 잘했어. 또 해보자. 선생님 차례, 버스가 쌩하고 달립니다.

찬이: 네, 보여요. …. 저기 차가 지나갑니다.

주로 단답형으로 대답하거나 지시대명사 위주로 말하는 찬이에게는 완성된 문장으로 말하는 연습이 필요했다. 그래서 이렇게 놀이처럼 문장을 만들어 주고받는 방식으로 눈에 보이는 것을 한 문장으로 말해보게 했다. 처음에는 말을 꺼내는 것부터 어려워했고, 상황에 맞지 않는 낱말을 사용하기도 했다. 그때마다 적합한 낱말로 고쳐서 알려주었고 여러 번 따라 말해보게 했다.

시간이 지날수록 찬이가 말할 수 있는 문장들이 점점 늘었다. 언젠가 비가 온 다음 날 "물이 많아졌습니다."라고 말해서 깜짝 놀라기도 했다. 비 온 뒤 학교 건너편 하천의 물이 불어난 것을 보고 묘사한 것이었다. 보이는 것을 문장으로 표현하기 위해 창밖을 유심히 보아야 했으니 관찰력도 좋아졌다. 이렇게 수업 시간마다 창밖으로 멀리 보이는 것부터 눈앞에 보이는 것을 한 문장으로 말하는 연습을 꾸준히 했다. 처음에는 보이는 것들만 문장으로 말해보았고 때에 따라 과자나 사탕 같은 간식을 먹을 때도 그 맛을 문장으로 말해보게 했다. 찬이는 이 시간을 통해 부담 없이 입말을 주고받으면서 간단한 수준이더라도 완성형의 문장을 구성하는 방법을 익혔다. 또 날씨와 계절의 변화를 살피는 등 주변을 관찰할 수 있었으며 자연스럽게 그에 어울리는 어휘와 표현을 익히기도 했다.

놀면서도 많은 말을 배울 수 있다

찬이에게 다음 수업 시간에 같이 뭐하고 놀면 좋겠냐고 물었더니 자기가 알까기를 잘한다며 알까기를 하자고 했다. 그럼 무엇이 필요하냐고 물어보았더니 '까만색이랑 하얀색 동그란 것'이 필요하다고 했다. 그게 뭐냐고 물어보니 바로 답하지 못하고 나한테 휴대폰으로 쳐보라고 했다. 나는 검색이라는 말을 힘주어서 알려주며 검색해보겠다고 말하고, 휴대폰 인터넷 검색창에서 알까기를 검색했다. 검색 결과가 뜬 화면을 보자마자 찬이가 직접 손으로 화면을 내리기 시작했다. 그리고 관련된 동영상 클립

이 보이자 틀어달라고 했다. 동영상에 바둑알이 나오자마자 이거라고, 이게 필요하다고, 이 밑에 판도 필요하다고 하면서 내일 가져올 수 있냐고 나에게 물었다. "바둑판은 못 구하더라도 바둑알은 꼭 준비해 올게."

다음 수업 시간에 바둑판은 구하지 못해 바둑알만 색깔별로 한 통씩 가져갔다. 찬이는 바둑판 대신 도서관에 보이는 그림책 두 권을 바닥에 놓고 알까기를 하자고 했다. 나는 알까기를 하나도 모른다고 알려달라고 하니, 찬이는 바둑알을 하나씩 하나씩 책 위에 올려놓고 동작을 보여주면서 "이렇게 하는 거."라고 말해주었다. 나는 찬이가 시키는 대로 바둑알을 튕겼고, 찬이는 누가 이기고 있는지 상황을 알려줬다. 내가 규칙을 정확하게 알고 싶다고 하니까 찬이는 또 내 휴대폰을 가리키며 동영상을 보자고 했다. 거기에 다 나온다고 말이다. 나는 동영상 말고 찬이한테 듣고 싶다고 말했다. 찬이는 더이상 말을 잇지 못했다.

다음 수업도 알까기 놀이로 시작했다. 나는 시작하기 전에 오늘의 알까기 방법을 설명해달라고 했다. 그랬더니 찬이는 카메라를 보면서 하겠다고 했다. 그래서 휴대폰 카메라를 켜고 화면을 비추자 찬이는 화면을 보면서 마치 유튜버처럼 말하기 시작했다.

"네, 안녕하세요? 이거는 이렇게 하는 거입니다. … 여렇게 하면… 그러면… 네, 그럼 이렇게 되는 겁니다."

찬이는 주로 '이렇게, 여렇게, 그러면'이라는 말을 많이 쓰며 동작과 함께 말을 이어갔다. 마지막에는 화면을 보면서 "안녕." 하고 손을 흔들며 마쳤다. 그리고 찬이가 '이렇게 저렇게' 설명한 대로 그날도 역시 찬이가 이기는 알까기를 두어 판 함께 했다.

그날 수업을 마치며 어떤 말을 쓰고 싶냐고 묻는 나의 말에 찬이는 말없이 혼자 공책에 '선생님 사랑했요.'라고 썼다. 이어서 내가 읽어보았다. "사랑했?" 내가 "사랑해요? 사랑했요?"라고 물으니 찬이가 받침 '했' 아래의 쌍시옷을 연필로 직직 그었다. 그리고 다시 제대로 쓴 문장을 같이 읽었다. 나는 그 아래에 '선생님도 찬이를 사랑해요.'라고 쓰고 읽어주었다.

그리고 나서 오늘 또 무엇을 했는지 물어보고 오늘 한 것을 써보자고 말했다. 찬이가 잠깐 생각하더니 자기 이름 세 글자 '김찬이'를 쓰고 나서 "가수를 잘했다."라고 말했다. 그런 후 혼자서 '가수'까지 썼다. 내가 '리을'이라고 하자 어제 썼던 문장을 살펴보더니 '를'을 쓰고 '잘했다.'를 썼다. 유튜버나 크리에이터라는 말 대신 화면에 나오는 모습을 가수라는 말로 떠올린 모양이었다. 찬이는 이렇게 하고 싶은 말이 있을 때 자기가 아는 단어들을 떠올려 표현했다. 알고 있는 단어가 적다 보니 정확하게 표현하기를 힘들어했다. 지시대명사를 많이 사용하는 것도 같은 맥락이다. 찬이는 사용할 수 있는 어휘의 양이 턱없이 부족했다. 어휘의 양을 늘리기 위해서 실제로 경험한 것을 자꾸 말하게 하고 그때그때 상황에 어울리는 단어를 알려주고, 단어의 뜻을 알려주는 시간을 가졌다.

다음 날에도 찬이가 나에게 알까기 놀이 방식을 설명해주고 나서 같이 알까기를 했다. 선생님은 한글 공부 선생님이고, 찬이는 알까기 선생님이라고 말해주니 웃으면서 좋아했다. 찬이는 바둑알을 '얘네들'이라고 하고 제일 앞에 있는 바둑알을 '대장'이라고 하며 재미있게 설명하기 시작했다. 그런데 놀이 진행에 필요한 설명을 할 때 구체적으로 말하지 못하고 '이렇게, 저렇게'라고만 말하면서 주로 손짓으로 표현했다.

나는 중간중간에 찬이가 하는 말들을 고쳐서 다시 말해주고 따라서 말해보게 했다. '치다'는 말을 '튕기다'로 '죽는다'는 말을 '떨어졌다' 등으로 바꿔서 알려주었다. 또 내가 질 때 아쉽다고도 하고 아깝다고도 하면서 찬이에게는 부럽다고 말해주었다. 선생님이 바둑알을 튕기기 전에 응원해달라고도 했다. 응원이 무슨 말이냐고 묻는 찬이에게 선생님이 떨리니까 잘할 수 있도록 힘을 내라고 말해주는 것이라고 하며 이럴 때는 '선생님, 힘내세요.'라고 말한다고 알려주었다. 찬이는 내 말을 듣고 나서 바로 나를 응원해주었다.

알까기를 할 때 손가락을 많이 쓰게 되니 자연스럽게 엄지, 검지, 중지 등 손가락 이름들을 하나씩 짚어가며 알려주게 되었다. 그러다가 중지를 가리키며 '욕 손가락'이 아니라 중지라고 하니까 엄청나게 큰 소리를 내며 웃기도 했다. 말하기와 더불어 남은 바둑알 수를 세며 수 세기도 가르쳤다. 찬이는 다섯 개가 넘어가는 바둑알은 한눈에 세지 못하고 천천히 세었다. 선생님보다 몇 개가 많이 남았는지도 물었는데 자기 개수만 말하고 몇 개가 더 많다고는 말하지 못했다. 내가 알려주면 그제야 고개를 끄덕였다. 알까기를 하면서 아이의 목소리는 내내 신나 있었고, 표정도 정말 밝았다. 그날도 역시 찬이가 이겼는데 이기자마자 두 손을 만세 하듯 위로 올리며 큰 목소리로 "승리!" 하고 외쳤다.

아이들은 놀면서 배우고 배우면서 논다. 아이와 함께 놀면서 나는 아이의 언어 세상을 살필 수 있었고, 아이는 나랑 주고받는 말들로 새로운 말들을 하나씩 익힐 수 있었다. 알까기로 시작해서 실뜨기, 딱지치기, 풍선 불고 주고받기 등 우리가 함께한 놀이가 하나씩 늘어날 때마다 찬이의 말도 조금씩 풍부해져갔다. 그리고 무엇보다 우리는 금방 친해질 수 있었다.

아는 말로 지어내서 읽는 아이

4월 2주부터는 그림책 읽기를 시작했다. 처음 함께 읽을 그림책으로 글밥이 적은 유아용 그림책을 챙겨 갔다. 네 권 중에서 읽을 책을 직접 골라보라고 했더니 찬이는 『달님 안녕』(하야시 아키코 글 그림, 한림출판사, 1990)을 골랐다. 책을 고른 이유를 물어보니 너무 좋아서라고 했다. 어떤 점이 좋은지 물어보니 "이거요." 하고 대충 대답했는데 더 묻지 않고 넘어갔다. 제목을 읽어보라고 하자 한 글자씩 "날, 님, 안, 녕." 하고 읽어서 다시 읽어보라고 했더니 "달, 님, 안녕." 하고 천천히 읽었다.

표지에 그려진 달을 가리키며 "이게 달이야?" 하고 물었더니 찬이가 귓속말로 "몰라요." 했다. 내가 제목을 손으로 짚으며 "달님." 하고 읽으니까 찬이도 소리 내어 따라 읽었다. 나는 다시 표지에 그려진 달을 가리키고 '하늘'이라고 답할

처음으로 함께 읽은 책, 유아용 그림책 단계

것을 예상하면서 "달이 어디 있지?" 하고 물었다. 찬이는 자기 다리를 가리키며 "여기."라고 했다. 생각지도 못한 대답에 놀라서 나는 찬이를 바라보았다. 그랬더니 찬이는 "달릴 때."라고 하면서 손으로 달리는 동작을 흉내 냈다. '달'이 어디에 있냐는 말을 '다리'가 어디에 있냐는 말로 들은 것이다.

내가 하늘에 뜬 노란 달을 본 적이 있냐고 하니까 건성으로 없다고 대답하고 나서, 질문이 귀찮다는 듯 책을 어서 읽자고 하면서 책장을 폈

다. 첫 장을 읽더니 멈추고는 너무 많다고 어디까지 읽어야 하냐고 물었다. 한쪽에 한 문장 정도 나오는 책이라 너무 쉬워할 수도 있겠다 생각했는데 찬이는 처음으로 책을 읽는 시간이 영 어색하고 못마땅한 모양이었다. 찬이에게 직접 정하라고 하니 세 장을 읽겠다고 해서 그러자고 했다.

이어서 나온 '어?'를 읽지 못하고 한참을 그냥 있길래 내가 "어?" 하면서 물음표가 나오면 끝을 이렇게 올려 읽으라고 알려주고 따라서 읽게 했다. '떴어요'를 못 읽고 있어서 몸짓으로 설명하며 달이 뜨는 것을 알려주자 찬이는 이제 알았다는 듯이 앞장으로 책을 넘기면서 손가락으로 짚으며 말했다. "달이 여기 있다가 여기에 있다가 이제 여기에 있다." 양손을 높이 올리며 "달이 떴다."라고도 했다.

그날 읽기로 했던 석 장을 다 읽고 다시 처음부터 책을 읽기 시작했다. 찬이는 이번에는 적당한 속도와 띄어 읽기로 "달님, 안녕."이라고 읽었다. 이어지는 '봐요'는 처음에도 그랬던 것처럼 '보면'이라고 멋대로 읽었고 이어서 한 글자씩 띄엄띄엄 읽다가 모를 땐 나를 쳐다보았다. '떴어요'를 또 못 읽고 있어서 아까 달이 높이 떠오르는 흉내 낸 것을 한 번 더 보여주자 "떴어요."라고 바로 읽었다. 그리고는 물었다. "언제 끝나요?"

찬이가 말했던 대로 세 장까지 읽어야 끝이라고 하자 딱 그만큼만 읽었다. 전체가 몇 장 되지 않은데다 문장 수도 적고 길이도 짧은 유아용 그림책이라 하루에 한 권씩은 읽을 거라고 생각했는데 뜻밖이었다. 가져간 네 권을 언제 다 읽을 수 있나 싶어 마음이 조급해졌다.

사흘에 걸쳐 읽은 책 『달님 안녕』을 네 번째 날에 한 번 더 읽었다. 전날 틀렸던 글자들은 계속 틀렸다. 원래 알고 있던 글자들은 어절 단위로 이어서 읽기도 했다. 유창하게 읽을 때까지 더 연습하고 싶었지만, 너무 지루해서 우선 다음 책으로 넘어갔다.

찬이는 다음 읽을 책으로 『싹싹싹』(하야시 아키코 글 그림, 한림출판사, 1989)을 골랐다. '싹싹싹' 발음을 잘하지 못해 여러 번 반복해서 연습했다. 책에 나오는 '수프'가 뭐냐고 물으니 모른다고 했다. 수프가 그려진 곳을 가리키면서 물어보았다. "이게 수프인데 딱딱할 것 같아?" 찬이는 말랑말랑할 것 같다고 했다. "그럼 젤리처럼 씹힐 것 같아?" 찬이는 또 아니라고 했다. 수프는 국이랑 비슷한데 국보다는 걸쭉하고 후루룩 먹는 것이라고 알려주었다. 찬이는 수프 이야기가 지루한지 빨리 다음 쪽을 읽자고 재촉했다.

찬이는 조금 읽다가 멈추고 나랑 한 쪽씩 번갈아 읽자고 말했다. 찬이가 말한 대로 읽기 시작했는데 '싹싹싹'을 보고 '쓱싹쓱'이라고 했다가 아니라고 하니 '쓱싹쓱싹'이라고 해서 한 글자씩 천천히 읽어주며 전부 똑같은 글자라고 말해줘도 제대로 읽지 못했다. 제일 앞의 '싹' 글자를 짚어서 읽어보자고 하니 읽지 못해서 받침을 가리고 읽어보게 했는데도 읽지 못했다. 받침을 가리고 '싸'라고 읽어주고 '싸악, 싹'이라고 알려주니 건성으로 '싹싹'이라고 읽고 바로 다음 장으로 넘기려고 했다. 나는 다시 "닦아줄게 싹싹싹."이라고 읽고 따라 읽게 했다. 그리고 '싹싹싹'이라고 대답할 것을 기대하며 "어떻게 닦아준다고?" 하고 물으니 찬이는 "수건으로."라고 말했다.

수업을 마치며 한 문장 쓰기를 할 때였다. 찬이는 어제 내가 쓴 문장인 '버스도 지나갔고, 똑같이 생긴 트럭 두 대가 지나갔다.'를 가리키며 그것을 쓰고 싶다고 했다. 같은 문장을 쓰더라도 먼저 말로 해보고 쓰는 것이라고 하니 자기가 직접 말로 하지 않고, 어제 내가 쓴 문장을 더듬더듬 읽었다. 그러고는 그 문장을 보면서 그대로 옮겨 썼다. 중간에 나온 쉼표는 몇 번을 지위가며 힘들게 따라 그렸다. 그러고 나서 다 쓴 문장을 소리 내어 읽었다. 먼저 '똑같이'는 '똑'만 읽고 혼자 읽지 못했고 내가 읽는 것을 듣고 따라 읽었다. '두 대'는 '두 개'로 읽었다. 나는 트럭이나 자동차는 '개'가 아니라 '대'로 읽는다고 알려주었다. 마지막 어절은 '지나갔어요.'라고 했다가 '지나갑니다.'라고도 했다. 내가 고개를 갸우뚱하니 이렇게 읽었다. "지나갔습니다." 글자를 읽는다기보다 머릿속에 떠오른 대로 비슷하게 얼버무리거나 지어내서 읽고 있었다.

아이의 호흡에 맞추기까지

수업을 마치며 문장 쓰기를 하려고 할 때였다. 찬이가 "우리 월요일, 화요일, 수요일, 목요일에 만나요?"라고 물었다. 그래서 우리는 화요일, 수요일, 목요일 세 번 만난다고 했더니 찬이가 "쓸게요." 하며 다시 연필을 쥐었다. 내가 오늘 쓰고 싶은 말이 뭐냐고 하니까 찬이는 "화, 수, 목." 하고 말하면서 '화수목'을 붙여서 썼다. 교실 칠판에서 매일 볼 수 있는 요일 이름을 모두 외워서 쓴 것 같았다. 찬이는 나에게 우리가 금요일에도 만나냐고 또 물었다. 내가 아니라고 하니까 "화, 수, 목." 하고 또 말하더니 더 이상 쓰지 않았다.

무엇을 쓰고 싶은 것인지 찬이에게 다시 물었다. 그랬더니 "화수목 만나요."라고 했다. 아이는 우리가 만나는 요일을 쓰고 싶어 했던 거였다. 그 말을 듣고 내가 이제 '만'을 써보자고 하니까 머뭇거렸다. 그래서 '엄마'

할 때 '마'를 먼저 쓰자고 하니까 그제야 '마'를 썼다. 받침을 쓰지 못해서 내가 '마안'하며 받침을 쓰자고 하니까 니은 받침 대신 '마'옆에 '나'를 썼다. 한 번 더 '찬이 이름처럼 차안' 하면서 밑에 받침을 쓰자고 했는데 역시 쓰지 못했다. 그래서 이번엔 '마' 아래를 짚어서 니은이라고 말해주었다. 그제야 '마' 아래에 니은 받침을 넣어 '만'을 썼다.

　이어서 '나요'를 써야 하는데 습관적으로 평소에 한 문장 쓰기를 할 때 자주 썼던 '했어요'라고 쓰려고 했는지 히읗을 먼저 쓸래 내가 '만나요'라고 쓰기로 한 것을 말해주었다. 그러자 히읗을 지우고 '나요'를 혼자서 썼다. 마지막에 마침표 찍는 것은 이제 짚어주지 않아도 혼자서 잘했었는데 그날은 마침표 찍는 것도 빼먹어서 내가 대신 찍어주었다.

　총 여섯 글자, 한 문장을 쓰는데 5분이 넘게 걸렸다. 항상 수업 마무리로 한 문장 쓰기가 끝나면 기분 좋게 그날 쓴 문장을 세 번씩 같이 읽는데 그날은 찬이도 나도 힘이 빠진 목소리로 읽었다. 수업이 끝나고 나오는 발걸음이 무거웠다. 뭔가 수업이 잘못되고 있는 것 같았다.

　그날 수업을 마치고 수업 분석을 위해 촬영한 동영상을 돌려 보는데 찬이의 표정이 눈에 들어왔다. 나는 깜짝 놀랐다. 읽기나 쓰기를 할 때 지루해하는 것을 느끼고 있었지만, 이렇게까지 힘든 얼굴을 하고 있는 줄은 몰랐기 때문이었다. 찬이는 지루해도, 하기 싫어도 나를 위해 참아주고 있었다. 내가 일이 생겨서 수업 시간에 늦거나 날짜를 미루면 엄청나게 아쉬워할 정도로 찬이는 말글 공부 수업 시간을 좋아했다. 수업을 시작한 지 2주가 채 안 되었을 때 '선생님 사랑해요.'를 써주던 찬이였다. 찬이는 이 시간이 좋아서, 나와의 만남이 좋아서 참고 있었던 것이다. 이렇게 힘들어하는데 수업을 어떻게 이어갈 수 있을지 고민이 되기 시작했다.

마침 그다음 날 읽기연구회 모임이 있었다. 5월 말이었고, 내가 수업 사례를 발표하는 날이었다. '말과 삶을 나누는 말글 공부'라는 제목으로 수업 사례를 발표했다. 3월 말부터 두 달 동안 찬이의 수업 상황을 공유했고, 전날 본 동영상 속 찬이의 표정을 예로 들어 최근 읽기와 쓰기 수업이 잘되지 않는다는 고민을 털어놓았다. 그리고 앞으로 어떻게 하면 좋을지 연구회 선생님들과 같이 이야기를 나누었다. 읽기 지도 경험이 많은 여러 선생님이 내 수업에 대해 하나씩 짚어가며 이야기를 해주었다. 선생님들의 이야기를 듣고 나니 내 수업의 문제점이 무엇이었는지 알 수 있었다.

　나는 음절 단위로도 제대로 읽지 못하는 아이에게 한 문장을 통으로 쓰게 했고, 아직 소릿값을 정확하게 구분하지 못해 낱자를 하나씩 짚어가며 배워야 하는 아이에게 음절 글자 표를 보고 따라 쓰게 하는 등 아이의 현재 수준에 맞지 않는 방식으로 수업하고 있었다. 듣기와 말하기는 아이에게 맞추어 쉽고 친근한 방식으로 풍부하게 하는 데 비해 읽기와 쓰기는 아이의 발달 단계를 고려하지 않았고, 무엇보다 아이가 힘들어하는 줄도 모른 채 억지로 끌어가고 있었다.

　어느새 처음의 다짐을 잊고 말았다는 생각이 들었다. 내가 찬이와 만나는 가장 큰 이유는 찬이의 한글 해득을 돕는 것인데, 정작 수업에서는 한글 해득을 놓치면서 말하기와 듣기를 중심에 두고 마음을 나누는 만남에만 치중하고 있었다. 학습에서는 아이의 호흡을 따라가지 못하고 있었음을 그날 연구회 모임을 하는 동안 깨달았다. 아이를 만나면서 아이의 눈높이와 호흡에 따라 대화하며 아이를 알아가고 정서적인 유대를 쌓았던 만큼, 아이의 읽고 쓰기 학습에 대해서도 제대로 된 분석과 그에 따른 접근이 필요했다.

첫 주에 했던 읽기 진단검사 결과를 보고 거기서부터 차근차근 아이에게 맞는 읽기와 쓰기 수업을 했어야 했다. 그런데 짐작했던 대로 낮은 점수가 나온 것을 보고 내 멋대로 우선 정서적인 유대와 입말을 늘려주는 것이 더 필요하겠다고 판단하여 한쪽으로 치중한 수업을 하면서, 정작 중요한 학습은 면밀한 분석과 연구 없이 교사의 눈높이에서 진행하고 있었다. 선생님을 위해 꾹 참아가며 끌려가듯 수업에 참여했던 찬이에 대한 미안함과 내 문제를 깨우쳐준 동료 선생님들에 대한 고마움, 그리고 부끄러움이 교차했다.

아이가 현재 어느 수준에 있는지 파악하고, 그 수준에 맞는 방법으로 수업하는 것이 중요하다는 걸 다시 마음에 새겼다. 아이의 호흡에 맞춘다는 것의 범주에 학습과 정서, 어느 것 하나도 소홀함이 없어야 하고, 아이를 향한 교사의 사랑은 전문성과 함께 다가갈 때 더 큰 의미와 가치가 있음을 마음 깊이 새겼다.

그날 이후 수업에서 나는 음절 글자 표부터 치웠다. 아이가 쓰기로 한 문장은 글자 수대로 빈칸을 그려주고 그 위에 쓰게 했다. 모르는 글자를 쓸 때는 곧바로 종이에 쓰게 하거나 내가 써주지 않고, 입으로 소리 내어 본 후에 라온이나 자석 글자 같은 낱글자 교구로 먼저 조합해 글자를 만들어보고 나서 쓰게 했다.

문장 쓰기 방식 하나만 아이의 수준에 맞추어 바꾸었는데도 수업의 질이 달라졌다. 나머지 수업 방식은 조급해하지 않고 기존에 하던 대로 아이와 주고받는 말을 풍부하게 하면서 하나씩 단계별로 접근해보기로 했다. 아이가 좋아하는 간단한 놀이도 조금씩 계속했고, 보이는 대로 한 문장으로 말해보기도 멈추지 않았다. 말할 때는 문장으로 정리해서 말하도록 꾸준히 시범을 보였고, 연구회에서 내 수업 사례를 듣고 한 선생님이 짚어주었던 것처럼 그날 아이가 말했던 문장으로 한 문장 쓰기를 해 보게도 했다. 그리고 수업의 여러 상황 속에서 내가 수다쟁이가 되어 아이가 계속 새로운 말들을 듣고 따라 말해보도록 했다. 되도록 그날 주고받은 말 중에서 라온으로 글자를 만들어보기도 하고, 그 글자에 있는 자음과 모음을 집중적으로 알아보기도 했다. 그리고 그 글자들을 한 글자씩, 쉬운 낱말의 경우에는 낱말 단위로 받아쓰게 했다.

그렇게 6월 말이 되었을 때 찬이는 쓰기를 좋아하는 아이가 되어 있었다. 매 수업 마지막에 하는 한 문장 쓰기 시간에 자꾸 더 쓰고 싶다고 말하고, 시키지 않아도 두 문장 이상을 쓰기도 했다. 모르는 글자들은 나에게 물어가며 썼다. 어느 날인가는 재미를 붙였는지 내리 열 문장을 쓰고 가기도 했다.

6월 30일 찬이가 쓴 열 문장

라온으로 글자 만드는 수업

수업 방식을 바꾸기로 마음먹은 후 낱자 구분 정도를 짚어보기 위해 내가 택한 방법은 라온으로 자음과 모음을 구분해보는 것이었다. 종이를 두 칸으로 나누어 각각 자음 칸과 모음 칸을 만들고 둘이 돌아가며 라온 조각을 하나씩 집고 이름을 말하며 해당하는 칸에 놓는 것을 해보았다. 찬이는 재미있는 놀이를 하는 것처럼 좋아했다. 헷갈렸던 자·모음도 있었는데 며칠을 반복하더니 모든 낱자의 이름을 막힘없이 말하고, 자음과 모음으로 구분할 수 있게 되었다.

그다음에는 내가 자음에서 고르면 찬이가 모음에서 고르고, 찬이가 자음에서 고르면 내가 모음에서 골라서 각자가 고른 자음과 모음을 합쳐 하나의 글자를 만들었다. 그런 후 만들어진 글자를 읽었다. 이 과정이 익숙해진 후에는 만든 글자가 들어간 낱말을 말하는 것도 해보았다. 예를 들어 각자 'ㅅ'과 'ㅜ'를 가져와 '수'를 만들고 읽어본 후에는 '수영', '박수'처럼 '수'가 들어간 낱말을 하나씩 말해보는 것이다. 알맞은 낱말을 말하는 때도 있었고, 잘 찾지 못할 때도 있었다. 잘 찾지 못할 때는 내가 말한 낱말로 이야기를 이어나갔다.

1학기 말이 되었을 때 이렇게 만든 낱말을 넣어서 한 문장 만들기도

라온으로 만든 글자

해보았다. 낱말을 넣어서 문장 만들기는 낱말의 뜻을 제대로 알고 쓰는지 확인하는 좋은 방법 중 하나다. 찬이는 보이는 것을 한 문장으로 말하는 것을 꾸준히 해서 그런지 낱말을 넣어 문장 만드는 것을 많이 어려워하지 않았다. 입말로 문장을 만들어본 후에는 그중 하나를 골라 글로 써보기도 했다.

라온으로 글자 만드는 수업을 한 첫날, 수업을 마치며 찬이가 쓰고 싶다고 한 문장은 '공부를 잘했어요.'였다. 스스로 공부를 잘했다고 표현한 것은 처음이었다. 그날 공부 시간이 만족스러운 모양이었다. 나는 다시 한번 소리 내어 천천히 말하게 하고 찬이가 말하는 대로 손가락으로 글자 수를 세어주었다. 다시 내가 한 글자씩 소리 내며 글자 수만큼 빈칸 표시를 해주고 그 위에 찬이가 직접 글자를 쓰게 했다. 비어 있는 공책에 통으로 한꺼번에 문장을 쓰다가 이렇게 음절 단위로 밑줄을 긋고 그 위에 쓰게 한 것은 처음이었다.

'공'을 쓸 때 처음에 뭐가 나오냐고 하니 이응이라고 했다. 다시 한번 느리게 '고응'이라고 소리 내니 기역이라고 했다. 나는 라온 상자에서 'ㄱ', 'ㅗ', 'ㅇ'을 가져왔고, 찬이가 직접 '공'을 만들게 했다. 이어서 같은 방식으로 '부'를 만들었다. 그러고 나서 빈칸에 '공부'를 쓰게 했다. 처음 밑줄 위에 써본 찬이는 선에 맞게 쓴 거냐고 확인하듯이 물었다. 나는 잘했다고 말해주었다. 그리고 내가 '를' 소리를 내자마자 '리을'이라고 하면서 곧바로 '를'이라고 썼다. 문장을 쓸 때마다 자주 쓰는 '를'을 어느새 외웠는지 빠르게 썼다. 다음으로 '했'을 쓰려고 해서 '잘했어요.'라고 하니 '잘'이라고 말하고 '자'라고만 썼다. 내가 다시 '자을'이라고 알려주자 전체를 지우려고 해서 받침만 넣으면 된다고 틀리지 않았다고 했는데 바로 리을 받침을 쓰지

는 않고 머뭇거렸다. "잘했어요야, 자했어요야?" 하고 물으니 그제야 "잘했어요."라고 하면서 리을 받침을 썼다. 이어서 문장 쓰기를 할 때마다 자주 썼던 '했어요'는 혼자서 바로 썼다. 그리고 쓴 문장을 소리 내어 읽었다.

"공부를 잘했어요."

수업을 정리하려고 공책을 덮는데 찬이가 말했다.

"다음에도 선생님이 이렇게 칸을 해주세요."

아이는 어떤 학습 방법이 자신에게 적합한지를 정확하게 알고 있었다. 어절 단위로 읽고 쓰기가 아직 어려운 찬이에게는 이렇게 음절 단위로 빈칸을 채워 쓰는 것이 먼저 필요했다. 그동안 힘들고 어려워도 참고 통으로 문장을 써야 했던 아이에게 미안해졌다. 그리고 스스로 공부를 잘했다고 느낄 만큼 수업에 몰입했고 자기에게 맞는 학습 방법으로 다음에도 해달라고 제안하는 찬이가 기특했다. 아이의 수준에 맞는 공부법은 아이와 교사 모두에게 만족감을 주었다.

읽기와 쓰기가 좋아졌어요

이미지로 외운 글자들의 소리를 분리해주어야 한다

6월 23일이었다. 찬이는 그날 차고 온 새 손목시계가 마음에 드는지 수업을 시작할 때부터 시계를 보여주며 자랑했고, 수업 중에도 자꾸 만지작거렸다. 그날 문장 쓰기는 새로 차고 온 시계에 대해 써보는 게 어떻겠냐고 내가 먼저 말을 꺼냈다. 그러자 찬이가 손가락으로 글자 수를 세면서 "서울문구에서 시계를 샀어요." 했다. 나는 찬이가 센 글자 수만큼 띄어쓰기에 맞추어 하나씩 밑줄을 그었다. 찬이가 쓰기 전에 먼저 '서'가 한 글자냐고 물어봐서 그렇다고 하니 '서울'을 혼자서 썼다. 이어서 'ㅂ'을 쓰길래 '분'을 쓸 거냐고 하니 바로 'ㅁ'으로 고쳐서 썼다. 그리고는 받침을 쓰지 못하길래 '찬이의 차은처럼 무은'이라고 하니 '네모?'라고 해서 미음이 아니라고 그러면 '뭄'이 된다고 '무은'이라고 다시 말하자 '무' 아래에 'ㄴ'을 썼다.

　이런 식으로 모든 글자를 힘들게 소리를 들어가며, 생각해내고, 글자를 조합하여 썼는데, '시계'는 달랐다. 시계를 쓸 때는 한 번 듣고 단박에 써냈다. 비교적 쉬운 '문'도 어려워하던 찬이가 이중 모음이 있는 시계의 '계'를 막힘없이 쓴 것이 기특하기도 하고 의아하기도 했다. 그래서 다음 연구회 모임에서 이 부분을 대화의 주제로 꺼냈다. 여러 이야기를 나눈 후 찬이가 어려운 글자 '계'를 혼자 쓴 것은 '시계'를 통으로 외워서 쓴 것일 수 있다는 말을 들었다. 아이가 이미지로 외운 글자들이 있다면 이제는 그 글자 각각의 소리를 분리해주어야 한다는 것도 알게 되었다.

　바로 다음 수업 시간에 그것을 확인해보았다. '시계'가 아니라 '계'를 불러주고 쓰게 했는데, 짐작했던 대로 찬이가 그 글자를 곧바로 쓰지 못했다. 여러 차례 천천히 불러주자 'ㄱ'을 간신히 썼다. 그래서 라온을 꺼내어 'ㄱ', 'ㅕ', 'ㅣ' 세 조각으로 '계'를 같이 만든 후 소리 내어 읽어본 뒤에 쓰게 했다. '시'와 '계'를 각각 따로 불러주고 쓰게 하고, '시계'라고 불러주고 찬이가 직접 소리 내어보게 한 후에 쓰게도 했다. 만약 그때 그냥 넘어 갔더라면 '시계'뿐만이 아니라 많은 낱말을 계속해서 이미지로만 기억해서 썼을 것이고 그대로 굳어져 각 소리를 분리할 줄 모르게 될 수도 있었다고 생각하니 아찔했다. 아이의 학습 과정을 유심히 관찰하고 작은 것도 놓치지 않고 연구하려는 노력이 중요함을 다시 한번 깨달았다.

드디어 글자를 읽고 그 뜻이 궁금해졌다

처음 책 읽기를 위해 가져갔던 유아용 그림책 네 권을 다 읽고 난 후에는 '손바닥 그림책'을 읽기 시작했다. 총 네 단계의 손바닥 그림책 중 두 번째 단계인 '가나다 그림책'을 먼저 읽었다. 가나다 그림책에 제시된 순서대로 책을 가져가지 않고 한꺼번에 가져가서 찬이가 먼저 읽고 싶은 것을 직접 골라보게 했다. 찬이가 처음으로 고른 것은 『자전거가 좋아』였다.

그 책을 세 번째로 읽는 날이었다. 그날도 책 표지부터 읽기 시작했는데 찬이가 처음으로 글의 내용에 대해 질문을 했다. 표지에 있는 말 중 '가지고 노는'이 무슨 뜻이냐고 물었다. 나는 그 부분을 가리고 그 뒷부분을 읽어보게 했다. 찬이는 또박또박 읽었다. "그림책입니다." 나는 그림책은

손바닥 그림책 표지

그림책인데 다른 책들처럼 그냥 읽기만 하는 책이 아니라 이 책은 색칠도 해보고, 재미있는 말을 찾아서 얘기도 해보고 글자도 꾸며보고 찬이가 직접 이렇게도 저렇게도 놀아볼 수 있는 책이라고 알려줬다. 그러자 읽고 색칠하고 또 읽고 색칠해도 되냐고 물었다. 나는 당연히 그래도 되고, 선생님이랑 책을 읽어가면서 가지고 노는 방법을 더 찾아보자고도 말했다. 그리고 찬이가 글을 읽다가 뜻이 궁금해서 선생님에게 물어본 것은 오늘이 처음이라고 말해주었다. 이렇게 스스로 말의 뜻을 궁금해하고 물어보면서 그 뜻을 알아가는 것은 공부할 때 정말 중요한 것인데, 우리 찬이가 공부를 엄청나게 잘한다고 다소 호들갑을 떨며 칭찬해주었다. 갑자기 받는 칭찬 세례에 찬이는 어쩔 줄을 몰라 하면서도 즐거워했다.

말이 많아진 만큼 읽기와 쓰기가 좋아졌다

손바닥 그림책 중에서 『동물원에 가요』를 읽는 날이었다. 그날따라 찬이는 한 글자, 한 낱말을 읽을 때마다 관련된 이야기를 자꾸 꺼냈다. '동물원'을 읽자마자 자기가 좋아하는 어떤 유튜버가 동물원에 간 것을 보았다고 한참 이야기하더니 '사자'라는 말이 나오자 만화에서 봤던 사자 이야기를 꺼내서 또 한참을 말했다.

다음 장을 읽으려고 책장을 넘기는데 창밖에서 차가 지나가는 요란한 소리가 들렸다. 찬이가 그쪽으로 눈을 돌렸고, 하얀색 트럭이 두 대 지나갔다고 말했다. 어느새 찬이는 트럭을 '두 개'가 아니라 '두 대'라고 말하게 되었다. 도대체 이러다가 책은 언제 다 읽겠나 하던 생각이 쏙 들어갔고, 찬이가 하는 말들을 하나도 놓치지 않고 귀담아듣고 싶어졌다. 그래서 다음 장을 넘기기 전에 내가 말을 건넸다. 찬이가 배운 것을 기억하고 잘 말해줘서 선생님이 뿌듯하다고 말하며 전에 이야기 나누었던 '뿌듯하다' 라는 말의 뜻을 기억하고 있는지 물었다. 그러자 찬이가 말했다. "잘해서 기분이 좋을 때 뿌듯해요." 찬이는 언제 뿌듯할까 하고 다시 물으니, 찬이 는 잘 모르겠다고 했다. 이 책을 찬이가 혼자서 다 읽으면 뿌듯하지 않겠 냐고 하니 그건 아니라고 했다. 그럼 축구에서 골을 넣으면 뿌듯하겠냐고 하니 그렇다고 했다. 나는 더이상 지체할 수 없어서 얼른 손바닥 그림책을 가지고 놀자며 책장을 넘겼다.

찬이는 다음 장도 또박또박 큰 목소리로 한 글자 한 글자 읽어 나갔다. 그리고 보니 그즈음 찬이 는 한 글자 받아쓰기와 낱말 받아 쓰기도 곧잘 했고, 수업 마지막에 하는 한 문장 쓰기를 두 문장 이상 씩으로 쓰기도 하고 쓴 문장의 내

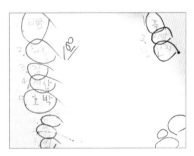

6월 말 찬이의 받아쓰기

용도 점점 다양해져 갔다. 하고 싶은 말이 많아지고 말을 많이 하게 된 찬 이의 읽기와 쓰기가 점점 좋아지고 있었다.

아이는 스스로 배우는 방법을 알고 있다

손바닥 그림책 중 『동물원에 가요』를 읽다 보면 '~를 보러'라는 말이 반복해서 나온다. 찬이가 '보러'를 자꾸 '보려'로 읽어서 교정해주는데 여 러 번 알려줘도 계속 '보려'라고 읽었다. 그러다 찬이가 나에게 책에 있는 글자들을 손가락으로 가리키며 그렇게 읽어주지 말고 '이렇게' 띄어서 읽 어달라고 했다. 두 어절씩 따라 읽게 했는데 한 어절씩 읽어달라고 한 것

이다. 틀린 글자를 제대로 읽기 위해 더 짧게 끊어 읽어달라고 찬이가 나에게 읽어주기 방법을 제안한 것이다. 나는 찬이의 말대로 한 어절씩 읽어주었다. 세 번을 그렇게 반복하자 드디어 '보려'를 '보러'로 정확하게 소리 내어 읽어냈다. 아이가 정확하게 읽게 하려고 나만 애쓰는 것이 아니었다. 아이도 정확하게 읽고 싶어 했다. 그리고 아이는 자신에게 맞는 공부 방법을 직접 찾아냈다.

그런가 하면 찬이는 놀이를 만들어내며 학습을 주도하기도 했다. 의도한 상황이든 의도하지 않았든 내가 어떤 방식을 알려주기 전에 찬이가 자주 먼저 무언가를 떠올리고 놀이처럼 만들어 나에게 알려주면서 함께 하자고 했다. 어느 날에는 책을 읽다가 갑자기 나에게 '퀴즈!'라고 하면서 찬이 혼자서만 다음 장을 먼저 보고 다음에 뭐가 나오는지를 물었다. 번갈아 가며 소리 내어 책을 읽을 때는 한 줄씩 읽자고 하거나 어절별로 읽자고 하는 등 돌아가며 읽는 방법을 제안하기도 했다. 그렇게 찬이는 스스로 놀이처럼 즐기면서 배우기도 했다. 찬이는 놀면서 공부했고, 나는 그 중에 배움이 있는지 확인했다. 그리고 찬이의 말과 행동에서 발견된 것들을 배움으로 연결해주려고 노력했다.

찬찬한글과 함께하는 받침 공부

10월 말이 되면서부터 찬이는 받침이 없는 글자를 대부분 읽고 쓰게 되었다. 그래서 이때부터는 받침 공부를 집중적으로 했다. '찬찬한글'을 주요 교재로 정하고 대표 받침 단원을 하루에 한두 쪽씩 공부했다. 처음에는 찬찬한글이 학습지 형태이고 반복하는 방식이라 찬이가 싫어할 수도 있겠다고 생각했는데 의외로 소리 내어 한 글자씩 반복하며 읽는 것을 좋아했다. 교재의 흐름에 따라 소릿값을 먼저 익히고 여러 번 반복하며 자연스럽게 교재에 나온 받침이 들어간 글자들을 읽어냈다.

　찬찬한글로 새로운 받침을 하나씩 공부하고 나면 『가나다 요술 그림책』으로 좀 더 익혀보았다. 아래 받침은 그날 배운 받침을 그대로 두고, 찬이가 받침 위에 있는 초성과 중성 자모음을 한 장씩 넘겨가며 다양한 경우의 받침이 들어간 글자들을 읽어보게 했다. 찬찬한글로 받침을 공부할 때에도 그날 배운 받침이 들어간 낱말을 읽고 나면 그 낱말로 받아쓰기도 하고, 그 낱말이 들어가는 한 문장 말하기와 쓰기도 잊지 않고 했다. 또 그동안 쓰기를 하면서 보이지 않던 찬이의 새로운 모습을 처음으로 볼 수 있었다.

　글자를 떠올려서 쓸 때 어느 순간부터는 라온을 꺼내지 않아도 쓰게 되었는데, 받침을 본격적으로 공부하기 시작한 이즈음에는 내가 시키지 않아도 자기가 써야 하는 글자를 떠올리고 낱글자로 하나씩 순서대로 소리 내어 말해보고 썼다. 예를 들어 '밥'을 써야 할 때 혼자서 '비읍, 아, 비읍'이라고 소리를 내고 쓰는 식이었다. 받침 공부를 시작했다고 해서 받침이 들어간 글자를 모두 완벽하게 읽고 쓰는 것은 아니었지만, 어느새 이렇게 글자의 짜임을 체득한 찬이를 보니 흐뭇했다.

그림책으로 삶을 담은 말글 공부

　여름 방학을 보내고 2학기부터는 수업 시간마다 그림책을 읽어주었다. 4월에 유아용 그림책을 처음 읽을 때 아직 음절 단위로도 다 읽지 못하는 찬이에게 무턱대고 책을 읽어보게 해서 우리 둘 다 힘들었는데, 그 이후 책 읽기는 손바닥 그림책으로만 했다. 이제는 찬이와 읽기 수업 호흡을 맞추었으니 그림책을 같이 읽으며 읽기 공부도 하고 책을 통해 이런저런 이야기도 나눌 수 있으리라 생각했다. 손바닥 그림책은 2학기에도 소리 내어 읽기 연습용으로 꾸준히 읽게 했다. 1학기에는 '가나다 그림책'을 모두 읽었고, 2학기에는 '첫 그림책'을 읽기 시작했다.

평소 교실에서 아이들에게 그림책을 자주 읽어주었기에 찬이와도 그림책을 재미있게 읽을 수 있을 거라 기대했다. 처음 읽어줄 그림책으로 어떤 책이 좋을지 고민하다가 지난 4년간 1학년을 하면서 해마다 2학기 초반에 반 아이들과 재미있게 읽었던 『거미 아난시』(제럴드 맥 더멋 글 그림, 열린어린이, 2005)를 가져갔다. 그런데 찬이의 반응이 예상 밖이었다.

읽다가 중간에 잠깐 멈추고 뒤에 나오는 장면을 상상하며 생각을 말하면 재미있는 책이라 찬이와도 그렇게 했다. 그런데 찬이는 책 앞부분의 내용을 이해하지 못했다. 등장인물의 이름이 조금만 길어져도 그것이 이름이라는 것을 알지 못하거나 기억하지 못했다. 책을 읽으면서 찬이의 표정이 점점 안 좋아졌다. 처음 읽어주는 그림책이 재미있어야 다음에도 책 읽어주는 시간을 기대할 텐데 그러지 못해서 나는 읽어주는 내내 진땀을 뺐다.

그날 수업이 끝나고 그동안 내가 미처 생각해보지 못했던 한 가지 사실을 떠올리게 되었다. 나는 찬이가 재미있어할 거라 기대하며 그동안의 경험에 비추어 고른 책을 읽어주었는데 찬이는 재미는커녕 내용 이해가 안 돼 어려워했다. 그동안 1학년 교실에서 만났던 몇몇 얼굴이 떠올랐다. 분명히 그중에는 찬이처럼 한글을 다 깨치지 못했거나 책 읽기 경험이 부족한 아이들이 있었다. 선생님과 친구들이 같이 재미있게 책을 읽고 이야기를 나눌 때 어떤 아이들은 그 시간에 제대로 참여하지 못하고 바라만 보며 쓸쓸했을 수도 있을 터였다. 이렇게 일대일로 찬이의 반응을 마주하지 못했다면 나는 계속 내가 기억하는 경험에만 비추어 아이들에게 책을 읽어주었을지도 모른다. 야심차게 준비한 2학기 첫 그림책 시간은 성공하지 못했지만 이 일로 책 한 권을 고르더라도 한 번 더 아이의 입장에서 생각하게 되었다.

그날 이후 가져간 그림책들은 대부분 찬이와 재미있게 읽었다. 주로 짧고 단순한 내용으로 전개되고, 상상과 익살스러움이 담긴 책들이었다. 그렇게 몇 권을 읽고 난 뒤에는 도서관에 있는 책 중에서 직접 골라오게 했다. 찬이가 골라온 책은 예상외로 글밥이 많은 그림책이었다. 무조건 글이 적은 책을 골라올 줄 알았는데 찬이는 표지가 재미있다면서 '지원이와 병관이 시리즈' 중 한 권을 가져왔다. 그동안 읽었던 책들에 비해 글밥이 많아서 끝까지 다 못 읽으면 어쩌나 내심 걱정하며 책을 펼쳤다. 찬이는 다른 그림책을 읽어줄 때보다 집중해서 이야기를 들었고, 재미있는 내용이 나올 때는 키득대기도 했다. 또 중간중간에 나오는 그림과 내용을 질문하기도 했다. 그 후에도 비슷한 종류의 생활 동화 몇 권을 더 읽었다. 아직 혼자 읽기는 어렵지만, 찬이는 글밥이 많더라도 자기와 비슷한 또래의 생활 이야기가 담긴 생활 동화를 좋아했다.

책에 나온 말을 삶에 담기

찬이와 함께 그림책을 읽을 때 책 속의 이야기와 찬이의 삶을 연결지어 많은 이야기를 나눌 수 있었던 점이 가장 좋았다. 『상어 마스크』(우쓰기 미호 저, 책읽는 곰, 2013)를 읽는 날이었다. 평소에 찬이는 친구 이야기가 나오면 자기는 친구가 없다고 하거나 놀고 싶은데 친구나 형이 안 시켜줘서 못 놀았다고 말하곤 했었다. 마침 그날 읽은 책은 주인공이 친구와 다투고 사과를 하지 않아서 외톨이가 되었다가 다시 용기 내어 사과하고 친구와 친해지는 내용이었다.

　우리는 외톨이가 된 주인공이 혼자 나오는 그림을 보며 이야기를 많이 나누었다. 찬이는 나에게 외톨이가 뭐냐고 몇 번이고 물었다. 찬이는 그 그림을 보며 혼자 있으니까 기분이 안 좋겠다고 했고, 다른 그림들보다 한참을 바라보기도 했다. 나는 찬이가 주인공이 용기를 내어 친구에게 사과하고 다시 친해지는 장면에 좀 더 주목했으면 했다. 그래서 사과를 한 후에 친구와 함께 있는 즐거운 표정에 대해 찬이의 생각을 묻고 이야기를 이어나갔다. 용기 내어 사과하는 것이 그렇게 어렵지 않은 일이고 누구나 할 수 있는 일이라고 말해주었다.

　찬이는 친구랑 싸우고 싶지 않다고 했다. 같이 축구하고 싶다고 했다. 나는 싸웠을 때 먼저 사과하는 것도, 같이 놀자고 먼저 말 걸어보는 것도 용기라고 말해주었다. 용기를 내는 것은 멋진 일이라고도 말했다. 그날 찬이가 그림책을 읽고 떠올려 쓴 책 속 낱말은 '상어, 외톨이, 용기, 사과'였다.

　그날도 낱말들을 쓴 후에 하나씩 골라 한 문장 만들기를 했다. '사과'를 고른 찬이는 "친구랑 싸우고 사과를 했어요." 하고 말했다. 우리는 이렇게 함께 그림책을 읽고, 책 속에 나온 말의 뜻을 알아보고, 그 뜻이 담긴 문장을 만들어 말해보며 글자로 써보고, 그 말을 삶에 담아보려 했다.

말글과 함께 마음이 자라는 공부

7개월 동안 일주일에 세 번씩 말글 공부 시간에 찬이를 만났다. 나는 글말에 앞서 입말을 먼저 키워 찬이가 가진 언어의 양과 폭을 늘려주고 싶었다. 또 시간을 함께 보내며 마음을 나누고 싶었다. 그렇게 서서히 입말이 글말이 되길 바랐다. 말과 글이 자라는 만큼 생각과 마음도 함께 자라길 바랐다.

처음에는 대화가 잘되지 않았지만, 시간이 흐르면서 찬이와의 대화가 자연스러워졌다. 단답형, 지시대명사 위주로 말하던 찬이가 의식적으로 문장으로 말하려고 노력하는 모습도 보았다. 무엇보다 사용하는 어휘의 폭이 넓어졌다. 완전하진 않지만 처음 보는 받침 있는 글자들도 읽을 수 있게 되었다. 복잡한 이중 모음은 아직 잘 읽지 못할 때도 있고, 맞춤법이 틀리거나 소리 나는 대로 쓰는 경우도 많다. 그러나 어느새 시키지 않아도 글자에서 낱자들을 분리하여 생각하고 글자를 쓰기 시작하더니, 짧은 두세 문장 정도는 혼자서 하고 싶은 말을 쓸 수 있게 되었다.

언젠가부터 나를 보면 찬이가 먼저 밝은 모습으로 인사를 한다. 높임 표현을 잘 사용하고, 예의 바르게 말하려고 노력한다. 있었던 일을 물어보면 자세하게 설명해주기도 한다. 학교에 오기 싫다던 찬이가 11월 언젠가에는 학교에 오는 게 재미있다고 했다.

나와 만났던 짧은 시간만으로 찬이의 말과 글이 자랐다고 생각하지 않는다. 찬이를 둘러싼 세상이 아이의 언어와 생각을 만들어냈을 것이고, 그중에 나와 함께 한 말글 공부 시간도 포함되었을 것이다.

찬이와 함께 보낸 시간 속에서 찬이처럼 나도 자랐음을 느낀다. 찬이의 말과 글, 찬이가 보여준 반응과 행동을 통해 여러모로 나를 돌아볼 수 있었다. 교사로서 아이와 만난다는 것, 가르친다는 것의 의미를 그 어느 때보다도 더 깊이 생각해볼 수 있었다. '아이의 호흡에 맞추어 수업한다'는 것의 의미도 새겨볼 수 있었다.

찬이의 다정한 말들, 우리의 단단한 기억들

#1. "선생님, 주말 잘 보냈어요?"

말글 공부를 시작한 지 한 달이 다 될 때까지 찬이가 먼저 나에게 다가와 인사를 한 적이 없었다. 주로 내가 먼저 인사하면 마지못해서 하는 것처럼 작은 목소리로 "안녕하세요?" 했다. 나와 수업을 하기 전에 기분 나쁜 일이 있었던 것처럼 화가 난 표정일 때도 많았다. 그래서 찬이의 마음을 물어보았다. "선생님은 찬이를 만나면 기분이 좋아서 이렇게 웃음이 나는데 찬이는 혹시 선생님을 보면 기분이 좋지 않은 거야?" 찬이는 아니라면서 고개를 저었다. "그러면 찬이도 선생님을 보면 웃으면서 인사해주면 좋겠어요. 주말을 보내고 다음 주에 다시 만났을 때 찬이가 먼저 '선생님, 주말 잘 보냈어요?'라고 해주면 정말 좋겠어요."

그다음 주 화요일이었다. 교실로 찬이를 데리러 갔는데 문을 열고 나오는 찬이가 수줍어하며 천천히 말했다.

"선생님, 주말 잘 보냈어요?"

처음이었다. 찬이가 먼저 나에게 인사를 한 것은. 그것도 '안녕하세요?'가 아니라 내가 알려준 대로 주말을 잘 보냈는지 물어보는 인사였다. 잊고 있었는데 찬이는 그것을 기억해 나를 보자마자 그대로 인사해주었다. 놀랍고 기뻐서 나는 찬이를 꼬옥 안아주었다. 내 품에서 찬이는 어깨를 움츠리며 꼼지락댔다. 우리는 같이 손잡고 도서관으로 공부하러 갔다.

#2. "오늘은 가을이 예쁩니다."

언젠가 찬이와 우연히 학교 주변에 있는 것에 대해 이야기를 나누었다. 그러다 공원에 가보고 싶다는 찬이의 말에 5월에 한 번 같이 공원에 갔었다. 그때부터 한 달에 한 번씩 마지막 주에는 잊지 않고 하루를 정해 공원에 가서 말글 수업을 했다. 공원에서는 매일 보는 도서관 창밖의 풍경과 다른 모습들로 말할 거리가 많았다. 그래서인지 찬이와 나는 문장 말하기를 훨씬 더 쉽고 재미있게 할 수 있었다. 공원에서만이 아니라 공원을 오가는 길에서도 말할 거리가 많았다. 그래서 이날만큼은 읽기와 쓰기를 안 하는 대신 보고 느끼는 그대로 문장을 만들어 주고받기를 훨씬 더 많이 했고, 평소와는 다른 주제로 이야기도 많이 나누었다. 공원에 있는 놀이기구를 탈 때는 그 느낌을 생생하게 말해보기도 했다. 무엇보다 찬이도 나도 탁 트인 곳에 나와 있는 것 자체만으로도 즐거웠다.

10월 어느 날 공원에서 있었던 일이다. 우리는 누워서 탈 수 있는 그물 그네를 타고 나란히 하늘을 보면서 돌아가며 한 문장 말하기를 하고 있었다. 몇 번을 주고받다가 찬이의 차례가 왔다.

"오늘은 가을이 예쁩니다."

그날의 날씨와 분위기를 어쩜 그리도 적절하게 표현하는지 나도 모르게 마음이 뭉클해졌다. 나는 찬이가 말한 문장을 몇 번 소리 내어 다시 말하고 나서 '우리 찬이가 문장을 정말 잘 만든다'라고 말해주었다. 찬이는 내 마음을 아는지 모르는지 씩 하고 웃었다. 앞으로 해마다 날씨가 좋은 가을날이면 이 문장이 두고두고 생각날 것 같다.

#3. "생일은 해마다 돌아오는 거야." "누가 그래요?"

손바닥 그림책 중에서 『생일에 무엇을 하고 싶어?』를 읽는 날이었다. 이 책의 마지막 문장은 '너는 생일에 무엇을 하고 싶어?'이다. 책을 읽고 있는 아이에게 말을 거는 내용이다. 찬이와 이 문장을 읽고 나서 찬이에게 물었다.

> **교사**: 찬이는 생일에 무엇을 하고 싶어?
>
> **찬이**: 저 생일 지났는데요?
>
> **교사**: 아, 아홉 살 생일은 지났으니까 내년 3학년 생일에는 무엇을 하고 싶은지 물어본 거야.
>
> **찬이**: 생일이 또 있어요?
>
> **교사**: 그럼! 생일은 해마다 돌아오는 거야.
>
> **찬이**: ….
>
> **교사**: 3학년에도 4학년에도 앞으로도 계속 찬이가 한 살씩 더 먹을 때마다 생일이 돌아와.
>
> **찬이**: 누가 그래요?

생각해보지 못한 반응에 나는 바로 말을 잇지 못했고, 찬이는 생일이 해마다 돌아온다는 사실을 처음 알게 된 아이처럼 신기한 듯 나를 바라보았다. 그리고 생일이 또 돌아와서 선물을 받을 수 있다는 사실에 기뻐했다. 3학년 생일에는 무엇을 하고 싶은지 다시 묻자 마트에 가서 젤리랑 먹을 것을 사고 싶다고 했다. 초코빵이 먹고 싶다고도 했다. 나는 내년 생일에 만나 같이 마트에 가서 젤리랑 초코빵을 사주겠다고 약속했다.

#4. "선생님 가면 울 거예요. 선생님 안녕히 가세요."

찬이랑 마지막으로 말글 공부를 하는 날이었다. 수업을 시작하기 전에 찬이의 담임 선생님과 이야기를 나누었다. 선생님이 찬이에게 오늘 수업이 나와 함께하는 마지막 시간이라는 것을 알려주었다고 했다. 사실 마지막 수업을 앞두고 며칠 전부터 아쉬움에 마음이 편치 않았고, 찬이에게 뭐라고 전해야 할지 몰라 걱정만 하다가 결국 미리 말하지 못한 채로 마지막 날이 되었다.

찬이는 나를 보자마자 편지를 써 왔다고 했다. 그리고 그 편지를 직접 읽어준다고 했다. 나는 기대된다고 했고, 찬이는 가져온 봉투에서 편지를 꺼내 자신 있게 읽기 시작했다.

"안녕하세요? 저는 김찬이라고 합니다. 선생님 어디 가요? 선생님 왜 안 와요? 그리고 또 하나 선생님 가면 울 거예요. 선생님 안녕히 가세요. 2021년 12월 1일 수요일."

나는 찬이가 편지의 첫 문장을 읽자마자 울컥했다. 이런 내 마음을 아는지 모르는지 찬이는 끝까지 편지를 잘 읽었다. 씩씩하게 편지를 다 읽은 찬이에게 선생님이 가면 왜 울 거냐고 물었다.

"이제 선생님을 못 보잖아요."

찬이는 이렇게 말해놓고 엎드려서 엉엉 울었다. 아홉 살 찬이와 나는 잠시 부둥켜안고 같이 울었다. 나는 찬이에게 우리는 영영 못 보는 게 아니라고 말해주었다. 약속한 대로 3학년 생일에도 만날 거라고 했다. 그리고 이다음에 찬이가 커서 어른이 되면 선생님에게 맛있는 것을 사주기로 한 약속을 꼭 지켜야 한다고도 말해주었다. 그렇게 우리는 울고 웃으며 마지막 말글 공부 시간을 마쳤다.

말과 글이 함께 자라게 하자

"말이 많아진 만큼 읽기와 쓰기가 좋아졌다."

하나. 아이와 함께 놀자

아이가 좋아하는 놀이를 물어보고 함께 그 놀이로 놀아보자. 실뜨기, 종이 접기, 빙고 게임 등 교실에서 앉아서 간단하게 할 수 있는 놀이가 많이 있다. 놀이가 어려울 때는 운동장이나 학교 밖 야외에서 같이 걷는 것만으로도 충분하다. 아이와 함께 놀면서 친해지는 것은 물론이고, 놀이할 때 나타나는 아이의 언어와 행동, 성향을 살필 수 있다. 그리고 아이는 놀면서도 자연스럽게 많은 말을 배울 수 있다.

둘. 보이는 대로 한 문장으로 말하게 하자

아이와 함께 돌아가며 한 문장으로 말하기를 해보자. 내가 먼저 시범을 보이고 시작하자. 눈에 보이는 무엇이든 간단한 문장으로 말해볼 수 있다. 아이만 하게 하면 지루해할 수 있지만 돌아가며 주고받기로 문장을 만들어 말하면 놀이처럼 재미있게 할 수 있다. 숨은그림찾기를 하는 것처럼 각자 보이는 것을 문장으로 말하고 듣는 사람이 그 문장 내용을 찾아보게 하면 더 재미있다. 문장으로 말하기는 한번 익숙해지면 수업 중 여러 상황 속에서 응용해볼 수 있다. 꾸준히 문장으로 말하기를 하다 보면 자연스럽게 문장을 구성하는 방법을 익히게 되고, 어휘력과 표현력은 물론 관찰력과 사고력을 키우는 데도 도움을 줄 수 있다. 처음에는 입말로만 하다가 직접 말한 문장을 쓰게 하는 활동으로 확장하면 좋다.

① 창밖의 풍경이나 보이는 것, 있었던 일을 한 문장으로 말하기

② 보이는 대로, 들리는 대로 말하고 싶은 것을 정확하게 말하기

③ 주어와 술어를 분명하게 하여 말하도록 하기

④ 돌아가며 한 문장씩 말하기

⑤ 아이가 만든 문장 속의 낱말을 교구로 만들고 써보기, 낱말에서 문장 써
   보기로 나아가기

셋. 글자의 정확한 소릿값을 익히게 하자

낱글자마다 소릿값이 무엇인지 정확하게 알고 익힐 수 있게 해야 한다. 소
릿값을 제대로 익혀야 정확하게 읽고 쓰기가 가능하기 때문이다. 이를 위해
낱글자 교구로 낱말을 합쳐보고 쪼개보는 활동을 해볼 수 있다. 이미 알고
있는 글자 중에서도 이미지로 외운 글자가 있을 수 있다. 이를 확인해보고
음절 단위, 음소 단위로 소리를 분리해서 익히도록 해주어야 한다. 이때 부
정확한 발음이 있는지 살펴보고 바로잡아 주자. 명시적으로 낱글자와 낱글
자의 조합을 보여주면서 정확한 발음을 들려주고 여러 번 반복해서 소리 내
어 발음해보도록 하면 좋다.

넷. 아무리 강조해도 지나침이 없는 소리 내어 읽기

그림책을 읽어주고 함께 읽을 때도, '손바닥 그림책'과 같이 소리 내어 읽기
연습용 책을 읽을 때도, 여러 번 같은 문장을 소리 내어 읽는 것이 중요하
다. 소리 내어 읽을 때는 눈으로 보고 입으로 소리를 내며 귀로 듣고 음파에
의해 전신으로 읽는 4단계 읽기가 되므로 그냥 읽을 때보다 훨씬 많은 뇌
신경 세포가 반응한다고 한다. 이 외에도 이미 많은 연구에서 소리 내어 읽

기의 여러 가지 효과가 밝혀졌다.

특히 소리 내어 읽기 중에서도 같은 문장을 여러 번 반복하여 읽는 것은 읽기 정확성과 속도를 높여 느린 학습자의 유창하게 읽기에 도움을 줄 수 있다. 책을 읽을 때뿐만 아니라 아이가 직접 쓴 문장을 소리 내어 읽게 하는 것도 필요하다. 쓴 문장을 소리 내어 읽으면서 틀린 글자를 스스로 찾아내 고칠 수 있도록 하는 것은 이후 쓰기 유창성에도 도움이 될 수 있다.

다섯. 다양한 낱말 놀이

낱말을 가지고 여러 활동을 하며 어휘력을 키워주자. 낱글자를 조합하여 글자를 만들어보고 그 글자로 시작하는 낱말이나 그 글자가 들어간 낱말을 찾아보게 할 수 있다. 새로 배운 낱말이 있으면 그 낱말이 들어간 한 문장 말하기나 쓰기를 하면서 낱말의 쓰임을 정확하게 알고 있는지도 확인할 수 있다. 책을 읽고 나면 책에 나온 낱말 중에서 퀴즈를 내고 그 낱말을 알아맞히게 할 수도 있다. 주제어를 정해서 아이와 번갈아 가며 주제어와 관련된 낱말을 퀴즈로 내고 알아맞히는 것도 재미있다.

여섯. 한 문장 쓰기로 마무리하는 말글 수업

읽고 쓰지 못해도 말로는 표현할 수 있다. 처음에 아이가 혼자서 쓰지 못하면 아이가 말한 문장을 교사가 듣고 써주는 것부터 하면 된다. 아이의 수준에 맞추어 한 문장 쓰기 지도를 하면 된다.

① 문장을 쓰기 전에 아이가 말한 문장의 음절(어절) 수대로 빈칸 만들어주기
② 어려운 글자는 대신 써주기
③ 경우에 따라 받침이나 낱글자 하나씩만 쓰도록 칸을 남겨두고 쓰게 하기

④ 낱글자 교구(라온, 자석 글자 등)로 먼저 글자를 만들어보고 나서 쓰게 하기

일곱. 전문적 학습공동체와 함께하기

혼자서 한글 지도를 하다 보면 힘이 빠지거나 벽에 부딪히는 일이 생기기도 한다. 나 혼자 할 때 절대 풀리지 않을 것 같던 문제도 같은 고민을 하는 선생님들과 함께 나누면 보이지 않던 부분이 보이게 되고 풀리지 않던 문제가 풀리게 된다. 다른 많은 교육 활동도 그렇듯이 한글 지도, 읽기 수업, 문해 교육도 함께 고민하고 서로의 실천을 공유하는 학습공동체와 함께라면 더 쉽고 재미있게, 더 잘해나갈 수 있다.

5장

잘 까먹는 아이,
하늘이의 한글 깨치기

김민숙

수십 번 반복해야 하나를 아는 아이

하늘이는 2학년 남학생이다. 마른 체형에 키도 또래보다 작지만, 늘 웃는 얼굴로 노래를 흥얼거리고, 아주 조그만 일에도 감탄하며 까르르 웃는 아이다. 왜 웃는지 물어도 웃고, 기분이 어떤지 물어도 웃는다. 매일 기분 좋게 살아가는 아이, 하늘이와 내가 나눈 1년의 이야기를 시작하려니 가장 먼저 아이의 해맑은 표정과 웃음이 떠오른다.

하늘이 아빠는 직장에 다니고, 엄마는 가정주부이다. 하늘이에게는 다섯 살 터울의 누나가 있다. 하늘이 엄마는 누나에게 네 살 무렵부터 학습지로 한글을 가르쳤고, 책도 많이 읽어주었다고 했다. 덕분에 누나는 1학년이 되었을 때 한글을 어려워하지 않았지만, 딸의 한글 지도가 너무나 힘들었고, 그래서 둘째 하늘이를 가르칠 엄두가 나지 않았다고 했다. '학교에 들어가서 배우면 되겠지.'라며 책도 읽어주지 않았다.

하늘이가 여섯 살 때 충격적인 일이 생겼어요. 어느 날 유치원에 다녀온 하늘이가 엉엉 우는 거예요. 다른 친구들은 이름을 다 썼는데 혼자만 자신의 이름을 쓰지 못했다고 했어요. 그날 이후 저는 하늘이가 또래 친구들에 비해 너무 늦는가 싶어 불안해졌어요. 그래서 당장, 이름 쓰는 방법도 알려주고 한글을 지도해보려고도 했어요. 그러나 하늘이는 배우려 하지 않았고, 연필 잡는 것도 힘들어했어요. 왼손잡이인 아이에게 오른손으로 쓰는 것을 지도하다가 꾸중만 하게 되었어요. 누나를 가르칠 때보다 몇 배는 더 힘들었어요. 무엇보다도 알려준 글자를 금방 잊어버려서 공부가 늘 제자리였어요.

방학을 앞둔 어느 날 하늘이 엄마가 나에게 들려준 이야기다. 그날 나는 하늘이가 학교에 오기 전 어떤 상황이었는지를 알 수 있었다. 한 학기 내내 잘 잊어버리는 특성을 보였던 하늘이가 학교에 오기 전에는 얼마나 더 그랬을까 싶었다. 더구나 의미 없이 외워야 했던 자음과 모음은 얼마나 더 어려웠을까?

하늘이가 학교에 입학한 작년에는 코로나19로 인해 입학을 미룬 채 3개월을 집에서 공부해야 했고, 초기 문자 단원이 끝날 무렵인 6월에서야 대면 수업이 시작되었다. 글자를 익히지 못한 채 등교한 하늘이는 교실에 앉아 있었지만, 수업 시간에 큰 소리로 떠들거나 친구들과 장난치지 않는 아이였다고 한다. 혼자서 보스락거리며 손장난을 하고 흥얼거릴 뿐이어서 담임교사는 발표를 잘 하지 않는 하늘이를 수줍음이 많고 얌전한 아이라 생각했다고 말했다.

2학기 초에 한글 진단을 하고 나서 많이 놀랐어요. 하늘이가 자·모음을 전혀 모르고 있는 거예요. 학급에서 미해득 수준이 가장 심각해서 그 후로 석 달 넘게 한글을 지도했어요. 그런데 하늘이는 배운 것을 잘 기억하지 못했어요. 전날 여러 번 반복해서 분명히 알고 갔는데, 다음 날 오면 전혀 몰라요. 수십 번 되풀이하여 익힌 것도 까맣게 잊고 왔어요. 하늘이에게 한글을 가르치는 것이 정말 힘들었어요.

1학년 담임교사가 들려준 하늘이 이야기다. 하늘이는 1학년 2학기 때부터 담임교사와 일대일로 공부했고, 하교 후 집에서도 엄마와 꾸준히 복습했다고 한다. 그러나 배운 것을 자꾸 잊어버려서 모음과 자음 첫소리를 겨우 익혔고, 선생님과 엄마의 도움을 받으며 '손바닥 그림책' 대여섯 권을 읽었다고 했다.

2학년 담임교사는 하늘이를 학급 아이들 틈에서 무난하게 잘 지내는 아이로 생각했다가, 둘째 주에 진단검사를 하고 나서야 자세히 들여다보게 되었다고 했다. 한글 미해득으로 진단받은 세 명 중에서 하늘이가 가장 심각했기 때문이다. 진단 이후에 담임교사 눈에 하늘이의 행동이 더 잘 들어왔는데, 대부분 수업 시간에 혼자서 놀고 있었다고 했다.

수업 시간에 제가 설명을 하면 하늘이는 손장난을 하고 있어요. 글씨도 알아볼 수 없을 정도로 비뚤배뚤 써요. 무엇을 썼는지 물어봐도 잘 대답하지 못하고 웃기만 해요. 모둠 활동에도 참여하지 않아서 친구들이 같은 모둠을 하지 않겠다고 했어요. 수업에 조금이라도 참여하게 하려면 제가 옆에서 알려주고 도와줘야만 했어요.

하늘이의 진단 결과를 보여주면서 2학년 담임교사가 했던 말이다. 하늘이 담임교사와 나는 학교에서 2년 동안 같은 학년 담임을 했기 때문에 내가 학급 아이 중 글을 잘 읽지 못하는 아이를 해마다 일대일로 지도해서 한글을 깨치게 했던 것을 잘 알고 있었다.

작년까지 2학년을 맡았던 나는 올해부터 수석교사가 되었다. 나를 찾아온 하늘이 담임교사는 하늘이를 일대일로 지도해줄 수 있을지 조심스럽게 물었다. 하늘이를 부탁하는 선생님 얼굴에 안타까움과 절박함이 묻어났다. 하늘이는 왜 아직도 글자를 깨치지 못했으며, 어떤 아이일지 궁금하기도 했다. 그래서 나는 하늘이를 내 교실로 불렀다. 그때가 3월 말이었다. 그날 이후 하늘이는 방방을 타는 아이처럼 즐겁고 경쾌한 얼굴로 하루도 빠지지 않고 나를 만나러 와주었다.

담임선생님과 나는 가끔 만나서 하늘이를 화제에 올리며 대화를 나누곤 했다. 2학년 마무리를 향해 달려가던 10월 어느 날이었다.

매주 금요일마다 하는 줄넘기를 하늘이는 아직도 힘들어해요. 두 팔을 위로 쭉 뻗어 줄을 돌리면서 동시에 두 발을 함께 뛰어요. 줄을 돌릴 때마다 힘이 너무 많이 들어갈 뿐만 아니라, 줄이 아래로 내려갈 때 뛰어야 하는데 그게 안 되어서 자꾸 줄에 걸려요. 줄 없이 손동작을 따로 연습하고, 친구들과 제가 여러 번 시범도 보였어요. 팔을 직접 잡고 돌려주기도 하고, '돌리고! 뛰고! 돌리고! 뛰고!'를 외치며 박자를 맞추면서 돌리고 뛰게도 해봤어요. 그런데 진전이 없네요. 하늘이는 언제쯤 줄넘기를 제대로 하게 될까요?

하늘이 담임선생님은 교육대학에서 체육을 부전공한 선생님으로 해마다 아이들에게 줄넘기를 수준에 맞게, 즐겁게 지도하고 있었다. 선생님은 여러 가지 방법을 동원하여 가르쳐보려고 했지만, 좀처럼 나아지지 않는다며 한숨을 쉬었다.

대부분의 2학년 아이들은 줄넘기를 좋아하고 또 잘 넘기도 한다. 줄넘기를 잘하려면 줄을 돌린 후 두 발을 모아 뛰는 동작이 연결되어야 한다. 그런데 하늘이는 손발의 협응 능력 발달이 다른 아이들보다 늦기 때문에 동작을 연결하지 못하고, 돌리는 것과 뛰는 것을 동시에 실행했을 것이다. 하늘이는 줄넘기와 같은 협응 능력 발달만 느릴까?

일 년 동안 하늘이를 만나면서 마음이 복잡했다. 여러 번 반복한 것을 까맣게 잊고 오는 하늘이가 원망스러울 때도 있었고, 어떤 날은 잘 읽는 것 같아 흥분하기도 했었다. 시간이 지날수록 하늘이가 글을 깨치지 못하면 어쩌나 조급한 마음이 들기도 했다. 하늘이와 함께했던 1년 동안 나는 7년 넘게 한글 미해득 학생을 지도했던 경험이 무색하게 여겨질 때가 한두 번이 아니었다.

그러나 결국 하늘이는 한글은 누구나 깨칠 수 있다는 것을 나에게 다시 한번 확실하게 보여주었다. 하나를 알기 위해 수십 번 반복이 필요했던 하늘이는 공부 시간이 쌓이자 신기하게도 글자들을 읽기 시작했다. 줄넘기 연습처럼 글자도 연습이 필요한 것은 아니었을까?

모든 것이 하늘이 표정처럼 싱그러움을 더하던 6월 첫날, 교실 문을 드르륵 열면서 활짝 웃는 얼굴로 하늘이가 교실로 들어섰다. 여전히 콧노래를 흥얼거리고 있었다. 하늘이는 메고 있던 가방과 손에 든 실내화 주머니를 내려놓자마자 책상 위에 놓여 있는 자석 글자판으로 다가가 만지며 소리쳤다.

"아, 이제 이거 엄청 쉬운데…."

두 손으로 'ㄱ, ㅋ, ㄲ…'를 순서대로 맞추면서 '그, 크, 끄…' 자음자 첫소리를 모두 말했다. 나는 그런 하늘이를 보면서 흐뭇하게 웃었다.

하늘이는 넉 달 동안의 반복 학습으로 여름 방학에 들어가기 전에 자모음 소릿값을 모두 알게 되었고, 글자를 합성해서 읽을 수 있게 되었다. 자모음을 익힌 후에는 석 달 동안 꾸준하게 그림책을 함께 읽었다. 그랬더니, 10월 이후에는 처음 보는 글도 혼자서 유창하게 읽을 수 있게 되었다. 정말 느리게 배워서 애를 태웠지만, 하늘이는 교사인 나에게 늘 웃음과 흥으로 기쁨을 주었고, 글자를 읽고 쓰는 것으로 가르치는 행복을 선물했다.

소리로 배우는 한글

자음이 '그 크 끄'

일대일 공부를 하기로 약속한 날부터 하늘이는 수업이 끝나면 바로 나를 찾아왔다. 방과후학교에 참여하지 않고 학원도 다니지 않아서 월요일부터 금요일까지 매일 만날 수 있었다. 처음 이틀 동안은 하늘이와 친해지기 위해 교실에 있는 장난감으로 놀이하고, 그림책을 읽어주면서 함께 이야기를 나눴다. 그리고 셋째 날 한글 해득 수준 진단[12]을 했다.

하늘이는 1학년 2학기 때 석 달 넘게 일대일로 담임교사와 공부했는

---

12) 한국교육과정평가원(2017년), 기초학력 향상 지원 사이트 '꾸꾸'에 탑재되어 있다.

데도, 정확하게 알고 있는 것은 모음자 10개였다. 진단 결과 하늘이는 자음자를 혼동하고 있고 받침 없는 글자를 읽을 수 없는 수준이나, 자모 음소 구분은 가능할 것으로 판단되었다. 그래서 하늘이가 자모 소릿값을 정확하게 알고 합성하여 글자를 읽는 것을 최우선 과제로 삼았다. 그리고 소릿값을 지도하는 과정에서 그림책을 함께 읽고 입말로 만든 하나의 문장을 공책에 쓰는 활동도 함께했다.

자모음 소릿값을 익히기 위한 활동 과정

순	활동 내용	시간	자료
1	• 소릿값 익히기 - 합성 연습	15분	찬찬 한글
2	• 그림책 읽기 - 그림책 소리 내어 따라 읽기	10분	손바닥 그림책
3	• 자석 글자 놀이하기 - 그림책 속 낱말을 자석으로 만들기	5분	자석 글자
4	• 한 문장 쓰기 - 입말로 만든 문장 쓰기	10분	종합장

하늘이가 모음자를 알고 있었기 때문에 자음자 첫소리부터 지도했다. 자음자를 배우기 시작한 날, 책상 위에 놓인 자석 글자를 만지고 있던 하늘이에게 '이 글자를 만드신 왕이 누굴까?'라고 묻자 모르겠다고 대답했다. 한글을 만드신 세종대왕 이야기를 한참 동안 들려주었다.

표지에 세종대왕이 그려져 있는 『한글이 그크끄』(김현신 지음, 책 짓는 달팽이, 2019)에서 'ㄱ'을 설명한 부분을 펴놓고, 자음자 'ㄱ'은 혀뿌리가 목구멍을 막으면서 꺾이고 구부러지는 모양을 보고 만든 글자라고 알려주었다. 그림을 보면서 혀 모양을 만들어보게 하고 'ㅡ'를 넣어서 '그' 소리를 내게 했다. 하늘이는 '그 그 그'라고 쉽게 소리를 냈다. 'ㄱ'과 같은 입 모양에서 바람을 더 많이 내면 '크', 힘을 두 배로 주면 '끄' 소리가 난다는 것

출처: 『한글이 그크끄』

을 그림과 함께 설명해주었다.

하늘이는 '그, 크, 끄'를 큰 소리로 따라 하며 재미있다고 했다. 자석 글자 'ㄱ, ㅋ, ㄲ'를 무작위로 책상 위에 놓으며 첫소리를 말하게 했는데 잘 구분했다. 그래서 'ㄱ, ㅋ, ㄲ'와 모음자를 합성하는 연습을 했다. 합성 연습을 할 때도 자석 글자를 사용했다.

> **교사**: ㄱ[그]와 ㅏ[아]를 합하면 그~아, 그~아, 가가 되는 거야. 하늘이가 해 보자.
>
> **하늘이**: (자석 글자을 합하면서) 그~아, 그~아, 가.
>
> **교사**: 하늘아, 아주 잘했어. 그럼 ㄱ[그]와 ㅓ[어]를 합하면? 하늘이가 해볼까?
>
> **하늘이**: (자석 글자을 움직이며) 그~어, 그~어, 거.
>
> **교사**: 맞아, 이번에는 ㅋ[크]와 ㅏ[아]를 합쳐보자.
>
> **하늘이**: 크~아, 크~아, 카.
>
> **교사**: 우와, 하늘이가 아주 잘하는구나!

자음자는 소리 나는 위치가 같은 것을 묶어서 /ㄱ, ㅋ, ㄲ/과 /ㄴ, ㄷ,

하늘이가 연습한 자석 글자

ㅌ, ㄸ/ /ㅁ, ㅂ, ㅍ, ㅃ/과 /ㅅ, ㅆ, ㅈ, ㅊ, ㅉ/ 그리고 /ㅇ, ㅎ, ㄹ/ 순서로 지도했다. 하늘이는 수업을 시작한 첫 주 금요일까지는 배운 것을 너무나 잘 기억하고 있어서 담임교사가 걱정했던 아이가 맞나 의심이 들 정도였다. 이렇게 하늘이가 소릿값을 잘 익힌다면 1학기를 마치기 전에 유창하게 글을 읽을 것만 같았다.

그런데 주말을 보내고 월요일에 온 하늘이는 소릿값을 잊어버리고 웃는 얼굴로 앉아 있었다. 그 후로도 한 달 정도 하늘이는 월요일에는 머뭇거리고, 금요일에는 잘 읽는 모습을 반복해서 보여주었다.

잘 잊어버렸던 하늘이가 소릿값을 외울 때 도움받았던 자료가 '자음 노래'[13]이다. 평소에 흥얼거리기를 좋아하는 하늘이는 '자음 노래'를 잘 불렀다. 자음자를 익힐 때까지 하늘이를 만날 때마다 두 번씩 불렀다. 수업 시작 전에 부르고, 수업을 마치면서 자석 글자를 'ㄱ, ㅋ, ㄲ' 순서대로 놓아보며 불렀다. 이렇게 반복해서 연습한 결과 하늘이는 드디어 자음자 19개 초성 소릿값을 한 달 만에 모두 익히게 되었다.

---

13) 인천광역시교육청(2020년)에서 제작한 자료이다. '찬찬한글'로 검색하면 찬찬한글 내용을 기반으로 만든 동영상 자료가 나온다. 여기에서 '2단원 자음 노래'를 활용했다.

붙일 수가 없어요

한 달 넘게 자모음 소릿값을 반복해서 익힌 후 하늘이는 자모음을 합성하여 글자를 읽을 수 있게 되었다. 모르는 글자가 나오면 자음 첫소리와 모음을 여러 번 붙이는 연습을 하다가 합성해서 읽었다. 소릿값을 기억해서 합성하며 읽는 모습이 너무나 대견했다. 하늘이의 한글 깨치는 속도는 예상한 것보다 많이 늦었다. 그러던 5월 어느 날이었다.

하늘이: ('저거라도'를 보며) 저-거-라-도.

교사: 하늘아, 한 음절씩 읽지 말고 붙여서 읽어보자.

하늘이: 저기라도.

교사: 글자를 보면서 다시 읽어볼까?

하늘이: (한 음절씩 끊어서) 저-거-라-도.

교사: 맞아, 잘 읽었어. 이제는 붙여서 읽어보자.

하늘이: 저기라도.

교사: ('거'를 가리키며) 하늘아, 이 글자를 읽어볼까?

하늘이: '거'요.

교사: 그렇지. 그럼 네 개를 붙여서 읽어보자.

하늘이: '저기~' '저~~' '으~~' 붙일 수가 없어요. 까먹었어요.

하늘이는 자모음을 합성해서 각각의 음절은 읽을 수는 있지만 네 음절을 붙여서 하나의 어절로 읽을 수 없다고 했다. 천천히 한 음절씩 읽을 수 있는데 각 음절을 기억해서 덩어리로는 읽을 수 없는 수준이었다. 하늘이에게 물으니 '저거라도'는 모르고 '저기라도'는 알겠다고 했다. '저거라도'

를 붙여서 읽으려고 하면 자신이 알고 있는 '저기라도'라는 말이 불쑥 튀어나오는 것 같았다. 다시 한 글자씩 읽을 때는 '저-거-라-도'를 분명하게 읽고, '거' 글자도 정확하게 알고 있었다. 그런데 붙여서 읽으라고 하면 다시 '저기라도'라고 읽었다.

"그냥 붙여서 읽으면 돼."

붙일 수가 없다는 하늘이의 말을 듣고 나도 모르게 튀어나온 말이다. 하늘이는 곤란한 표정으로 나를 바라보았다. 하고 싶어도 안 되는 것을 붙여 읽으면 된다고 강요했다는 것을 순간 깨달았다. 나는 머뭇거리는 하늘이에게 '저거라도'를 들려주면서, 붙여 읽는 것을 시범 보였다. 두 번을 따라서 연습하더니 하늘이는 '저거라도'라며 붙여서 읽었다.

하늘이는 다음 문장을 읽으면서도 '어때'를 한 음절씩 '어-때-'라고 읽었는데 붙여서는 '어띠'라고 읽었다. 자석 글자로 '띠'와 '때'를 만들어 읽어보고, '어때'를 세 번 반복해서 따라 읽은 후에야 '어때'라고 읽었다.

하늘이에게는 정확한 소리로 시범을 보이고 따라 하도록 하는 연습이 매우 중요했다. 그래서 이후에도 하늘이가 어려워하는 낱말이 있으면 듣고 따라 하기를 여러 번 반복했다.

받침 없는 쉬운 낱말을 붙여서 읽지 못하는 하늘이를 보면서 적잖이 놀랐다. 혹시 지능에 문제가 있는 것은 아닌지 궁금해졌다. 그래서 하늘이의 지능을 검사해보기로 마음먹었다. 지능 검사를 한다고 해서 어떤 새로운 방법이 생기는 건 아니지만 검사 결과를 통해 아이를 좀 더 객관적으로 이해할 수 있으리라 생각했다.

지능 검사 도구는 K-CTONI-2[14]를 활용했다. 하늘이는 그림과 도형으로 이루어진 문제를 보더니 그림 맞추기 놀이가 재미있다고 했다. 그리고는 틀린 답을 말하면서도 "엄청 쉽네요." 하며 콧노래를 흥얼거렸다.

하늘이의 지능은 평균보다 다소 아래이고, 또래 연령에서 기대되는 수준보다 낮은 수행을 보일 수 있다는 분석 결과가 나왔다. 비언어성 지능 검사를 한 후 하늘이는 그대로였지만 내가 바뀌었다. 하루라도 빨리 한글을 깨치게 하려고 했던 조급한 마음을 내려놓게 되었다. 하늘이 검사 결과를 확인한 후 단계를 더 세분화해서 과제를 제시하고 학습량도 줄이게 되었다. 그리고 수업 중에 하늘이가 좌절감을 느끼지 않도록 지속해서 점검하게 되었다.

아이를 제대로 파악하는 일은 매우 중요하다. 그래야 아이와 교사 둘 다 지치지 않고 만날 수 있기 때문이다. K-CTONI-2 검사 후에 내가 하늘이에게 한 걸음 더 다가갈 수 있었던 것처럼 검증된 도구를 활용하면 아이를 이해하는 데 도움을 받을 수 있다.

모음이 오락가락

1학년 1학기 국어 교과서에는 자음 단원이 먼저 나온다. 그러나 나는 학생을 지도할 때 모음을 먼저 가르쳐왔다. 모음을 먼저 가르치는 이유는 우선 소리내기가 쉽기 때문이다. 아이들에게 입을 벌리고 아무 소리나 내보라고 하면 대부분 '아', '오' 등의 모음 소리를 낼 때가 많다. 입만 벌려도 모음 소리가 자연스럽게 나오기 때문일 것이다. 또한, 모음 서너 개만 알아

---

14) K-CTONI-2 한국판으로 비언어성 검사 도구이다. 검사 대상은 만 5세~60세이고, 검사 시간은 40분 내외이다. 6개 하위척도(그림 유추, 도형 유추, 그림 범주, 도형 범주, 그림 순서, 도형 순서)가 있다.

도 모음이 들어 있는 '아이, 오이, 여우' 등의 낱말을 읽을 수 있게 된다. 그래서 모음부터 시작하면 몇 개만 배워도 낱말을 읽을 수 있다는 성취감을 느끼게 할 수 있다.

무엇보다도 내가 모음을 먼저 가르치는 이유는 모음을 알아야 자음 소릿값을 지도할 수 있기 때문이다. 'ㄱ'의 첫소리는 '그'이고, 끝소리는 '윽'인데, 모음 'ㅡ'를 먼저 알아야 자음의 첫소리와 끝소리를 익힐 수 있다.

3월 말 일대일 지도를 시작할 때 하늘이는 모음자 10개(ㅏ, ㅓ, ㅗ, ㅜ, ㅡ, ㅣ, ㅑ, ㅕ, ㅛ, ㅠ)를 알고 있었다. 그래서 자음을 지도하기 시작했는데, 하늘이가 자음 첫소리를 모두 익히고 글자를 읽게 되면서 난감한 일이 발생했다.

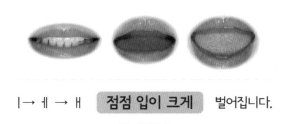

ㅣ→ ㅔ → ㅐ 점점 입이 크게 벌어집니다.

출처: 찬찬한글

'ㅔ, ㅐ' 모음을 지도할 때였다. 모음자의 입 모양을 보면서 입을 조금 벌리는 'ㅔ', 입 많이 벌리는 'ㅐ'라고 알려주었다. 입을 점점 많이 벌리면서 소리를 내보고, '개미, 지우개, 네모, 세모' 등의 낱말을 읽으며 쓰임새도 확인했다. 그리고 책 발자국 K-2 수준 평정 그림책 2단계 『도토리 키 재기』를 책상 위에 꺼냈다. 그런데 하늘이는 제목을 제대로 읽지 못했다. 처음에는 '도토리 카 자기'라고 읽다가 '도토리 캐 자기'라고 하더니 '도토리 캐 재기'라고 읽었다. 알고 있던 'ㅏ'모음과 새로 익힌 'ㅐ'모음을 오락가락 읽었다. 이후에도 하늘이가 모음자를 혼동하는 일은 자주 반복되었다. '마셔요'를 '마시요'로, '주세요'를 '주셔요'로, '저기'를 '지기'로, '제비'를 '지비'로 읽었다. 각각의 모음자를 알고 있는데도 낱말을 읽을 때 모음 때문에 정확하게 읽지를 못했다.

　모음자를 제대로 읽지 못하는 이유를 찾아보던 중 '혹시 하늘이가 왼손잡이여서 모음 구분에 더 어려움을 느끼는 것은 아닐까'라는 생각을 하게 되었다.

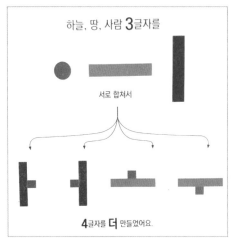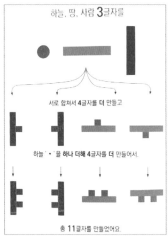

출처: 『한글이 그크끄』

　모음은 세상을 이루는 하늘, 땅, 사람을 서로 합하여 초출자(ㅏ, ㅓ, ㅗ, ㅜ)가 만들어졌다. 사람 모양을 본뜬 'ㅣ'의 오른쪽과 왼쪽에 둥근 하늘 모양을 조합하여 'ㅏ'와 'ㅓ'가 만들어졌다. 그런데 하늘이는 왼쪽과 오른쪽 구분을 어려워했다. 오른손을 들어보라고 하면 왼손을 들기도 하고 오른손을 들기도 했다. 찬찬한글과 『한글이 그크끄』로 공부한 후에는 알겠다고 하면서도 오류를 보였다. 학습하는 데 다른 아이들보다 시간이 더 많이 필요한 하늘이는 왼쪽, 오른쪽이라는 방향 자체가 헷갈려서 모음자 구분을 더 어렵게 느끼는 것 같았다.

자음자는 모양과 소리의 구분이 확실해서 한번 익히면 잘 기억할 수 있지만, 모음자는 낱자를 집중해서 보지 않으면 순간적으로 방향이 혼동되어 틀리게 읽을 수 있을 것 같았다. 유창하게 읽게 된 이후에도 하늘이는 모음자를 틀리게 읽는 경우가 가끔 있었다. 그럴 때마다 내가 손가락으로 모음자를 가리키면 다시 한번 모음자를 집중해서 본 후 스스로 수정해서 읽곤 했다.

넘기 어려운 받침 고개

읽고 쓰지 못하는 아이들에게 어떻게 하면 한글을 더 쉽게 지도할 수 있을까 고민하다가 자연스레 한글 창제원리에 관심이 생겼다. 하늘, 땅, 사람의 모양을 본뜬 모음자도 그렇지만, 발성 기관의 모양을 본뜬 자음자의 창제원리는 경이로웠다.

한글 창제원리 중에 '종성부용초성終聲復用初聲'이 있다. 종성 글자는 따로 만들지 않고 초성 글자를 그대로 사용한다는 것이다. 받침을 지도할 때마다 어떻게 이런 생각을 했는지 탄복하곤 했다. 그런데 하늘이 같은 아이에게는 종성부용초성 원리가 어려울 수 있다는 것을 느끼게 되었다.

'ㅂ'의 첫소리 '브'를 알게 된 하늘이에게 끝소리 '읍'을 알려주고, 'ㅂ' 끝소리를 말하게 하자 '븝'이라고 했다. 첫소리 '브'에 끝소리 '읍'을 합쳐서 '븝'이라고 말한 것이었다. 열아홉 개의 첫소리를 한 달 남짓 걸려서 익혔는데, 일곱 개의 대표 받침소리는 시간이 더 걸렸다.

받침소리를 공부할 때 첫소리 때문에 혼동하는 모습을 가만히 지켜보면서 하늘이 입장이 되어 생각해보았다. 어렵사리 'ㄱ'을 '그'라고 알게 되었는데, 똑같이 생긴 'ㄱ'을 이번에는 '윽'이라고 하다니 얼마나 헷갈리겠는가! 음절체 글자에 받침을 붙이고 떼는 활동을 반복하면서 하늘이는 대표 받침을 익혔다. 넘기 어려운 받침 고개를 지난 후, 하늘이는 읽기 자신감이 급상승했고 '글을 잘 읽을 수 있다'라는 말을 자주 하게 되었다.

받침을 모르는 아이들은 받침 없는 글자는 읽을 수 있더라도 본인은 글을 읽지 못한다고 생각하는 경우가 많다. 아무리 쉬운 글이라도 받침이 전혀 없는 경우는 거의 찾을 수 없기 때문이다. 따라서 '받침을 아느냐 모르냐'가 '글을 읽을 수 있느냐 없느냐'로 직결된다고 나는 생각한다.

받침소리를 아는 것은 매우 중요하다. 그런데 국어 교과서 받침 단원은 너무 어렵게 구성되어 있다. 받침을 처음 배울 때는 대표 받침 일곱 개를 먼저 익힌 후 복잡한 받침을 배워야 한다고 생각한다. 그러나 교과서는 대표 받침과 복잡한 받침이 동시에 제시되어 있다. 받침을 모르는 아이에게는 너무 어려울 수밖에 없다. 받침 공부에 편성된 시간 또한 턱없이 부족하다. 다음 교육과정을 개정할 때 이 부분이 수정되기를 고대해본다.

그래서 하늘이에게 조음위치가 같은 받침 'ㅁ'과 'ㅂ', 받침 'ㅇ'과 'ㄱ'을 묶어서, 그리고 받침 'ㄴ'과

출처: 1-1 국어 6단원

'ㄹ', 마지막으로 받침 'ㄷ'을 가르쳤다. 복잡한 받침은 대표 받침을 모두 익힌 후 대표 받침과 연계해서 지도했다.

음절 상자 이용하여 받침소리 익히기

받침소리를 반복해서 연습할 때는 음절 상자[15]를 이용하면 첫소리와 끝소리를 명시적으로 구분하는 데 도움을 줄 수 있다. 그래서 나는 음절 상자에 '으'를 놓은 후 하늘이가 받침소리를 듣고 알맞은 받침을 찾는 활동을 많이 했다. 음절 상자는 자음자 'ㅂ'이 초성과 종성에 쓰일 때 다른 위치임을 시각적으로 보여줘서 하늘이에게 첫소리와 끝소리가 다르다는 것을 알 수 있게 해주었다.

까먹었어요

하늘이가 웃는 것만큼이나 잘하는 것이 있다. 바로 '까먹었어요'라는 말이다. 1학년 때 친하게 지냈던 친구 이름을 물었을 때나 본인 생일이 언제냐고 물었을 때도 하늘이는 "까먹었어요." 했다. 그리고 교실에서 있었던 일을 이야기하거나, 주말에 있었던 일을 말하다가도 갑자기 까먹었다며 말을 멈췄다.

---

15) 음소 인식 지도를 위해 심리학자 Elkonin(1973년)이 고안한 자료로 '엘코닌 박스'라고 한다.

하늘이: 우산 없어요. 비 오면 엄마가 안 와요.

교사: 엄마가 왜 안 오셔?

하늘이: 엄마가 할머니하고 병원에 갔어요.

교사: 그렇구나. 외할머니야, 친할머니야?

하늘이: 까먹었어요.

교사: 하늘아, 할머니가 엄마의 엄마야? 아빠의 엄마야?

하늘이: 엄마의 엄마. 엄마랑 할머니는 병원에 있어요.

외할머니와 친할머니를 구분하지 못하는 것도 까먹었다는 말을 사용했다. 하늘이에게 '까먹었어요'는 부족한 어휘를 대표하는 말이었다. 하늘이는 2학년이 되어서도 비 오는 날에는 엄마와 함께 학교에 왔고 갈 때도 엄마가 우산을 들고 기다렸다고 했다. 어머니에게 이유를 여쭤보니 하늘이가 왜소해서 우산 들기가 어려울 것 같고, 챙기지도 못할 것 같아서라고 했다. 이렇게 세심하게 잘 챙겨주는 엄마인데도 평소 자녀들과 대화를 잘 나누지 못한다고 했다. 학교에서 있었던 일을 물어도 대답을 하지 않으니 이제는 묻지 않게 되었다고 한다. 하지만 하늘이는 내가 학급이나 친구들과 관련된 일을 말할 수 있도록 거들어주면 술술 이야기보따리를 풀어놓았다. 하늘이가 혼자서 길게 말하지 못하기 때문에, 옆에서 이야기를 이어갈 수 있도록 도와줘야 하는데 그런 역할이 하늘이 어머니는 어려운 것 같았다.

하늘이처럼 글을 자유롭게 읽지 못하는 아이에게는 수준에 알맞은 대화를 하는 것이 어휘를 늘릴 기회가 된다. 하늘이가 이야기를 하다가 머뭇거리면, 내가 지금까지 말했던 것을 요약하거나 이후에 어떻게 되었느지 질문을 하면 다시 말을 이어나갔다. 하늘이가 다양한 낱말을 익히고 사용하게 되면서 '까먹었어요'는 점차 줄어들게 되었다.

음운 인식력[16]이 중요해요

하늘이는 찬찬한글을 마친 후에도 매일 5분 정도 『읽기 자신감』[17]으로 음운 인식 공부를 했다.

음절 수준 음운 인식 공부	음소 수준 음운 인식 공부
교사: '포도'를 거꾸로 말하면? 아이: '도포' 교사: 잘했어. '수박'을 거꾸로 말하면? 아이: '박수' <div align="right">[거꾸로 말하기]</div>	교사: '나'에서 'ㄴ' 소리를 빼면? 학생: '아' 교사: '강'에서 'ㅇ' 소리를 빼면? 학생: '가' <div align="right">[음소 생략]</div>
교사: 첫 번째 소리가 다른 것을 찾아봐. 　　'소리, 소문, 대문' 아이: '대문' 교사: '주사, 고장, 장사' 아이: '고장' <div align="right">[음절 변별]</div>	교사: '가'에 'ㅇ' 소리를 더하면? 학생: '강' 교사: '소'에 'ㅁ' 소리를 더하면? 학생: '솜' <div align="right">[음소 첨가]</div>
교사: '호박'에서 '호' 대신 '수'를 넣으면? 학생: '수박' 교사: '개미'에서 '개' 대신 '거'를 넣으면? 학생: '거미' <div align="right">[음절 대치]</div>	교사: 'ㅂ'[브], 'ㅏ'[아], 'ㅁ'[음]을 합치면? 학생: '밤' 교사: 'ㅅ'[스], 'ㅏ'[아], 'ㄴ'[은]을 합치면? 학생: '산' <div align="right">[음소 합성]</div>

---

16) 음운인식력은 여러 단위의 소리를 인식하고 조절하며 다룰 줄 아는 능력이다.
17) 정재석 외(2014년), 『읽기 자신감』 3권 중 음운 인식 훈련 부분

하늘이는 음절 수준 음운 인식 공부를 할 때 '거꾸로 말하기'부터 시작했다. '거꾸로 말하기'를 하면서 '수박'을 거꾸로 하면 '박수'가 된다면서 크게 웃으며 재미있다고 했다. 그런데 '고구마'를 '마구마'로 대답하고는 어렵다고 했다. 세 음절 거꾸로 말하기는 천천히 오래 생각하고 여러 번 반복해서 들려주어야 할 수 있었다. 다른 음운 인식 공부도 처음에는 방법을 설명해도 이해하지 못하고 어려워하다가 매일 반복하자 정확도가 높아졌다.

이후에는 '변별, 생략, 첨가, 분절, 합성, 대치' 등의 음운 인식 공부를 했다. 매일 꾸준하게 하자 하늘이는 소리에 더 집중했고, 대답하는 속도도 조금씩 빨라졌다. 꾸준한 음운 인식 공부는 이후 하늘이의 낱말 읽기와 철자 쓰기[18]에 도움이 되었다.

음운 인식력과 낱말 읽기는 상보적인 관계이다. 음운 인식력을 높이면 낱말 읽기가 발달하고 낱말 읽기의 발달은 또다시 음운 인식력 발달에 영향을 준다. 저학년을 담임했을 때는 국어 수업 시작 전 5분 정도 음운 인식 놀이를 했다. 우리 반 아이들은 재미있다며 집중해서 참여했고, 시간이 흐를수록 답을 말하는 속도가 점점 빨라졌다. 놀이 시간이 끝나면 아쉬워하며 '한 번만 더'를 외치기도 했다. 저학년 교실에서는 아이들과 함께 놀이하듯이 음운 인식 공부를 하면 좋을 것 같다.

이 외에도 '리, 리, 릿자로 끝나는 말은~', '학교에 가면 선생님도 있고, 친구도 있고~' 등의 다양한 말놀이, 수업 시간에 소리 내어 읽는 활동 등을 많이 하면 할수록 도움이 된다.

---

18) 철자 쓰기는 알맞은 자모 글자를 선택해서 정확한 순서로 쓰는 것을 말한다.

그림책으로 배우는 한글

그림책을 읽게 되었어요

6월이 되자 하늘이는 자모음 소릿값을 모두 알게 되었다. 그래서 책 읽는 시간을 늘리는 방향으로 활동 내용을 바꿨다. 수업을 시작하면 합성이나 첨가 등의 음소 수준 음운 인식 공부를 하고, 나머지 대부분 시간에는 그림책을 읽었다.

그림책 읽기 활동 과정

순	활동 내용	시간	자료
1	• 음소 수준 음운 인식 공부	5분	『읽기 자신감』 3권
2	• 익숙한 책 읽기 – 자신 있게 읽을 수 있는 책	5분	손바닥 그림책 책 발자국 그림책
3	• 새로운 책 읽기 – 수준에 맞는 새로운 그림책 읽기	15분	
4	• 읽기 과정 분석 – 오류 분석 및 교정	5분	
5	• 한 문장 쓰기 – 스스로 만든 문장 쓰기	10분	종합장

익숙한 책은 그동안 읽었던 그림책 중에서 하늘이 마음대로 선택했다. 하늘이가 교실 뒤쪽에 진열되어 있는 책 중에서 한 권을 가져다가 소리 내어 읽으면, 나는 휴대폰으로 녹음했다. 녹음이 끝나면 함께 들으면서 내용을 확인했다. 여러 번 읽었던 책을 읽기 때문에 자신 있게 읽었다.

새로운 책은 하늘이 읽기 수준에 맞는 두세 권의 책 중에서 읽고 싶은 책 하나를 골라 함께 읽었다. 책을 읽기 전에 제목이나 그림 등을 살펴보면서 함께 이야기를 나누고 따라서 읽기, 교대로 읽기, 번갈아 가면서 읽기 등의 방법을 사용했다. 새로운 책을 두 번째 읽을 때는 어떤 읽기 오류가 나타나는지 분석해보았다. 하늘이는 조사를 대치하는 경우가 많았고, 첨가하거나 반복해서 읽는 경우도 종종 있었다.

한 문장 쓰기는 그림책을 읽으면서 하늘이가 말했던 문장을 쓸 때도 있고, 읽고 난 후 이야기를 나누면서 문장을 만들어 쓰기도 했다.

수업이 끝나면 그날 새로 읽은 책을 집으로 가져가서 가족 앞에서 세 번 소리 내어 읽어 오게 했다. 그림책을 집에서 읽어 오는 과제는 하늘이의 읽기 발달에도 도움이 되었고, 부모가 관심을 가지고 아이를 함께 지도할 수 있게 해주었다.

이렇게 수업이 진행되면서 하늘이가 읽을 수 있게 된 그림책이 날마다 늘어나게 되었다. 하늘이는 자신이 읽은 책이 책상 위에 더해질 때마다 활짝 웃으며 말했다. "너무 기분이 좋아요."

경험과 함께하면 쉽게 읽는다

하늘이는 손바닥 그림책 단계가 높아질수록 목소리가 커지고 읽는 속도도 빨라졌다. 그림책을 읽다가 자신이 모르는 낱말이 나오면, 일단 읽기를 멈추고 각각의 낱자의 소리를 내본 후 합성해서 또박또박 읽었다.

하늘이는 그림책을 읽으면서 흉내 내는 말이나 의성어·의태어가 나오면 머뭇거리는 모습을 보였다. 아마도 평소에 이런 낱말들을 잘 사용하지 않기 때문에 무의미 낱말처럼 느껴지는 것 같았다.

손바닥 그림책 중 『선물』은 수수께끼처럼 내용이 구성되어 있다. '어떤 선물인지 맞혀 봐.'로 시작해 색깔, 모양, 촉감, 맛 등이 다양하게 표현되어 있다. 하늘이에게 촉감, 맛 등을 경험하게 하려고, 『선물』을 읽기 전에 제목과 그림을 살펴본 후 준비한 마시멜로를 손에 쥐게 했다. 눈을 감은 채 마시멜로를 만져서 바스락거리는 소리를 듣게 하고, 만져본 느낌을 이야기하게 하고, 봉지를 벗겨서 냄새를 맡은 후 먹어보게 했다.

> 교사: (마시멜로 봉지를 쥐었다 펴면서) 하늘아, 눈을 감고 어떤 소리가 나는지 들어보자.
>
> 하늘이: 바스락바스락.
>
> 교사: 아직 눈 뜨지 말고 이것을 만져보자.
>
> 하늘이: (마시멜로 봉지를 만지면서) 아! 기분 좋아, 이렇게 기분 좋을 수가!
>
> 교사: 기분이 그렇게 좋아? 만져보니 느낌이 어때?
>
> 하늘이: 말랑말랑해요.
>
> 교사: 말랑말랑하구나. 봉지를 열어서 냄새를 맡아보자. 냄새가 어때?
>
> 하늘이: 으음, 맛있다.
>
> 교사: 냄새가 맛있다고?
>
> 하늘이: 네, 달콤한 냄새가 나요.
>
> 교사: 달콤한 냄새구나. 이제 먹고 어떤 맛인지 말해볼까?
>
> 하늘이: 진짜, 지금 먹어요? (마시멜로를 입에 넣는다)
>
> 교사: 맛이 어때?
>
> 하늘이: 말랑말랑하고 정말 맛있어요. 달콤해요.

하늘이는 만지고, 냄새 맡고, 먹는 내내 웃음이 떠나질 않았다. 작은 마시멜로 하나를 만지고 먹어보는 경험이 하늘이를 그림책 속으로 쏙 빠져들게 했다. 조금 길게 느껴질 수 있는 내용인데도 끝까지 집중해서 잘 읽었다. '바스락바스락'을 읽을 때는 마시멜로 봉지를 만지작거리는 흉내를 내면서 바로 읽었고, '말랑말랑'도 주춤거리지 않고 단숨에 읽었다. 경험과 함께하니 책도 잘 읽고, 문장도 쉽게 만들어 썼다.

읽기보다 쓰기가 늦다

넉 달 동안 열심히 읽기 연습을 한 하늘이는 새로운 그림책도 망설이지 않고 읽을 수 있게 되었다. 그러나 쓰기 실력은 그다지 좋아지지 않았다. 읽기와 함께 쓰기 연습을 하루도 빠지지 않고 했는데 읽기보다 쓰기가 늦었다.

하늘이는 매일 입말로 문장을 만든 후 공책[19]에 썼다. 쓰기를 처음 시작했을 때는 입말로 문장을 만드는 것도 어려워했다. 스스로 문장을 만들어서 써본 경험이 없었다고 했다. 혼자서 문장을 만들지 못할 때는 하늘이가 말한 낱말을 연결하여 함께 문장을 완성했다. 그리고 쓰기 어려워하는 글자는 자석으로 만들어본 후 쓰게 했다.

쓰기 공책을 하늘이는 수시로 뒤적이며 읽곤 했다. 그래서 하늘이가 쓴 문장을 학습자료로 활용했다. 쓰기를 하면서 하늘이는 조사 '은/는'과 '을/를'을 구분 없이 쓸 때가 많았다. 그래서 문장을 쓸 때마다 조사를 자주 고쳐서 써야 했다. 하루는 하늘이가 쓴 문장에서 '은/는'과 '을/를'을 찾아 동그라미를 한 후 '은/는'과 '을/를'의 쓰임을 다시 설명해주었다. 하늘이는 자신이 쓴 문장으로 받침이 있으면 '은/을', 받침이 없으면 '는/를'을 쓴다는 것을 알게 되었다.

---

19) 공책은 무선 종합장을 사용하였다.

받침소리를 알게 된 후 하늘이는 문장을 쓸 때 "비밀이니 보지 마세요." 하고 자주 말했다. 스스로 쓰겠다는 하늘이를 칭찬하고 응원했지만, 하늘이가 쓴 문장의 의미를 파악하려면 질문을 해야 했다.

일대일 공부를 시작한 지 석 달쯤 되던 날에도 하늘이는 혼자서 십여 분 동안 뭔가를 쓴 후 "이거 보면 감동받을 거예요." 하며 공책을 건넸다. 맞춤법은 엉망이었지만 하늘이가 무엇을 표현하고 싶었는지 알 수 있었다. "하늘이 말대로 정말 감동받았어." 그다음 날 다시 하늘이와 글을 읽으면서 틀린 글자를 고쳤다.

6월 22일 혼자서 쓴 문장

교사: 하늘아, 어제 쓴 글을 네가 다시 읽어줘.

하늘이: ('각르쳐 감시해요'를 읽다가) 어, 이상하네.

교사: 나를 감시한다고?

하늘이: (큰 소리로 웃으며) '감시'가 아니라 '감사'인데.

교사: '각르쳐'는 무슨 뜻이야?

하늘이: 공부를 '가르쳐줘서'예요.

교사: 그럼 '가르쳐주서서 감사해요'를 쓰고 싶었구나.

하늘이: 맞아요. (공책에 쓴다)

6월 23일 교사와 함께 고친 문장

하늘이는 낱말 읽기와 쓰기가 다른 능력이라는 것을 나에게 알려주었다. 읽기는 글자를 소리로 바꾸는 것이고, 쓰기는 알맞은 자모 글자를 선택해서 정확한 순서에 의해 철자하는 것이다. '나뭇잎'과 '입술'의 '잎', '입'은 모두 '입'이라고 읽지만, 쓸 때는 '잎', '입'을 구분해서 정확하게 써야 한다. 당연히 쓰기가 더 어려울 수밖에 없다.

하늘이는 '부글(북을), 저녀게(저녁에), 바다쓰기(받아쓰기)'처럼 소리 나는 대로 쓰는 오류가 가장 많았다. 그리고 '좋아다(좋았다), 읽다가(있다가), 있섰다(있었다), 만아서(많아서)'처럼 받침을 빠뜨리거나 대체해서 쓸 때가 있었고, 겹받침을 하나만 쓰거나 없는 자음을 넣을 때도 있었다.

읽기에 어려움을 느끼지 않는 아이들도 받아쓰기를 어려워하는 경우가 많다. 쓰기를 잘하기 위해서는 읽는 것과는 또 다른 노력이 필요하기 때문일 것이다. 하늘이는 누구보다도 더 많은 쓰기 연습이 있어야 한다. 하늘이가 앞으로 연습을 열심히 하여 자신이 마음먹은 대로 문장을 쓸 수 있는 날이 오기를 기대한다.

여름방학에는 집에서

하늘이가 '손바닥 그림책 3단계'를 마치고, '책 발자국 그림책 7단계'를 읽던 중에 여름방학이 다가왔다. 혹시라도 하늘이가 그동안 공부한 것을 잊어버리지는 않을까 걱정이 되었다. 1학기에 70회를 넘게 만나며 열정을 쏟았는데 절대 안 될 일이었다.

방학 기간에 나는 다른 일정이 있어서 수업을 할 수 없었고, 하늘이 혼자서 그림책을 읽을 것 같지도 않았다. 그래서 하늘이 엄마에게 도움을 요청했다. 평소에 그림책 읽기 숙제를 내면 엄마는 확인을 잘해주었다. 그래서 아직 읽지 못한 그림책을 집으로 보낼 테니, 한 권 이상씩 읽도록 환경을 만들어달라고 했다.

하늘이 엄마는 어떻게 도와야 하는지 방법을 알고 싶다며 교실로 찾아왔다. 지금까지 공부했던 내용과 방학 때 계속할 활동을 이야기하다 보니 두 시간이 훌쩍 지났다. 하늘이 엄마는 학기 초와 비교할 수 없을 정도로 글을 잘 읽게 되었다며 감사하다는 말을 반복했다. 그리고 하늘이가 읽기를 계속할 수 있도록 함께 노력해보겠다고 했다.

하늘이 엄마는 방학식을 한 날부터 하루도 빠지지 않고 녹음 내용과 쓰기 공책 사진을 보냈다. 그래서 하늘이가 집에서 읽은 그림책과 쓴 문장을 매일 확인할 수 있었다. 문자로 그날 있었던 일도 나눴고, 가끔은 잘못 읽은 부분을 수정해주기도 했다. 개학 후에도 하늘이는 1학기 때 익힌 내용을 대부분 기억하고 있었다. 엄마와 함께 방학 동안에도 쉬지 않고 그림책을 읽었던 효과일 것이다.

하늘이처럼 느리고 잘 잊어버리는 아이는 방학 동안 아무것도 하지 않으면 2학기에 다시 어려움을 겪을 가능성이 크다. 방학 동안 부모나 형제·자매가 도울 수 있으면 가장 좋겠고, 도울 사람이 전혀 없는 경우에는 전화나 문자를 활용하는 것도 하나의 방법이 될 수 있을 것이다.

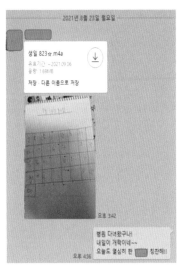

방학 때 주고받은 문자

그림책이 퐁퐁퐁

2학기에는 월요일과 수요일에 만나 하늘이가 스스로 고른 책을 함께 읽었다. 수석교사실 한쪽에 200권이 넘는 그림책이 있었다. 하늘이는 교실로 들어오면 가방을 내려놓고 책장으로 가서 책을 골랐다. 하늘이가 선택한 이유를 듣고, 그림책의 제목을 읽은 후 내용을 예상해보거나 그림만 보면서 이야기를 만들어보기도 했다. 책을 읽을 때는 문장이나 문단을 번갈아 읽거나 내용에 맞는 역할을 정해서 읽었다. 읽고 난 후에는 문장 쓰기나 말놀이를 했다.

하늘이가 그림책을 고르는 기준은 그날 기분에 따라 달랐다. 책을 열어본 후 글밥 적은 것을 고른 때도 있었고, 겉표지만 보고 그림이나 색깔이 마음에 들어 고르기도 했다.

하늘이가 골라서 읽은 그림책 목록

순	책 이름	작가	출판사
1	기분을 말해 봐	앤서니 브라운	웅진주니어
2	꼭 잡아	이혜경	여우고개
3	꽃밭	윤석중	파랑새 그림책
4	다음엔 너야	에르스트 얀들	비룡소
5	달팽이 학교	이정록	바우솔
6	마음이 퐁퐁퐁	김성은	천개의바람
7	생각하는 ㄱㄴㄷ	이지원	논장
8	어서 오세요! ㄱㄴㄷ 뷔페	최경식	위즈덤 하우스
9	엄마가 화났다	최숙희	책읽는곰
10	웃음이 퐁퐁퐁	김성은	천개의바람
11	이 작은 책을 펼쳐 봐	제시 클라우스마이어	비룡소
12	최고의 이름	루치루치	북극곰
13	팔이 긴 사람이 있었습니다	현민경	향출판사

『꽃밭』은 하늘이가 글밥이 적어서 고른 책인데, 윤석중의 '꽃밭' 동시를 그림책으로 만든 것이다. 하늘이는 책을 읽다가 주인공이 친척 동생을 닮았다면서, 얼마 전에 집에 왔다 간 동생 이야기를 한참이나 해주었다. 그림책을 읽은 후에는 꽃밭에 가본 경험을 서로 말했고, 하늘이도 비슷한 느낌의 시를 써보았다.

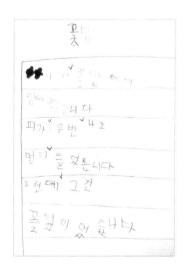

『팔이 긴 사람이 있었습니다』는 하늘이가 책 표지에 붙어 있는 긴 팔이 신기하다며 고른 거다. 하늘이는 긴 팔을 따라가면서 재미있게 잘 읽었다. 그러다가 '휘얼'이라는 단어를 읽다가 머뭇거렸다. "워어" 하다가 "후어"라고 했다. 천천히 다시 읽어보라고 했더니 "후어~얼"이라고 했다. 내가 날갯짓을 하듯이 두 팔을 펼치고 "휘얼"이라고 말하자, 하늘이는 "아하! 휘얼" 하면서 동작을 따라 하며 웃었다. 책을 읽은 후 이런 문장을 만들었다. '내가 만약 팔이 길다면 하늘에 떠 있는 구름을 만지고 싶습니다.'

『웃음이 퐁퐁퐁』은 아기 돼지 그림이 좋다며 가져왔다. 책 장면마다 이야깃거리가 넘치고 걷는 모양을 따라 할 주인공도 많아서, 움직이기 좋아하는 하늘이가 무척 좋아했다. 함께 웃음소리를 흉내 내는 놀이를 한 후 책 속 주인공들이 어떻게 웃는지 공책에 정리해보았다.

『최고의 이름』은 제목을 보고 고른 책이다. 이 책은 건강하고, 똑똑하고, 장수하기를 바라는 아버지가 좋다고 생각하는 이름을 추가하다가 최고로 긴 아들의 이름을 짓게 되는 이야기이다. 하늘이는 배경지식이 없어서 내용을 이해하지 못하는 것 같았다. 책에 나오는 에디슨, 덤보, 앨리스, 슈퍼맨, 원더우먼, 심바, 어린 왕자와 장미, 인어 공주를 모른다고 했다. 아버지가 아들에게 최고로 긴 이름을 만들어준 의미를 모른 채, 그저 주인공의 긴 이름을 반복해서 읽는 것이 재미있다고 했다. 그래서 책을 읽다가 멈추고 컴퓨터로 이미지를 확인하고 어떤 인물인지 이야기를 해주었다. 똑똑한 과학자 '에디슨', 튼튼한 코끼리 '덤보', 멋진 모험을 하는 '앨리스' 등을 알고 나서야 하늘이는 책을 이해할 수 있었다.

책 읽기가 끝나면 말놀이를 했다. 하늘이가 좋아하는 '라온'으로 낱말 만들기, 빙고, 땅따먹기 놀이를 주로 했다. 라온은 정해진 시간 동안 그림책에 나온 낱말을 많이 만든 사람이 이기는 놀이다. 하늘이는 놀이에서 이기려고 책에 집중하는 모습을 보였다. '땅따먹기'는 놀이 시간이 20분 정도 걸려서 자주 하지 못했다. 하늘이는 공책에 낱말이나 문장을 쓸 때는 조금이라도 적게 쓰려고 했는데, 놀이를 준비할 때는 전혀 다른 모습이었다. 빈칸을 채우려면 많이 써야 하는데도 기분이 좋아서 흥얼거렸다. 하늘이가 그림책을 읽는 중에 어려워했던 낱말은 빙고 놀이를 하면서 읽고 쓰는 연습을 했다. 짧은 시간에 읽고 쓰기를 하면서 함께 웃을 수 있는 놀이였다.

독후 활동

라온으로 낱말 만들기

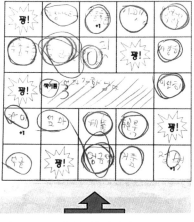

땅따먹기 놀이 하기

하늘이도 한글을 읽게 되는군요

혼자서 글을 읽게 되었는데도 하늘이는 새로운 글을 읽을 때는 거부감을 표현했다. 익숙한 책을 읽을 때는 목소리도 크고 리듬감을 살려서 읽는데, 새로운 책을 읽을 때는 '으~~으~~' 소리를 내면서 읽기 싫다고 했다. 그런데 받침소리를 알게 된 후부터 달라지기 시작했다. 흥얼거리며 책 여기저기를 살펴보았고, 제목이나 그림을 보면서 먼저 이야기를 시작하기도 했다. 처음 보는 글을 읽으면서도 거부하지 않았다.

읽기에 자신감을 얻은 하늘이가 교실 수업에 어떻게 참여하는지 궁금해서 6월 말에 담임교사의 동의를 구하고 수업을 참관하게 되었다. 하늘이는 교실 수업에서는 전혀 다른 모습을 보였다. 잘 웃고 재잘대던 모습을 전혀 찾을 수가 없었다. 친구들과 함께 읽어야 할 때는 입을 꾹 다물고 있었고, 쓰기를 할 때도 가만히 앉아 있었다. 그날 오후 하늘이가 수석교사실로 들어서면서 "저 오늘 공부 잘했죠?"하며 웃었다. 무엇을 잘한 것 같냐고 묻자 '수업 시간에 딴짓하지 않고 가만히 잘 앉아 있었다'고 했다. 하늘이는 글은 읽게 되었지만, 교실 수업에는 여전히 참여하지 못하고 있었다.

한낮 더위가 여전했던 9월 초, 하늘이 담임선생님이 상기된 얼굴로 나를 찾아와 전날 국어 시간에 있었던 이야기를 해주었다. 모둠별로 역할극을 했는데, 하늘이가 자신의 역할 쪽지를 망설임 없이 큰 소리로 읽어서 반 아이들이 손뼉 치며 좋아해주었다고 했다. "하늘이도 한글을 읽게 되는군요. 너무 기특하고 신기해요." 선생님은 기뻐하면서 하늘이가 가능성을 보여주었으니, 자신도 아직 글을 읽지 못하는 다른 아이를 지도해보겠다고 말했다. "일대일 지도를 동의하지 않았던 부모를 설득해서라도 가르쳐보려는 용기를 얻게 되었어요." 하늘이 담임선생님의 다짐이 큰 보람과 감동으로 다가왔다.

하늘이는 아주 느리게 배웠지만, 신통방통하게 한글을 깨쳤다. 한글을 깨친 후에는 자연스럽게 수업에 참여하게 되었다. 읽고 쓰는 것이 되어야 수업에 참여할 수 있다는 것을 하늘이를 통해 다시 알게 되었다. 저학년 때 한글을 익히지 못하면 학습량이 급증하는 3학년 이후에는 더 큰 어려움을 겪을 것이다. 모든 아이들은 2학년을 마치기 전까지 한글을 깨치도록 해야 한다. 이를 가능하게 하는 방안이 학교마다 하루빨리 마련되면 좋겠다.

'한글 책임교육'을 위해 전담 교사가 필요하다

2015개정 국어과 교육과정은 '한글 책임교육'을 강조한다. 이 방침에 따르면 학교는 아이가 한글을 모르고 초등학교에 입학하더라도 책임지고 한글을 지도해야 한다. 그렇다면 '한글 교육'을 누가 책임져야 할까? 현재 대부분의 학교에서 입학과 동시에 담임교사에게 전적으로 책임을 지우고 있다.

우리는 1학년 담임교사의 어려움을 익히 알고 있다. 1학년 학생들은 생활 전반에 걸쳐 하나에서 열까지 매일 지속적이고 반복적인 교육이 필요한 시기이다. 유치원 생활을 했던 아이들도 규칙과 질서가 더 강조되는 초등학교 생활은 낯설고 어렵다. 1학년 담임교사는 처음으로 학교생활을 접하는 아이들에게 학교생활의 모든 것을 하나하나 가르쳐야 한다. 학생이 스무 명이면 학생의 부모님, 때로는 조부모님과도 지속적으로 대면해야 하는 경우가 많아 학생 수의 2~3배의 인원을 담임하는 느낌이라고 한다. 여기에다 1학년 담임교사에게 한글 교육의 책임도 더해졌다.

1학년 1학기에 초기 문자지도를 위해 국어과에 최소 51시간이 확보되어 있다. 자모음의 이름을 알거나 받침 없는 글자를 읽을 수 있는 학생에게는 이 시간이면 한글을 익히기에 무리가 없다. 그러나 한글을 전혀 알지 못한 채 입학한 학생에게는 턱없이 부족한 시간이다. 국어 교과서는 초기 문자지도 단원이 지나면 문장을 읽고 쓰도록 구성되어 있다. 따라서 한글을 해득하지 못하면 6월 무렵부터 수업에 참여하지 못하는 학생이 생기기 마련이다.

초기 문자지도 단원이 끝나도 한글을 알지 못하는 학생에게는 특별한 개인 지도가 필요하다. 그런데 학급에 있는 한글 미해득 학생들을 담임 혼자서 책임지기는 어렵다. 전체를 대상으로 이뤄지는 수업 시간 중에 개별 학생의 어려움을 다 해결할 수 없기 때문이다. 전년도 담임교사가 해결 못하면 다음 학년 담임교사에게로 책임이 넘겨진다. 교사들은 서로에게 미안한 마음이고 학생은 학교생활이 점점 더 힘들어진다.

전주에서 근무하는 11년 차 김 교사는 처음으로 1학년 담임이 되었다. 지금까지 학급 운영에 자신이 있었고 학생과 학부모와의 관계도 좋아서 교사로서의 삶에 만족하며 살아왔다. 그런데 1학년 담임이 된 후 매일 좌절감에 휩싸이게 되었다. 무엇보다도 한글을 전혀 모르는 아이를 전적으로 책임지고 가르쳐야 하는 것이 큰 부담이다. 한글은 쉬운 글자라 누구나 배우면 저절로 알게 되는 줄 알았다. 교대에서는 한글을 어떻게 지도해야 하는지 제대로 배운 적이 없었다. 한글을 다 아는 아이들과 전혀 모르는 아이들이 섞여 있는 교실에서 어떻게 가르쳐야 할지 막막하다. 본인 스스로도 한글 지도의 전문성이 부족하다고 느낀다.

고창에서 근무하는 25년 경력의 정 교사는 1학년 담임을 많이 했다. 그동안 본인의 지도로 한글을 해득한 학생들이 많기에 한글 지도에 자신이 있었다. 몇 년 전 육십 넘은 할머니 세 분이 늦깎이 학생으로 입학했을 때도 세 분 모두 한글을 읽고 쓸 수 있도록 지도했다. 그런데 올해는 지금까지와 전혀 다른 상황이 되었다. 23명의 학생 중에 9명이 다문화 가정 학생이고 6명은 전혀 한글을 모르는데 혼자서 이 학생들을 어떻게 지도할지 한숨만 나온다.

정읍으로 발령받아 2년째 근무 중인 이 교사는 4학년 담임이 되었다. 학급 전체 인원이 열 명인데 한글을 한 음절씩 띄엄띄엄 읽고 받침 글자를 전혀 읽지 못하는 학생이 한 명 있다. 이 학생은 수업 시간에 참여하지 않고 친구들과 어울리지도 못한다. 방과후에 일대일 지도를 하려고 해도 부모님은 관심이 없고 학생은 남으려고 하지 않는다. 몇 번 일대일 지도를 했으나 학생이 공부하기 싫다며 딴짓만 했다. 부모의 무관심과 학습 무기력감이 심한 학생을 가르치기가 너무나 어렵다.

〈초기문해력 실행 연수〉에서 만난 선생님들 사연이다. 전라북도에서는 2015년부터 현장 교사들을 지원하고자 〈초기문해력 실행 연수〉를 운영해왔다. 연수에 참여한 교사들은 아이를 어떻게 진단할지, 출발점을 어떻게 잡아야 하는지 등 한글 지도에 관한 전반적이고 기초적인 연수를 받았다. 그런 후 학급으로 돌아가 수업 시간뿐 아니라 방과후에 시간을 내어 어려움을 겪는 아이를 일대일로 지도했다. 연수 기간 내내 멘토 선생님 진행으로 서로의 사례를 나누면서 학생 지도의 어려움을 해결할 방법을 찾아나갔다. 3개월 정도 연수가 진행되면 놀랄 정도로 성장하는 아이들의 이야기가 해마다 나왔다.

연수에 참여했던 교사들이 가르쳤던 모든 학생이 눈에 띌 징도의 변화를 보인 건 아니었다. 이전보다 좋아진 학생도 있었지만, 앞으로도 노력과 연습이 필요한 학생도 있었다. 그러나 교사들의 성공 사례에서 중요한 점을 발견할 수 있었다.

첫째, 학생을 지도하는 시간과 횟수였다. 한 회기에 길게 지도하는 것보다 짧지만 자주 반복해서 지도하는 것이 효과가 있었다. 부진 학생 대부분은 배운 것을 쉽게 잊어버리곤 했다. 그래서 많은 것을 한 번에 가르치는 것보다 조금씩 자주 지도하는 것이 효과적이었다.

둘째, 학생을 정확하게 진단하고 필요한 도움을 줄 수 있는 교사의 전문성이 필요했다. 진단 도구를 활용하여 학생이 알고 있는 것과 모르는 것을 정확하게 파악하여 학생이 할 만하다고 여기는 적절한 자료를 제공했기에 효과가 있었다.

셋째, 한글 교육의 중요한 시기를 알 수 있었다. 3학년부터는 학습량이 급속하게 증가하는 시기이므로 2학년을 마치기 전까지는 읽기와 쓰기를 할 수 있어야 한다는 것이다.

그렇다면 1~2학년 학생들이 모두 한글을 깨치도록 한글 책임교육이 이루어지려면 어떻게 해야 할까? 전문성을 갖춘 교사가 학생을 정확하게 진단하고 매일 지속적으로 지도할 수 있어야 한다. 이런 이유로 현재 전남, 충북, 경북, 울산 등에서 기초학력 전담교사 제도가 시행되고 있다. 전북에서도 기초학력 보장을 위해 두리교사 제도를 운영하고 있다. 2020년에 전주지역 3개 학교에 처음 도입하였고, 현재는 6개교로 확대 운영하고 있다. 첫해인 2020년에 나는 두리교사였다. 전북형 두리교사제는 1~2학년 수업 시간에 두리교사와 담임교사가 협력하여 학급의 학생들을 지도하는 것이다. 작년에 두리교사를 하면서 혼자보다는 두 교사가 함께 수업 시간에 학생을 지도하기 때문에 도움을 요청한 학생들에게 더 많은 도움을 줄 수 있었다. 그러나 두 명의 교사가 수업을 함께 진행해도 여러 학생을 동시에 지도하기 때문에 부진 학생을 전적으로 도울 수 없었다. 결국 부진 학생은 방과후에 일대일로 지도해야만 했다.

해마다 학교에서는 기초학력 향상 지원 대책을 수립한다. 대부분의 학교에서는 진단검사로 지원 대상 학생이 정해지면 강사를 모집하여 맡기고 있다. 심지어 한글 미해득 학생도 저학년 담임교사가 혼자서 지도하기 어려운 현실적인 문제 때문에 외부 강사가 가르친다.

언어는 곧 삶이다. 아이가 학교에서 행동하고 살아가는 모든 것이 아이들의 언어 발달에 영향을 준다. 매일 보고, 함께 생활하는 교사의 언어와 행동이 아이에게 지대한 영향을 미친다. 이러한 점에서 한글 해득의 결정적인 시기인 초등학교 1학년 아이들에게 전문성을 갖춘 교사가 한글을 지도해야 함은 굳이 더 거론할 필요가 없다. 그러나 일대일 지도가 필요한 한글 미해득 학생을 담임교사에게 모두 맡길 수는 없다. 보살핌과 가르침이 더 필요한 아이를 일대일로 지도할 한글 지도 전담 교사제와 같은 정책이 필요한 이유다. 한글 교육은 공교육의 책임이다. 모든 아이가 제대로 읽고 쓰기를 배울 수 있도록 하루빨리 제도가 마련되면 좋겠다.

잘 까먹는 아이의 한글 깨치기 방법

하늘이와 이렇게 만났어요

구분	시기	횟수	활용한 자료
진단 검사	4.1(목)	1회	한글 해득 수준 진단 도구
	5.11(화)~5.12(수)	1회	K-CTONI-2
1학기	4.2(금)~7.20(화) 월~금, 주 5회	74회	찬찬한글 『한글이 그크끄』 손바닥 그림책 책 발자국 그림책 『읽기 자신감』 자석 글자, 음절 상자
2학기	8.30(월)~12.29(수) 월·수, 주 2회	30회	여러 가지 그림책 자석 글자 공책 라온

수십 번 반복하면서 소릿값을 익히고, 그림책 읽기를 쉬지 않았던 하늘이는 2학년을 마치기 전에 드디어 한글을 깨치게 되었다. 포기하지 않고 끝까지 행복한 웃음으로 함께했던 신통방통한 하늘이를 추억하면서, 하늘이가 한글을 깨칠 수 있었던 방법을 다시 정리해보았다.

첫째, 정확한 진단을 통해 아이의 상황을 파악해야 한다.

한글 해득 수준과 함께 가정상황, 학교생활 등을 알면 지도할 내용과 양을 조절할 수 있고, 알고 있는 것에서 배움을 확장시켜갈 수 있다.

둘째, 한글이 만들어진 원리대로 지도해야 한다.

자음자 '그 크 끄'를 묶어서 지도하면 '그' 소리를 알면 '크'와 '끄'를 동시에 배울 수 있어서 더 쉽게 기억할 수 있다.

셋째, 아이가 좋아하는 것을 활용해야 한다.

하늘이는 자음자가 생각나지 않거나 혼동되면 '자음 노래'를 부르면서 소리를 찾았다. 늘 흥얼거리며 노래를 좋아했던 하늘이에게 자음 노래는 재미있는 활동 중 하나였다. 아이가 좋아하는 것을 파악하여 활용하면 더 쉽게 익힐 수 있다.

넷째, 잊어버리기 전에 반복해야 한다.

공부 횟수가 중요하다. 하늘이를 매일 지도했던 것처럼, 한 번에 길게 지도하는 것보다 짧은 시간이라도 만나는 횟수를 늘리는 것이 더 효과적이다.

다섯째, 직접 보고 만지는 오감 활동을 제공해야 한다.

하늘이는 'ㄱ' 소리를 익히기 위해 혀의 위치를 그림으로 보고, 소리를 내보고, 자석 글자로 조작하는 활동을 했다. 몸으로 직접 해보는 활동은 더 잘 기억했다. 기억을 어려워하는 아이일수록 오감 활동 기회를 늘려주면 좋겠다.

여섯째, 가정과 연계 지도를 해야 한다.

형편에 따라 전혀 도울 수 없는 상황도 있을 수 있지만, 최대한 가능한 방법을 찾아야 한다. 하늘이 엄마는 함께하고 싶었지만, 방법을 모르고 있다가 나중에 적극적으로 한글 교육에 참여했다. 아이의 가정상황을 살펴서 함께할 방법을 찾아야 한다.

6장

편한 대로
읽고 쓰는 지안이

오현옥

모든 일에 적극적인 아이, 지안이

엄마, 아빠의 사랑을 듬뿍 받는 외동아들 지안이는 면 단위의 작은 초등학교에 다닌다. 학교 근처에서 사는 것은 아니고, 시내에 살면서 도시형 어울림 학교 정책으로 거리가 제법 먼 학교에 입학했다.

2학년이 된 지안이를 5월 초에 만나게 되었다. 새로 부임한 학교에 적응하느라 3, 4월이 빠르게 지나갔다. 어느 정도 적응을 마친 후 한글 수업을 해야겠다고 본격적으로 마음을 먹었고, 그래서 만난 아이가 지안이다.

1학년 때 지안이는 학급 친구가 딱 한 명 있었다고 했다. 이름이 시우인데 지안이는 시우와 함께 1학년 생활을 즐겁게 했단다. 1학년 때는 지안이와 시우 둘 다 글을 잘 읽지 못했는데 그나마 시우가 지안이보다 글을 더 잘 읽었다고 했다. 시우는 발음이 부정확하고 유아처럼 발음하는 경향이 있다. 시우의 유일한 친구였던 지안이도 시우와 똑같이 발음이 부정확하고 유아 발음이 남아 있었다.

지안이는 한글 읽기를 제외하고는 모든 활동에 적극적이다. 자전거도 제일 잘 타고 친구를 돕는 일에도 제일 먼저 나선다. 2학년이 된 지안이네 학급은 두 명에서 일곱 명으로 학생 수가 늘었는데, 지안이는 전학 온 다섯 명의 친구가 학교에 잘 적응할 수 있도록 적극적으로 도왔다. 그 와중에 시우를 챙기는 것도 잊지 않았다. 수업 중에 가끔 밖으로 나가는 시우에게 "지금 교실에 들어가면 이따 점심시간에 같이 놀아줄게."라며 교실로 데려오기도 했다.

2학년이 되면서 학생 수가 늘어나는 바람에 지안이의 교실에는 큰 변화가 생겼다. 2학년 일곱 명 중 지안이와 시우를 제외한 다섯 명 모두 한글을 유창하게 읽고 쓰는 아이들이었다. 그래서였을까? 시우와 생활한 1학년 때에는 수업 시간에 활발했던 지안이가 2학년이 되어서는 친구들 앞에서 한글을 거의 읽지도 쓰지도 않으며 선생님이 쓰라는 것만 간신히 따라 쓸 뿐이었다. 아마 이런 교실 분위기 때문에 글자를 배우는 일에 시큰둥했던 지안이가 나와의 한글 공부를 쉽게 받아들였을 거라는 생각이 든다.

주변의 한글 미해득 학생 대부분은 다문화 가정의 아이이거나 가정의 경제적 상황이 어려워 부모님이 교육에 무관심한 경우가 많았다. 하지만 지안이는 그동안 내가 만났던 아이 중 어떤 경우에도 해당하지 않았다. 가정의 경제적 상황도 괜찮았고, 누구보다 아이의 교육에 관심이 많은 부모님이었으며 게다가 외동이었다. 나중에 지안이 어머니와 잠시 대화를 하며 알게 된 사실인데 지안이가 어렸을 때 어머니가 직접 한글을 가르쳐봤는데 아이가 무척 싫어해서 그만두었다고 했다. 시간이 지나면 자연스럽게 한글을 알게 될 것이니 아이가 행복하고 즐겁게 생활하는 게 더 중요하지 않겠냐고도 했다. 과연 지안이 어머니 말처럼 한글을 조금 늦게 알아도 괜찮을까?

한글 수업의 출발은 아이로부터

개별적인 한글 공부가 필요하다고 느낀 나는 지안이에게 앞으로 한글 수업을 어떻게 할지 설명하면서 공부를 하고 싶은지 물었다. 지안이가 한글 공부를 하겠다고 해서 담임선생님을 통해 부모의 동의를 받았다.

가끔 주변 선생님들과 한글 미해득 학생 지도 이야기를 나누다 보면 몇몇 선생님들은 이 과정에 의문을 품곤 한다. 교사가 시간을 내어 따로 한글을 지도하는데 굳이 학부모와 학생의 동의를 받을 필요가 있는지 말이다. 학부모 동의는 그렇다 치더라도 학생에게까지 동의받아야 하냐며 의아해하기도 한다. 교사가 수업에 대한 동의를 구하는 상황은 아이에게도 어색한 모양이었다. 내가 수업을 함께할 것인지 아이에게 의견을 물으면 아이는 수업을 하겠다고 하면서도 좀 당황하는 경우가 많았다.

내 경험에 비추어보면 보충 수업을 진행할 때 아이에게 동의받는 것은 무척 중요한 과정이다. 따로 수업하는 것에 대해 동의를 하는 과정은 아이에게 수업에 대한 책임감을 갖게 해준다. 이 수업이 왜 필요한지, 이 수업을 통해 이루고자 하는 목표가 무엇인지, 그리고 언제까지 진행되는지 등의 구체적인 수업 계획은 아이에게 보충수업에 대한 분명한 목표 의식을 갖게 하고, 힘들 때 포기하지 않게 하는 데 큰 도움이 된다. 아이가 수업에 동의한다는 것은 '교사가 베푸는 수업'이 아니라 '아이 자신이 배움에 책임지는 수업'이 되는 첫 단추인 것이다.

아이의 동의를 받는 과정 외에도 중요한 것이 하나 더 있다. 한글 지도를 시작하기 전에 아이를 알아가는 시간을 충분히 가져야 한다는 점이다. 선생님 대부분은 한글 지도를 해야겠다고 마음을 먹으면 아이와 바로 한글 자모음 공부부터 시작한다. 나도 처음 한글수업을 할 때 그렇게 진행했었다. 하지만 『학교 속의 문맹자들』의 저자 엄훈 교수와 읽기 부진 실행 연수를 하면서 한글 해득 수업 전에 아이를 알아가는 과정이 무엇보다 우선되어야 하고 중요하다는 것을 깨닫게 되었다. 이 과정을 리딩 리커버리 프로그램Reading Recovery Program20)에서는 '아이 눈높이에 머무르기roaming around the known' 단계라고 말한다.

수업 전에 내가 가르칠 아이를 관찰하는 과정은 매우 중요하다. 리딩 리커버리 프로그램에서는 아이에게 맞는 수업을 디자인하기 위해서 처음 2주 동안 아이가 이미 할 줄 아는 것에 머무르라고 제안하고 있다. 이 기간에 교사는 아이가 한글을 얼마만큼 아는지, 무엇을 읽고 쓸 줄 아는지 관찰한다. 하지만 나는 이 프로그램에서 제안한 것을 좀 더 넓게 해석해서 아이가 알고 있는 글자뿐만 아니라 아이가 좋아하는 것, 아이의 관심사에 대해 알아보았고, 학습적으로나 심리적으로 아이가 어떤 상태에 있는지 관찰하기 시작했다.

그래서 지안이와의 첫 수업을 특별하게 마련했다. 첫 번째 한글 수업에 살짝 긴장한 지안이에게 밖으로 산책하러 나가자고 제안했다. 지안이가 운동장에서 노는 것을 무척 좋아한다고 담임선생님에게 미리 들었기 때문이다. 지안이는 활짝 웃으며 운동화를 챙겼다. 우리는 30분이 넘게 학교 건물이랑 운동장을 돌며 이런저런 이야기를 나누었다. 처음이라 어색

---

20) 리딩 리커버리 프로그램(Reading Recovery Program)은 1970년대 뉴질랜드 마리 클레이(Marie Clay) 교수에 의해 개발된 프로그램이다. 읽기 지도에 훈련된 교사가 읽기 부진 아동을 대상으로 하여 정규 수업 시간과 별개로 12주에서 20주 동안 매일 30분씩 집중적인 1:1 개별화 수업을 진행하는데 학생의 읽기 능력을 향상시켜 일반 수업에 적응할 수 있도록 돕는다.

해서인지 주로 내가 질문하고 지안이는 대답했다. 1학년 때 학교생활은 어땠는지, 학교 끝나고 무엇을 하며 지내는지 묻는 내 질문에 "몰라.", "안 알려줄 거야."라고 했다.

대화가 잘 이어지지 않아 지안이에 대한 질문을 멈추고 학교에 관해 물었다. 선생님은 이 학교가 처음이니 학교를 소개해달라고 했더니 지안이는 운동장과 강당, 텃밭을 소개해주었다. 2학년이 가꾼 감자밭을 둘러보고, 그 옆에 심어놓은 상추와 파도 보았다. 강당 쪽 담벼락에 가서는 달팽이가 몇 마리 붙어 있는지 함께 세어보았다. 이야기를 나누면서 좀 친근해졌다고 느껴졌는지 지안이는 아까 대답하지 않았던 질문에 하나씩 답하기 시작했다. 지안이는 치킨, 소고기, 펭귄을 좋아하고 브롤스타즈 게임을 좋아한다고 했다. 학교에서 배우는 검도를 매우 좋아하고, 자전거를 잘 탄다고도 했다. 학교 끝나면 놀이터에서 자전거를 탄다고 했다. 학교에서는 시우와 곤충 보러 다니는 것을 좋아한다고도 했다.

교실로 들어와 지안이가 좋아하는 '자전거'라는 글자만 써보고 수업을 마치자고 했다. 자석 글자를 책상 위에 꺼내 놓았지만, 지안이는 '자전거'라는 글자를 만들지 못했다. '자전거'에 해당하는 자음 4개와 모음 3개를 골라주고 글자를 만들어보라고 하자, 지안이는 '자'와 '거'를 만들고 남은 자모 글자로 '적'을 만들었다. '전'은 받침이 'ㄱ'이 아니라 'ㄴ'이라고 고쳐준 뒤 '자, 전, 거'라고 읽었다. 소리 내어 글자를 한 번 읽고 공책에 '자전거'를 써보게 하자 이내 맞게 잘 썼다.

'자전거' 말고 쓸 줄 아는 글자가 있냐고 물어보니 지안이가 자신 있게 '오이' 글자를 만들었다. 다음 시간에 오늘 배운 '자전거'라는 글자를 기억해서 오라고 말했다. 지안이와는 일주일에 세 번씩 만나서 두 번은 공부하고 한 번은 밖에 나가서 산책도 하고 같이 놀기로 약속했다. 지안이는 수업이 아주 재미있었다고 말했다. 그리고 또 오고 싶다고 했다. 다행스러웠다.

편한 대로 읽고 썼던 한글

조금씩 아이를 알아가며, 지안이가 부담스럽지 않게 한글 수업을 시작했다. 먼저 한글 진단 도구 검사로 수준을 알아보았는데, 지안이는 한글 자음과 모음, 받침 없는 글자는 제법 읽을 수 있었다. 하지만 받침이 있는 글자는 거의 읽지 못했다. 쓰기는 읽기보다 훨씬 수준이 낮아 한글 자모 쓰기도 헷갈렸다. 그래서인지 지안이는 수업 시간에 거의 쓰지 않고 친구들 앞에서 소리 내어 읽기도 싫어한다고 했다.

지안이가 한글 자모 이름을 알고 있고 일견 단어도 제법 가지고 있는 터라 그림책으로 한글 공부를 시작했다. 도서관에 가서 지안이가 좋아할 만한 주제의 재미난 그림책들을 몇 권 보여주었지만, 지안이는 몇 장을 들춰보더니 글밥이 많다고 생각되는 그림책은 바로 덮어버렸다. 그래서 글밥도 적고 받침 글자가 상대적으로 적은 '손바닥 그림책'을 한 권씩 읽기로 했다.

손바닥 그림책 2단계인 '가나다 그림책'을 보여주자 지안이는 무척 반가워했다. 1학년 때 담임선생님과 같이 읽었다고 했다. 그중 몇 권의 책은 내용을 이야기해주기도 했다. 나는 지안이에게 1학년 때를 생각하면서 함께 읽어보자고 제안했다. 손바닥 그림책 중에서 한 권을 선택해보라고 하자 지안이는 『개미와 강아지』를 골랐다. 그 책은 자기가 자신 있게 읽을 수 있다고 했다.

수업 시간에 읽을 책을 아이가 직접 고르는 활동은 매우 중요하다. 아이의 읽기 수준을 잘 파악한 선생님이 아이에게 맞는 책을 골라줄 수도 있지만 학습에 대한 책임감을 높여주기 위해서는 아이 스스로 읽고 싶은 책을 선택하게 해야 한다. 아이는 이 과정을 통해 수업을 선생님이 하자는대로 그냥 따라가는 것이 아니라 자신이 수업에 주도성을 갖고 있다고 느끼게 할 수 있다. 이러한 세심한 배려가 아이가 한글 수업을 지치지 않고 꾸준히 할 수 있는 힘이 된다.

『개미와 강아지』를 읽는 걸 보면서 나는 지안이가 글자들을 맘대로 읽는다는 것을 발견했다. '개미는 어디에 가는 걸까요?'를 '개미는 어디로 가는 걸까요?'로 글자를 바꿔 읽거나 '나누어 먹어요.'를 '누나가 먹어요.'로 순서를 바꾸어 읽었다. 『놀이터에서 놀아요』라는 책에서는 '너구리가 놀이터로 놀러 나왔어요.'를 '너구리가 놀이터로 놀러 왔어요.'라고 '나'를 빼고 읽는 경향을 보였다.

아이들이 글자를 읽을 때 빼거나 넣어서 읽는 이유는 무엇일까? 또 글자 순서는 왜 바꿔 읽는 걸까? 나는 지안이의 읽기 습관을 보면서 그 이유가 무척 궁금했다. 인터넷을 검색해보니 나와 같은 의문을 갖고 있는 교사와 학부모가 생각보다 많았다. 신기한 것은 이러한 현상이 글을 잘 읽지 못하는 지안이와 같은 아이뿐만 아니라 글을 제법 잘 읽는 아이들에게도 나타난다는 점이다. 이 궁금증을 가지고 여러 학술지를 검색했는데 아쉽게도 아이들의 읽기에 이러한 현상이 왜 나타나는지에 대한 이유를 정확하게 밝힌 것을 찾지 못했다. 단지 아이들이 글을 빠르게 읽고 싶어

하기 때문에 나타나는 현상이라고 추측할 뿐이었다.

하지만 여기에도 주의할 점이 있다. '놀러 나왔어요.'를 '놀러 왔어요.'처럼 글자를 빼거나 넣어 읽어도 글을 이해하는 데 문제가 없다면 다행이지만, '나누어 먹어요.'를 '누나가 먹어요.'처럼 글자의 순서를 바꿔 읽으면 글을 이해하는 데 어려움을 겪게 된다. 지안이의 읽기 정확성을 높이기 위해서 나는 지안이에게 당분간 손으로 짚어가며 읽도록 했다. 그리고 틀리게 읽을 때마다 글자 수가 정확한지, 읽은 글자가 맞는지를 확인하도록 했다.

교사: 제목이 뭐지?

지안: 자전거 좋아.

교사: 잘 봐봐. 여섯 글자인데? 하나씩 짚으며 읽어볼까?

지안: (손가락을 글자를 짚으며) 자전거가 좋아.

교사: 그렇지. '자전거가 좋아' 여섯 글자.

지안: (책장을 넘긴 뒤) 아주 작을 때.

교사: 어? 하나, 둘, 셋… 여섯. 이것도 여섯 글자인데? 다시 짚어가며 읽자.

지안: (한 글자씩 짚어가며) 아주 작았을 때.

교사: 그렇지. 아주 작았을 때.

지안: 세발자전거를 탔어.

(중략)

지안: 지금은 두발자전거를 탔어.

교사: 탔어?

지안: (글자를 다시 자세히 보며) 타지. 노래를 부르면서 자전거를 타요.

교사: 타?

지안: 탔어.

- 손바닥 그림책 『자전거가 좋아』를 읽으며 (6월 4일, 7회기)

일반적으로 글자를 손가락으로 짚어가며 읽는 것은 글을 유창하게 읽는 데 방해가 된다. 하지만 지안이처럼 글 읽기가 정확하지 않은 아이에게는 일정 기간 손으로 짚어가며 읽는 것이 정확도를 높이는 데 도움이 된다. 이후 지안이의 읽기 정확도가 높아지면서 나는 점차 손을 떼고 읽는 연습을 시켰다.

지안이의 읽기를 관찰하다 보니 글자를 빼거나 넣어 읽는 것 말고 또 다른 점이 발견되었다. 지안이는 발음이 부정확했다. 말소리의 발달은 주로 비음(ㅁ, ㄴ), 파열음(ㅃ, ㄸ, ㄲ, ㅂ, ㄷ, ㄱ, ㅍ, ㅌ, ㅋ), 파찰음(ㅉ, ㅈ, ㅊ), 유음(ㄹ), 마찰음(ㅅ, ㅆ)의 순서로 진행하는데, 지안이는 낱말 중간의 첫소리 'ㄹ'을 거의 발음하지 않았다. 예를 들어 '가려고'를 '가여고'로, '대롱대롱'을 '대웅대웅'으로 발음했다. 이러한 현상은 책을 읽을 때뿐만 아니라 대화할 때도 나타났는데 '강아지가 꼬리를 흔들었어'를 '강아지가 꼬이를 흔들었어'로, '머리가 아파'를 '머이가 아파'로 말했다.

지안이는 왜 여전히 그런 발음으로 말하고 있는 것일까 곰곰이 생각해봤다. 말문이 트인 직후 보통 아이들은 지안이처럼 'ㄹ' 발음을 잘하지 못해 꼬리를 '꼬이'로 말한다. 그럴 때 어른들은 발음을 교정해주기에 앞서 귀여워한다. 시간이 지나면서 아이들이 스스로 알아서 고치거나, 주변 어른들이 아이의 발음을 교정해주면 그제야 제대로 발음할 수 있게 된다. 어쩌면 할아버지, 할머니와 부모님의 사랑을 듬뿍 받은 지안이가 이렇게 말하는 것이 귀여워서 교정해주지 않았고, 그것이 굳어져 여전히 'ㄹ'을 'ㅇ'으로 발음하는지도 모를 일이다. 하지만 지안이의 이런 유아적 발음이 한글을 읽고 쓰는 데 부정적인 영향을 미치는 것만은 확실했다.

지안이는 모음과 받침 발음도 정확히 않아서 낱말을 계속 틀리게 썼다. 사실 지안이 입장에서는 발음한 대로 썼기 때문에 자기는 맞게 썼는데 선생님이 자꾸 틀렸다고 해서 억울할 수도 있겠다는 생각이 들었다. 그래서 더욱 쓰기를 싫어하고 두려워했을지도 모른다. 지안이는 '엄마'를 '음마'로, 고구마를 '구구마'로 썼다. 처음에는 단순히 글자를 몰라서 틀린 오류라고 생각했는데 오류들을 모아서 살펴보니 틀린 글자 대부분은 잘못된 발음에서 오는 것임을 알 수 있었다.

'끝말잇기'로 서로 낱말을 번갈아 쓰던 중 내가 쓴 '울면' 뒤에 지안이가 '면지'를 썼다. '면지'가 뭐냐고 물었더니 지안이는 나에게 이것도 모르냐며 너무나 자연스럽게 '먼지'로 읽었다. 또 한 번은 내가 '장병'을 썼더니 지안이가 다음 낱말로 '병기'를 썼다. 나는 전쟁이나 전투에서 사용하는 무기를 생각하며 이렇게 어려운 낱말을 어떻게 알고 있냐고 물었다. 지안이는 '병기'가 뭐가 어렵냐며 화장실에 있는 것이라고 말했다. 처음에 나는 지안이의 말을 이해하지 못했다. 화장실에서 사용하는 무기가 있었던가? 한참 후에 나는 지안이가 '변기'를 쓰고 싶었다는 것을 깨달았다. 나는 지안이에게 화장실에서 있는 것은 '변기'라고 글자를 적어준 뒤 '변기'를 여러 번 발음하면서 '병기'와 '변기' 발음을 연습했다. 지안이는 이렇게 자기가 알고 있는 대로 쓰고 읽고 있었다.

영어교육에서는 '변기'와 '병기' 같은 낱말을 'minimal pair(최소대립쌍)'이라고 한다. minimal pair란 낱말을 구성하는 나머지 요소는 같고 오

직 한 가지 요소만 다를 때, 이 낱말들을 일컫는 말이다. 예를 들어, 'fan'
과 'pan', 'boy'와 'toy' 등이 minimal pair이며, 한글에서는 '발, 팔'이나
'나방, 다방, 사방'이 있다. 이러한 최소대립쌍은 말소리에 음운적 차이가
있는지를 분석하기 위해 이용하는 것으로 영어교육에서는 파닉스^{phonics}를
공부할 때 연습하곤 한다. 나는 지안이가 발음 때문에 잘못 쓰는 낱말이
있을 때마다 함께 최소대립쌍을 적어보며 여러 번 발음하여 두 낱말의 발
음 차이를 정확하게 명시적으로 가르쳐주었다.

전반적으로 발음이 정확하지 않은 지안이를 어떻게 지도할지 고민하
는 나에게 함께 연구하던 수석 선생님이 '찬찬한글'을 권했다. 그림책으로
글자를 익히고 틀린 글자만 분절적으로 가르치기보다는 찬찬한글로 체계
적인 발음 지도를 해보면 어떻겠냐고 조언했다. 지금까지 내가 한글 읽기
를 가르쳤던 아이들은 발음에는 큰 문제가 없던 터라 찬찬한글을 활용해
본 경험이 없었다. 하지만 그날 이후로 찬찬한글을 사용하여 체계적으로
발음을 지도하게 되었다.

받침을 어떻게 가르치지?

한글 진단검사를 했을 때 지안이는 자음의 이름은 대부분 정확하게
알고 있었지만, 모음은 어려워했다. 낱말을 읽을 때에는 받침이 있는 낱말
은 대부분 읽지 못했다. 지안이가 읽었던 받침 있는 낱말도 받침의 소릿값
을 알고 읽기보다는 통글자로 익혀서 읽을 수 있는 낱말들이었다. 예를 들
어, 지안이는 『민들레는 민들레』(김장성 글, 오현경 그림, 이야기꽃, 2014)라는

그림책을 무척 빠르게 잘 읽었는데 1학년 때 담임선생님과 이 책을 읽었던 경험으로 '민들레'라는 글자를 통으로 읽었다.

지안이가 받침의 음가를 모르는 현상은 쓰기에서 더 많이 나타났다. 끝말잇기를 할 때 지안이가 낱말의 빈침을 쓰지 못하면 내가 어떤 받침이 들어갈 것 같냐고 물어보곤 했는데, 그때마다 받침소리와 전혀 상관없는 'ㅇ', 'ㄴ', 'ㄱ'을 번갈아 가며 대답했고, 가끔은 초성으로 나오는 자음을 그대로 받침으로 말하기도 했다. 자음 이름은 알고 있었지만, 자음과 소릿값은 전혀 연결 짓지 못했던 것이다.

교사: 'ㅂ' 들어간 받침 생각해볼까?

지안: 바나나.

교사: '바나나'에 'ㅂ'이 들어간 것은 맞아. 그런데 받침이 아니잖아. 뭐가 있을까?

지안: 모르겠어.

교사: 선생님이 하나 알려줄게. '지'에서 'ㅂ'을 놓으면 뭐가 될까?

지안: 집.

교사: (얼굴의 입을 가리키며) 이게 뭐지?

지안: 입.

교사: 그래, '입'을 써보자. (자석 글자를 놓으며) '이'를 쓰고. 받침이 뭐야? '읍' 소리가 나네.

지안: 이응. (눈치 보며) 리을.

교사: 응?

지안: 기역.

교사: ('이' 아래에 'ㄱ'을 놓으며) 이렇게 하면 무슨 글자야? '익'이지? '입'이 아닌데.

지안: (망설이며) 지읒?

교사: 지읒이 되면 '잊지마'의 '잊'이 되는데? '입'인데.

지안: (작은 소리로) 디귿…. 리을.

교사: 리을도 아닌데…. (자석 글자를 놓으며) '을'이 되잖아.

지안: 히읗.

- 『일곱 글자 받침 글자』 읽고 빈칸 채우기 (6월 23일, 12회기)

　수석 선생님의 조언대로 나는 찬찬한글의 대표 받침부터 가르치기 시작했다. 지안이가 자음 이름을 알고 있었기 때문에 찬찬한글에서 알려주는 대로 이름과 소릿값을 연결 지어 하나씩 가르쳐주었다. 예를 들어 'ㅁ(미음)은 받침에서 [음] 소리가 나요.', 'ㅂ(비읍)은 받침에서 [읍] 소리가 나요.'처럼 이름과 소릿값을 연결하여 반복해서 연습했다.

　찬찬한글에 나와 있는 대로 다 가르치려고 하다 보니 지안이가 지루해하고 힘들어했다. 특히 지안이는 읽기에서도, 쓰기에서도 양이 많은 것을 무척 부담스러워하는 데다가, 그림책으로 재미있게 수업하다가 찬찬한글로 수업을 하니 힘들어했다. 그래서 나는 찬찬한글 중 필요하다고 생각하는 부분을 조금씩 가르쳐주었고, 그 대신 자주 복습하도록 하였다. 지안이는 나름대로 잘 따라와주었고 대표 받침(ㅁ, ㅂ, ㅇ, ㄱ, ㄴ, ㄹ, ㄷ)과 복잡한 받침(ㅂ 받침 가족, ㄱ 받침 가족, ㄷ 받침 가족), 겹받침을 차례대로 모두 끝내게 되었다.

　받침 공부를 끝내고 난 뒤 다시 그림책 읽기에 들어갔다. 받침에 유의하면서 문장 쓰기도 시작했다. 찬찬한글로 공부하기 전에는 받침을 아무거나 찍어서 말하는 경향이 있었는데, 이후에는 두세 번 안에 맞는 받침을 말했다. 받침을 틀리게 읽을 때 그 받침을 넣어 글자를 읽어보라고 하면, 글자를 바르게 읽으며 지기가 틀렸나는 것을 스스로 깨닫기 시작했다. 받침이 틀렸을 때 다시 찬찬한글을 보거나 '받침 가족'을 생각하면서 고쳐보게 했다. 시간이 좀 걸렸지만 지안이는 마침내 받침을 읽고 쓰게 되었다.

(받침이 있는 '행복, 춥다, 솔방울, 잠자리, 돋보기'를 쓴 후)

교사: 여기에 받침이 있는데 네가 받침을 빼고 쓴 글자가 있어. 선생님이 다시 불러줄 테니까 잘 들어보고 찾아서 고쳐봐. 행복, 춥다, 솔방울, 잠자리.

지안: ('잠자리'를 가리키며) 이거?

교사: 잠자리. 자에다가 뭐 쓴다고?

지안: 니은?

교사: 그럼 '니은'을 써봐. 그리고 읽어봐.

지안: (니은을 쓰며) 잔.

교사: 이게 잠이야? '니은'은 '지안'이의 '은'자잖아. 그럼 네가 쓴 게 무슨 글자야?

지안: 잔?

교사: 그렇지. '잔'이야. 우리는 '잠'을 써야 하는데. 자~음, 음.

지안: 미음?

교사: ('자' 글자 아래를 가리키며) 여기다 써봐.

지안: ('ㅁ'을 쓴다)

교사: 자, 이제 읽어봐.

지안: 잠.

교사: 그래, 맞았어.

– 찬찬한글로 받침 글자 받아쓰기 (11월 24일, 33회기)

지안이를 가르치면서 한글을 지도하는 데는 한 가지 방법만 존재하는 것이 아니라는 것을 깨달았다. 아이가 수업에서 하는 활동을 잘 관찰하고 그 내용을 꼼꼼히 기록하면서 아이가 어떻게 성장하고 있는지, 어디에서 주춤거리고 있는지를 파악하는 것이 중요하다는 것도 알았다. 찬찬한글로 지도하면 아이가 지루해한다는 선입견이 있어 그림책으로만 아이를 지도해왔다. 하지만 발음이 부정확하고 받침을 잘 읽지 못하는 지안이를 위해 찬찬한글을 사용하여 부족한 부분을 메꾸고 나니 한글 읽기와 쓰기가 훨씬 수월해졌다. 아이를 잘 가르치기 위해서는 교사가 다양한 교수 방법을 잘 알고 아이에게 맞는 지도를 해야 한다는 가장 기본적인 점을 다시 생각해보게 되는 기회였다.

아이가 원하는 수업 vs 교사가 해야 하는 수업

수업에서 나는 항상 읽기와 쓰기를 함께 묶어서 가르쳤다. 읽은 것을 활용하여 쓰기를 하고, 쓴 것을 다시 읽었다. 지안이 이전에 한글을 가르칠 때 오로지 '읽기'에만 집중했던 때가 있었다. 우선 급한 대로 읽기를 먼저 가르쳐서 잘 읽게 된 이후에 쓰기를 가르치는 것이 맞다고 생각했다. 하지만 쓰기를 함께 하지 않은 읽기 수업은 한계가 있었고, 아이가 읽기를 배우는 속도가 많이 느렸다. 더 큰 문제는 아이가 어느 정도 읽기 시작한 후에 쓰기 수업을 하게 되자 글자나 문장 쓰기에 대한 저항이 생각보다 컸다는 점이다. 그래서 지안이와의 수업에서는 항상 읽기와 쓰기를 같이 했다.

아이가 아는 것에서부터 출발해야 한다는 생각에서 쓰기 수업은 '끝말잇기'로 시작했다. 지안이가 아는 낱말들이 무엇인지 궁금했고, 알고 있는 낱말들을 어떻게 쓰는지도 궁금했다. 사실 끝말잇기 쓰기 수업은 내가 의도했다기보다는 우연히 시작되었다. 첫 수업에서 지안이는 '자전거'라는 낱말을 쓰지 못한 게 아쉬웠는지 혼자서 자석 글자로 '오이'를 만들었다. '이'자로 시작하는 낱말이 뭐가 있는지 물었더니 '이빨'이라고 대답했다. '빨'자를 함께 만들며 지안이가 'ㅂ'과 'ㅍ'을 헷갈린다는 것을 알게 되었고, 이후 '빨래', '레몬', '몬스터'를 이어서 자석 글자로 써보았다.

> 지안: ('자전거'를 쓴 후 다시 사석 글자를 만지작거린다) 이거 써요.
>
> 교사: 뭐 쓰려고? 뭘 하고 싶은데? (아이가 'ㅇ'자를 집길래) 선생님 이름 써주려고?
>
> 지안: (고개를 흔든다)
>
> 교사: 아니야?
>
> 지안: ('오'자를 만든다)
>
> 교사: 오. 무슨 글자 만들고 싶어? 오리?
>
> 지안: (자석 글자를 만지작거리며) 이응이 어딨지?

교사: 뭐 찾아?

지안: ('ㅇ'을 찾으며) 여깄네.

교사: 이응이 거기 있네. 아, 궁금해.

지안: 이거요.

교사: 아! 오이. 오이를 좋아해? 그러면 선생님이랑 이거 해보자. 너는 '오이'를 좋아해. 나는 이…. 이….

지안: 이빨.

교사: 이빨 할까?

지안: 응.

교사: 그래. 그럼 내가 이빨 만들어줄게. 맞나 봐. 선생님이 만들고 지안이가 맞나 확인해주세요. 글자 하나가 더 있어야 하는데 찾아줄래? 비읍? 비읍을 못 찾겠어요.

지안: (피읖을 집어줌)

교사: 피읖 말고 비읍. 좀 찾아주세요.

지안: (비읍을 집어주며) 여기 있어.

교사: 오, 맞네. 자, 이빨. 이거 맞나 봐주세요. 이거 맞아요?

지안: 응.

교사: 맞아요? 그럼 '빨'자로 시작하는 단어 만들어봐. 뭐 할래? 빨….

지안: 빨래.

- 끝말잇기 쓰기 (5월 12일, 1회기)

이후 수업은 지난 시간 읽었던 손바닥 그림책을 다시 한번 읽고, 새로운 그림책 중 읽고 싶은 책을 골라 읽고, 끝말잇기 쓰기로 진행되었다.

끝말잇기는 아이가 먼저 쓰고 싶은 낱말을 적으면 내가 이어서 적고, 다시 아이가 적는 방식으로 진행되었다. 13회기까지 이러한 방식으로 진행했는데, 10회기부터 자연스럽게 문장 쓰기로 넘어가려고 했으나 지안이가 무척 싫어해서 끝말잇기 쓰기를 계속했다.

나는 끝말잇기를 어느 정도 진행한 후에 문장 쓰기로 넘어가려고 했다. 끝말잇기 쓰기의 한계점을 발견했기 때문이었다. 사실 끝말잇기는 아이가 알고 있고, 쓸 줄 아는 낱말로만 진행할 수밖에 없다. 그래서 받침 없는 글자들이 많았고, 받침이 있더라도 'ㅇ, ㄴ, ㄹ' 정도에서 계속 반복되었다. 물론, 이후에는 의도적으로 다양한 받침이 있는 낱말을 적어주었으나 아이가 계속 쓸 수 있도록 배려하는 끝말잇기의 특성상 겹받침이나 복잡한 받침은 사용하기가 어려웠다.

지안이와의 쓰기 수업을 하면서 마음속 갈등이 생겼다. '아이가 원하

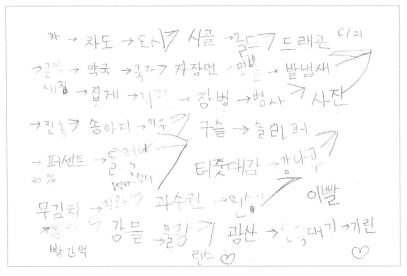

6월 21일 끝말잇기 쓰기

는 수업'과 '교사가 해야 하는 수업' 사이에서. 문장을 쓰지 않으려고 고집하는 아이에게 끝말잇기를 통해 낱말 쓰기라도 하는 것이 더 낫겠다고 생각하고 있었고, 혹시나 내가 강하게 문장 쓰기를 요구하면 아이가 수업에 오지 않을까 봐 걱정도 되었다. 함께 연구하는 선생님 중에는 교사가 원하는, 그리고 해야 하는 것을 잘 이끌어가는 선생님도 있었지만, 내 성격은 그렇지 못해서 아이에게 휘둘리는 경향이 있다. 나는 대체로 맺고 끊음이 정확한 편인데 한글을 읽지 못해 힘들어하는 아이에게만큼은 마음이 약해져 아이가 원하는 대로 해주곤 했다. 한글 지도 수업에서 아이와의 관계가 매우 중요하다고 생각하는 내 철학도 한몫한듯싶다.

읽기 연구모임에서 나의 이러한 점을 지적받았고, 아이의 성장을 위해서는 교사가 단호해질 필요가 있다는 충고를 들었다. 아이가 원하는 대로만 수업을 진행한다면 수업에는 꾸준히 참여하겠지만 아이는 더 이상 성장하지 못할 것이고, 그건 아이를 위해서도, 교사를 위해서도 옳지 않은 일이라는 생각이 비로소 들었다.

나는 동료 선생님들의 조언을 받아들여 용기를 내어 아이에게 문장 쓰기를 하겠다고 했다. 그리고 왜 문장 쓰기가 필요한지 설명도 해주었다.

라온으로 쓴 끝말잇기

하루 한 문장 쓰기

걸을 수 있으면 뛸 수도 있어야 한다고, 이제는 끝말잇기를 했던 낱말들을 가지고 문장을 쓸 수 있는 정도의 실력이 되었다고 응원해주었다. 아이가 쓰지 않겠다고 말하면 어떻게 하나하고 긴장했던 내 마음과 달리 아이는 순순히 문장 쓰기를 시작했다.

문장 쓰기 어렵지 않아

한글 지도 선생님들이 가장 두려워하는 방학이 시작되었다. 나는 많은 고민 끝에 지안이 엄마에게 전화를 걸었다. 1학기에 손바닥 그림책 3세트를 다 읽었으니 그동안 읽었던 손바닥 그림책을 하루에 한 권씩 복습해서 읽게 해달라고 말했다. 읽은 그림책에서 한 문장씩 써보는 연습도 시켜달라고 했다. 지금까지 아이가 익혔던 것이 수포가 되지 않게 해달라고 당부했다.

방학 때 지안이가 '섬에서 한 달 살기'를 하러 가는 바람에 개학날보다 며칠 늦게 학교에 나오게 됐다. 지안이가 학교에 온 날, 설레는 마음으로 지안이를 만났다. 행여나 방학 전에 배운 내용을 잊어버리지는 않았는지, 부탁했던 읽기 숙제는 잘해 왔는지 무척 궁금했다. 얼굴이 새까맣게 탄 지안이는 멀리서 나를 보며 뛰어와 안겼다. 나도 지안이를 꼭 안아주었다. 우리는 한참 동안 신나게 방학 기간에 있었던 이야기를 나누었다.

드디어 지안이가 손바닥 그림책과 공책을 꺼냈다. 나는 떨리는 마음으로 지안이의 공책을 펴보았다. "우와! 이렇게나 많이 썼어?" 감탄하는 나를 지안이는 뿌듯한 표정으로 쳐다보았다. 기대 이상으로 빽빽하게 문장들을 필사한 것이 공책 15쪽 분량이나 되었다. 자세히 살펴보니 하루에 두 문장 정도를 정성 들여 쓴 것 같았다. "저, 공부 많이 했어요."라고 자

2학기에 지안이가 쓴 문장

날짜	문장
9월 24일	선생님을 만나서 기쁘다. 지안이는 놀 거야. 재미있게 놀 거야. 끝.
9월 27일	도토리나무 왕 도토리 지안이랑 다음 시간에 공부하자.
9월 29일	*** 선생님은 당근을 먹는다.
10월 6일	지안이랑 같이 놀았다.
10월 15일	아침에 친구들이랑 술래잡기하고 놀았다.
(중략)	
11월 15일	빨간 크레파스가 어디 갔어?
11월 22일	나는 금요일에 산을 만들었다.
11월 24일	연극 시간에 슈퍼거북을 배웠다.
11월 29일	배고파요. 오늘 점심이 뭘까요?
12월 2일	나는 치킨을 좋아하고 피자를 싫어한다.

랑하는 지안이의 머리를 말없이 쓰다듬었다.

방학 이후 지안이는 한글 해득 수업에서 놀라운 성장을 보여주었다. 문장 쓰기를 싫어해서 쓰기를 시킬 때마다 눈치가 보였는데, 개학한 후에는 문장 쓰기를 제법 잘했다. 담임선생님도 지안이가 수업 시간에 자기 소개하는 글을 몇 문장이나 썼다면서 쓰기 실력이 좋아졌다고 말했다. 지안이에게 담임선생님의 칭찬을 전해주면서 이제 수업할 때마다 한 문장씩 적어보자고 했다. 방학 전에는 내가 무엇을 쓸 것인지 정해주었는데, 쓰기에 자신감이 생겨서인지 내가 불러주는 문장보다는 자기가 스스로 문장을 써보겠다며 하나씩 써 내려갔다.

문장 쓰기가 익숙해지니 한글 실력 향상이 속도를 내기 시작했다. 자신의 한글 실력이 많이 향상되었음을 스스로 느끼는지 지안이는 글밥이 많은 새로운 그림책을 고르는 데도 거리낌이 없었다.

어휘의 마태효과

지안이와의 한글 수업은 손바닥 그림책을 읽고 끝말잇기 쓰기를 하고, 찬찬한글로 받침 공부를 하는 방식으로 진행되었다. 하지만 언제까지나 한글 수업만 하며 지낼 수는 없었다. 나는 지안이가 하루빨리 일반 수업에 적응할 수 있도록 돕고 싶었다.

한글 해득이 늦어지면서 아이들이 겪게 되는 문제 중 하나가 '어휘' 학습이다. 어찌어찌하여 한글을 해득하고 교과서를 읽는다고 하더라도 무슨 뜻인지 모르는 경우가 많다. '해독^{解讀}'이 되었다고 '독해^{讀解}'를 잘할 수 있는 것은 아니다. 그래서 한글을 어느 정도 읽게 되면 아이의 어휘 학습을 집중적으로 도와야 한다. 대개는 어렸을 때 엄마가 그림책을 읽어주면서 아이는 어휘를 자연스럽게 익히게 되고, 입학 후에는 교과서나 담임선생님이 수업 시간에 읽어주는 책들을 통해서 어휘를 확장하게 된다. 하지만 글을 잘 읽지 못하는 아이는 이 과정에서 어휘보다는 글자를 읽는 데 자신의 에너지를 다 써버리기 때문에 글을 이해하는 데에 어려움을 겪는다.

로버트 킹 머튼_{Robert King Merton}은 미국의 사회 경제 분야의 불평등을 성경의 마태복음 구절을 인용하여 설명하면서 이를 '마태효과'라고 하였다. 가진 자는 더욱 많이 가지게 되고 없는 자는 더욱 빈곤해진다는 이

'마태효과'는 사회 경제 분야뿐만 아니라 교육에도 적용된다. 그중 교사들이 가장 많이 체감하는 것은 바로 '어휘의 마태효과'이다.

'어휘의 마태효과'는 현재 아는 어휘가 많으면 그 어휘들을 바탕으로 새로운 어휘를 습득하게 되고, 이와 반대로 아는 어휘가 적으면 미래에도 아는 어휘가 적다는 것이다. 지안이처럼 한글 해득이 느린 학생들은 글을 읽을 때 글자 하나하나를 신경 써서 읽느라 어휘를 학습할 기회가 줄어들고, 이는 읽고 있는 글을 이해하지 못하는 결과로 이어진다.

지안이를 가르치면서 나도 어휘의 마태효과를 경험했다. 2학기 이후 지안이는 글자를 제법 잘 읽게 되었지만, 글을 읽고 나서 이야기의 줄거리를 물어보면 대답을 잘하지 못했다. 그래서, 나는 지안이와 저학년 친구들이 즐겨 읽는 그림책을 골라 한 권씩 읽기 시작했다. 책을 읽으면서 낱말의 뜻을 물어보면 지안이는 잘 모르겠다고 대답할 때가 많았다. 그때마다 나는 지안이에게 낱말의 뜻을 쉬운 말로 풀어서 가르쳐주었다. 그러면서 글을 잘 읽는 친구들이 하는 방식으로 낱말의 뜻을 유추해보도록 연습하는 것도 게을리하지 않았다.

지안: (책을 읽으며) 머리카락이 점점 자라니까 머리카락 공장이기도 해.

교사: 또?

지안: (책을 읽으며) 양말에 금세 구멍이 나니까.

교사: '금세'가 뭐야?

지안: 구멍?

교사: 응? (강조하며) 금세 구멍이 난다니까 '금세'가 뭐일 것 같아?

지안: 빨리 난다고.

교사: 그렇지. 그 말이야. 빨리 구멍이 나니까.

지안: 양말에 금세 구멍이 나니까 '양말 구멍 뿡뿡 기계'.

— 『이게 정말 나일까?』 읽기 활동 중 낱말 뜻 유추해보기 (12월 8일, 37회기)

처음에 이 과정을 부담스러워하며 잘 모르겠다고만 하다가, 지안이가 알 것 같은 낱말들을 물어보며 뜻을 생각해보는 과정을 진행하자 제법 잘 유추해냈다. 몇 번의 성공 경험 때문이었을까? 지안이는 새로운 그림책을 읽다가 "선생님, 이건 무슨 뜻이에요?"라며 낱말의 뜻을 먼저 묻기 시작했다. 지안이는 대부분의 수업 시간에 질문을 거의 하지 않았다. 내가 물어보는 말에 '모른다', '안 알려준다'라는 말을 반복했었는데 이 무렵부터 자신이 모르는 것을 질문하기 시작했다.

내 경험으로 미루어 볼 때 '아이로부터 나온 질문'만큼 중요한 게 없다. 잘 모르는 아이들은 자신이 무엇을 모르는지조차 모르기 때문에, 질문하지 않는다. 질문을 하지 않는다기보다 못한다고 보아야 맞다. 그런데 무엇인가를 알아가는 과정에 있는 아이들은 더 알고 싶은 마음이 일어나고 그러면 저절로 질문을 하게 된다. 지안이의 경우 '모른다'와 모르는 것을 드러내고 싶지 않은 마음을 담아 '안 알려준다'라고 하다가 38회기가 되어서야 더 알고 싶은 마음이 일어나 처음으로 질문을 했다.

이후로 지안이는 잘 모르는 낱말을 스스럼없이 물어보았고, 그때마다 나는 바로 대답해주는 대신에 그림이나 앞뒤 문맥을 생각하며 낱말의 뜻을 유추해보게 했다. 지안이가 유추해낸 뜻이 틀렸을 때는 그 낱말과 비슷한 말을 예로 들어주거나 그 낱말이 들어간 문장을 말해주며 그 뜻을 알게 했다. 이런 수업을 통해 지안이도 제법 '가진 자'가 되었다.

224 | 말글 공부

한글 해득! 지안아 대견하다

한글 수업을 시작한 지 7개월 만에 지안이는 글을 제법 잘 읽게 되었고, 쓰고자 하는 문장도 잘 썼다. 나는 지안이가 얼마나 성장했는지를 알고 싶었다. 담임선생님께서 지안이의 국어 실력이 많이 좋아졌다고 말했지만, 객관적으로 지안이의 실력을 확인하고 싶었다. 때마침, 교육청에서 학년말 한글 해득 검사를 하라는 공문이 왔다.

한글 해득 검사를 하는 동안 지안이보다 내가 더 떨렸다. 수업하면서 내가 느꼈던 만큼 지안이가 정말 성장했을까 무척 궁금했다. 결과는 한글 해득! 지안아, 결국 우리가 해냈구나!

검사 결과를 가지고 지안이와 이야기를 나누었다. 그동안 얼마나 노력했는지, 얼마나 성장했는지 이야기하고 칭찬도 많이 해주었다. 1학년 때 담임선생님은 물론 2학년 담임선생님도 지안이를 칭찬했다. 지안이는 이제 교실 수업에서도 쓰기를 많이 힘들어하지 않는다고 했다. 다만, 담임교사가 아닌 다른 선생님이 수업에 들어오면 쓰기 활동이 많이 위축된다고

가형	90 보충	100 도달	89 도달	88 도달	100 도달	100 도달	86 도달	67 보충	33 미도달	17 미도달	42 미도달	60 보충
나형	100 도달	100 도달	100 도달	100 도달	100 도달	100 도달	100 도달	100 도달	100 도달	67 보충	67 미도달	100 도달

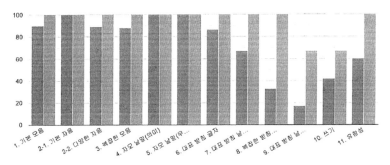

한글 또바또박 분석 결과 - 가형 7월 20일, 나형 12월 16일

했다. 이 부분은 앞으로 지안이가 해결해야 할 과제인 것 같다.

한글을 늦게 배워도 정말 괜찮을까?

한글 해득 지도를 해온 지도 벌써 7년째로 접어든다. 아이들이 한글을 깨치지 못하는 이유는 매우 다양하지만 내가 가르친 아이들은 가정에서 한글 해득에 관심 두지 않은 경우가 대부분이었다. 값비싼 영어유치원을 보내며 영어 학습에 방해가 될까 봐 한글을 일부러 지도하지 않은 경우도 있고, 생계를 꾸리느라 바빠 한글 지도에 신경 쓰지 못한 가정도 있었다. 그런가 하면 지안이 부모님처럼 '언젠가는 한글을 깨치겠지.' 하고 느긋하게 생각하며 지내는 경우도 있었다.

'한글은 학교에서 배워도 늦지 않다'는 관점으로 공교육의 한글 책임교육이 강조되면서 가정에서도 아이들의 한글 교육을 학교에 의지하는 경우가 많아졌다. 학교에서도 이러한 사회의 전반적인 분위기가 반영되어 1학년 1학기에는 아이들이 알림장을 쓰지 않고, 빈아쓰기 시험노 보지 않는다. 국어 시간 중 한글을 배우는 시간도 늘려서 아이들이 학교에서 글을 배우는 데 어려움이 없도록 지원도 해주고 있다. 나는 이러한 한글 책임교육이 매우 바람직하다고 생각한다. 분명 아이들의 한글 교육은 학교에서 책임지는 것이 맞다.

다만, 아이들의 능력이 각자 다르다는 점을 생각해볼 때, 학교의 국어 수업만으로는 한글 해득이 어려운 아이들도 있다는 점을 인지해야 한다. 그러한 아이들을 위해 교사들은 따로 시간을 내어 지도하기도 하고,

상황이 여의찮을 때는 가정에 도움을 요청하기도 한다. 아이가 한글을 배우는 데에 학교와 가정 모두 관심을 가지고 함께해야 한다.

　많은 학부모와 교사가 생각하듯 시간이 지나면 아이들 대부분은 한글을 깨치게 된다. 그러나 교사로서 내가 가장 우려하는 부분은 '마태효과'이다. 한글을 일찍 깨우친 아이일수록 책을 많이 읽어 세상에 대해서 아는 것이 많아지고, 학교에서도 잘 적응할 수 있다. 반대로 한글을 늦게 깨우치면 그 기간만큼 어휘나 이해력 등이 뒤처지게 되고 이것은 고스란히 기초학력 부진으로 이어진다. 그렇다고 사교육 시장에서 말하는 한글 조기교육을 주장하는 것은 아니다. 다만, 적어도 초등학교 1학년 시기에는 아이가 한글을 깨칠 수 있도록 학교와 가정 모두가 관심을 가지고 지도해야 한다는 것을 다시 한번 말하고 싶다.

　지안이는 2학년이 되어서도 한글을 읽고 쓰지 못해, 일상생활을 하면서 기본적으로 알아야 할 어휘나 지식을 놓치는 경우가 많았다. 어휘나 이해력이 부족하면 수업 시간에도 선생님 말씀을 이해하지 못하고, 친구들과의 대화에서도 자신감을 잃어버리게 된다. 이러한 부분은 고학년으로 갈수록 친구 관계 형성에도 영향을 미치게 된다. 지안이가 한글을 읽고 쓰는 것이 자유로워진 후 선생님에게 질문도 하고 수업에서 자신감을 되찾아가는 과정은 교사인 나에게 많은 생각거리를 안겨주었다.

　'학교에 다니면 언젠가는 한글을 깨치겠지.'라고 생각하는 부모님이나, '저학년 때에는 아이가 행복하고 즐거운 학교생활만 하면 된다.'라는 부모의 바람과는 달리 아이는 한글 미해득으로 인해 생각보다 힘든 학교생활을 하게 된다. 한글을 너무 일찍 가르칠 필요는 없지만, '언젠가는 알게 되겠지.' 하고 마냥 기다리면 안 되는 이유가 바로 여기에 있다.

그림책으로 한글 지도하기

어떤 그림책이 한글 지도에 적합할까?

처음에 그림책으로 한글을 가르치려고 할 때 글밥이 적으면 한글 미해득 아이들에게 적합하다고 생각한 적이 있었다. 하지만 아이를 가르치면서 글밥이 적은 그림책이 꼭 좋지만은 않다는 사실을 깨닫게 되었다. 글밥이 매우 적은 유아용 그림책을 살펴보면 읽기 꽤 까다로운 의성어, 의태어가 많이 나오는데, 이러한 책은 한글 미해득 아이들이 읽기 좋은 책은 아니다. (곰곰이 생각해보면 유아용 그림책은 '유아'가 읽기보다는 '부모'가 읽어준다)

그럼 어떤 그림책이 한글 지도에 적합할까? 우선 가르치고자 하는 아이가 관심 있어 하는 주제가 담긴 책이 좋다. 아이가 토끼를 좋아하면 『오리야? 토끼야?』(에이미 크루즈 로젠탈 지음, 아이맘, 2010) 같은 책이 좋다. 그림책에 나온 낱말이 아이가 읽기에 너무 어렵지 않은지도 살펴봐야 한다. 아이가 읽지 못하는 낱말이 10%가 넘으면 그 책은 아이의 수준에 맞지 않으므로 읽기 능력이 어느 정도 향상된 뒤에 읽도록 한다.

그림책을 활용할 땐 이렇게

첫째, 아이 수준에 맞는 그림책을 두세 권 정도 선정하여 책상 위에 올려놓은 후, 아이가 읽고 싶은 책을 직접 고르게 한다. 이는 아이의 수업 주도성을 높여 적극적으로 참여하게 하는 원동력이 된다.

둘째, 읽은 그림책은 주기적으로 반복해서 다시 읽게 한다. 한 권을 완벽하게 읽도록 지도하는 경우가 있는데 이는 아이의 수업 흥미도를 떨어뜨릴 가능성이 크다. 조금 틀리더라도 한 권을 읽어냈을 때 칭찬해주고 주기적으로 반복해서 읽게 하는 것이 더 효과적이다.

셋째, 읽기 유창성을 위해 읽을 때 틀린 부분이 있더라도 글 읽기를 멈추지 않는다. 처음 두어 번은 정확성을 위해 틀린 부분을 고쳐가며 읽지만, 어느 정도 익숙해져서 유창하게 읽는 연습을 할 때는 아이가 글을 읽는 동안 되도록 수정하지 않고 옆에서 틀린 부분을 기록해 둔 뒤 나중에 이야기해준다.

마지막으로 책을 읽을 때 나오는 어려운 낱말은 그 뜻을 바로 알려주기보다 그림이나 앞뒤 문맥을 통해 최대한 유추할 수 있는 기회를 준다. 이는 아이가 한글 해득뿐만 아니라 향후 '자기 주도적 읽기'가 가능하도록 도와준다.

그림책만이 답이 아니었다

그림책은 한글 해득에 참 좋은 자료지만 활용할 때 유의해야 할 점이 있다. 지안이는 그림책을 무척 좋아했다. 그동안 나도 그림책을 한글 수업에 활용했기 때문에 지안이도 그림책으로 수업했다. 그러나 지안이의 받침 있는 글자 읽기 실력은 전혀 나아지지 않고 제자리에서 맴돌았다. 그림책만으로 하는 수업이 문제가 있음을 알고 다른 교재를 사용하고 난 후에야 받침 글자 읽기에 진전이 있었다. 동료 선생님의 조언으로 '찬찬한글'을 활용하여 체계적으로 받침을 공부하고, 『일곱 빛깔 받침 글자』로 꼼꼼히 지도한 후에 지안이의 한글 실력은 급격하게 성장했다.

한글 미해득 학생을 가르칠 때 한 가지 방법에만 의존하지 말고 아이에게 맞는 방법을 모색하면 좋다. 아이마다 가지고 있는 특성이 모두 다르니, 교사가 마음을 열고 다양한 방법을 활용하여 가르치면 아이도, 교사도 성장하는 기쁨을 누릴 것이다.

7장

6학년 준영이의
문해 수업

홍인재
·········

더 공부하고 싶은 아이, 준영이

새 학기가 시작된 3월 어느 날이었다. 3층으로 올라가기 위해 계단을 오르고 있는데 '충성!' 하고 외치는 소리가 들렸다. 꼿꼿한 자세로 손을 이마에 대고 인사하는 준영이의 반짝거리는 눈과 마주쳤다. 나는 웃으며 물었다.

"그런데 준영이는 나한테 뭘 충성하려고?"

내 물음이 뜻밖이었는지 준영이의 부동자세가 흐트러졌다. 우물쭈물 대답을 못 하는 준영이에게 다가가 물었다.

"준영아, 선생님이랑 공부 좀 해볼래?"

그날 왜 갑자기 그 말이 그 자리에서 튀어나왔는지 모르겠다. 눈망울의 반짝거림 때문이었을까, 또랑또랑한 목소리 때문이었을까. 운동도 잘하고 늘 명랑하고 즐거운 것 같은 그 아이의 학교생활 이면을 알고 있어서였을까.

준영이는 6학년 남자아이다. 내가 그 아이를 처음 만난 것은 2019년 12월이었다. 그때 준영이는 4학년이었고, 겨울방학을 앞두고 있었다. 담임 선생님 부탁으로 실시한 읽기 검사가 고리가 되어 준영이는 기초학력 방학 캠프에서 일주일 동안 읽고 쓰기를 공부했다. 준영이는 기대한 것보다 훨씬 더 열심히 공부했다. 그리고 마지막 날 일주일을 함께 보낸 선생님에게 이런 말을 남겼다.

"선생님이 조금 더 가르쳐주면 안 돼요?"

조금 더 가르쳐달라던 준영이의 말이 내내 마음에 걸려서 그 후로 나는 준영이와 함께 공부할 시간을 마련해보려고 했다. 그런데 5학년이 된 2020년에 코로나 사태가 터지면서 석 달 넘게 학교는 문을 닫았고, 그 이후로도 문 여닫기를 반복하는 바람에 1년을 어영부영 보내고 말았다. 그런 안타까움 때문에 그날 나도 모르게 같이 공부하자는 말이 튀어나왔는지 모른다.

한 치의 망설임도 없이 공부하겠다고 대답한 준영이와 나는 3월 말부터 7월 초까지 일주일에 서너 번씩 만났다. 읽고, 쓰고, 말하기를 공부하는 동안 나는 준영이의 어린 시절 이야기도 조금씩 듣게 되었다.

준영이는 언어 습득의 첫 단추이자 이후 언어생활에 중대한 영향을 미치는 생후 3년의 시간을 잘 보낸 것 같지는 않다. 읽고 쓰기를 비롯한 전반적인 언어 능력이 떨어지는 아이들 대부분이 그러하듯 준영이도 취학 이전에 부모와의 상호작용이 매우 부족했을 거라는 점을 아이와 대화하면서 쉽게 짐작할 수 있었다.

준영이는 홍시를 먹어본 적이 없는 아이다. 그러니 당연히 맛을 모른다. 이런 경험 부족이 어휘 빈곤으로 이어져 낱말의 뜻을 모르거나 엉뚱하게 해석하는 때도 부지기수였다. 책을 읽혀보면 틀리게 읽는 부분이 있고, 빠르게 읽다가도 멈칫거리며 한 글자씩 읽는 부분도 있지만, 글을 아예 못 읽는 수준은 아니었다. 단답형의 물음 정도는 쉽게 대답하고 전체적인 흐름을 물어보면 대강의 내용을 파악하고 있기도 했다.

읽기 검사를 하는 날 준영이는 국어가 가장 어렵고, 그래서 싫다고 했다. 그 또래 남자아이들이 흔히 그러듯 체육을 좋아하지만, 자신 있는 과목은 수학이라고 했다. 실제로 수학은 제법 잘하여 선생님에게 칭찬을 듣고, 단원평가 점수도 꽤 좋았다. 학습에 약간의 어려움을 가진 것 같은, 지극히 평범한 아이가 준영이다.

준영이는 어떻게 맥락을 추려야 하는지 몰라서 수업의 흐름을 끊는 질문을 반복하면서 교사의 인내심을 시험했다. 지문이 조금만 어려워져도 내용을 이해하지 못했고, 그림과 같은 단서를 활용하거나 단어를 매개로 내용을 대충 파악하는 습관이 몸에 배어 있었다. 학습에 꼭 필요한 깊이 있는 질문을 하면 엉뚱하게 답하기 일쑤였다.

이 모든 것 중 가장 심각한 것은 쓰기였다. 있었던 일, 본 것 등을 문장으로 말해도 쓰기는 거의 하지 못했고, 아예 쓰려고 하지 않았다. 받침이 있는지 없는지를 헷갈렸고, 1학년처럼 글자 대부분을 입으로 소리를 내면서 썼다.

1학년에 입학했을 때 준영이는 활달하고 적극적인 아이였어요. 글을 읽지는 못했지만, 계산이 빨라서 공부를 못한다는 생각은 들지 않았어요. 그래서 공부에 문제가 있으리라고는 짐작하지 못했어요. 1학년이 끝나갈 무렵에야 글이 문제가 됨을 알고 개별적으로 한글을 지도했지만, 완벽하게 깨치지 못한 상태에서 2학년으로 올라갔어요. 3학년 담임선생님이 글공부를 가르치려고 했을 때, 준영이가 1학년 때 글을 배우다가 2학년 때는 하지 않았다고 아쉬움을 담아 이야기하더라는 말을 듣고 마음이 아팠어요.

1학년 때 담임선생님과 우연히 준영이에 관한 이야기를 주고받을 기회가 있었고, 그때 알게 된 저학년 때의 상황이다. 그러고 보니 준영이는 늘 글공부를 하고 싶어했다는 생각이 든다. 2학년 때도, 3학년 때도, 4학년 때도, 그리고 6학년이 된 지금까지도 말이다.

준영이를 석 달간 가르치면서 나는 참 많이 생각하고 고민했다. 읽기·쓰기 연구를 시작한 지 7년을 훌쩍 넘기고도 모르는 것투성이인 나에게 준영이는 한글 해득 이후의 아이들이 교실에서 어떻게 살아가는지를 보여줬다. 그 아이들에게 지금 당장 필요한 지원이 무엇인지도 준영이를 통해 좀 더 깨닫게 되었다. 학교마다, 교실마다 읽고 쓰기를 활용한 수업을 따라가기 버거운 준영이들과 그 아이들을 따뜻하고 안타까운 시선으로 바라보고 있을 선생님들에게 준영이의 고군분투기가 조금이라도 도움이 되면 좋겠다.

고학년 아이의 읽기·쓰기 진단하기

읽기·쓰기 부진은 학습에서뿐만 아니라 아이의 학교생활 전반에 걸쳐 지대한 영향을 끼친다. 교사가 아이의 어려움을 파악하여 일상의 수업에 반영하고 방과후 지원이 제대로 연결될 수 있다면 아이가 학교생활에 조금 더 잘 적응할 수 있을 것이다. 그러려면 교사가 아이의 읽기·쓰기 수준을 진단할 수 있어야 한다. 한글 읽기 수준을 진단하거나, 기초학습 능력을 평가하는 진단지는 학교에 보급되어 있기도 하고, 시중에 나와 있기도 하다. 그러나 고학년을 위한 읽기·쓰기 진단 검사지는 거의 없기도 할 뿐더러, 있는 것도 교사들이 활용하려면 공부가 필요하다.

그래서 나는 지난 3년간 아이들의 읽기·쓰기 수준을 진단할 때 그 학년에서 사용하는 교과서를 활용했다. 얼마나 정확하게 읽는지, 어휘력은 어느 정도인지, 기본적인 문장 구성 능력은 있는지 등을 검사하는 데 교과서 지문만큼 좋은 검사지는 없다고 생각했다. 일부러 검사지를 찾아 헤매지 않아도 되고, 선생님들이 활용하기에도 부담이 없어서 교과서 지문을 활용하여 고학년 아이들의 문해력 검사를 하고 있었다. 준영이도 수업의 출발점을 찾기 위한 진단검사에 6학년 국어 교과서를 활용했다.

검사지 및 검사 내용(「국어 6-1 가」에서 발췌)

미래에는 어떤 인재가 필요할까요? 대한상공회의소에서 조사한 '100대 기업의 인재상 변화'에 따르면 2008년에는 창의성이 1순위였는데 2013년에는 도전 정신이, 2018년에는 소통과 협력이 1순위입니다. 이처럼 시대에 따라 필요한 인재상은 달라지고 있습니다.

우리가 어른이 되는 미래에는 어떤 인재가 필요할까요? 우리 모둠은 인공지능, 사물 인터넷 같은 4차 산업 혁명으로 이전과는 다른 산업 형태가 나타나면서 필요한 인재상도 달라질 것이라고 예상했습니다. 미래에는 변화가 굉장히 빠른 속도로 일어나기 때문에 미래의 인재에게 가장 중요한 것은 계속 배우려는 의지라고 생각합니다.

(71어절, 읽기 적정 속도: 50초 내외)

1. 읽기: 소리 내어 읽기 1번, 내용을 생각하며 눈으로 읽기 1번

2. 내용 이해

- 조사를 한 기관은 어디인가요?
- 2008년 조사에서 나타난 인재상 1순위는 무엇인가요?
- 2018년 조사에서 나타난 인재상 1순위는 무엇인가요?
- 필요한 인재상은 무엇에 따라 달라지고 있다고 했습니까?
- 미래의 인재에게 가장 중요한 것은 무엇이라고 했습니까?
- 계속 배우려는 의지가 왜 필요하다고 했나요?

3. 어휘력

- 글을 다시 읽으면서 모른다고 생각하는 단어에 동그라미 그리기
- 단어 뜻 말하기: 협력, 소통, 인재, 인재상, 창의성, 도전, 필요, 지능, 인공, 인공 지능, 산업, 혁명, 산업 혁명, 형태

4. 문장 쓰기

- 주어진 단어 '인재'를 넣어 문장 쓰기
- 쓰고 싶은 문장 1개 쓰기

글은 너무 빨리 읽어도, 너무 느리게 읽어도 안 된다. 적당한 속도로 정확하게 읽어야 한다. 빨리 읽으면 내용 이해 없이 글자만 줄줄줄 읽을 가능성이 크다. 읽기 자동화가 되어 있지 않으면 글자의 소리를 기억해내느라 음절 단위로 끊으면서 느리게 읽는다.

윗글의 적정 속도는 50초 내외라고 보았다.[21] 준영이는 이 글을 읽는 데 대치, 첨가 오류와 반복하여 읽기, 멈칫거리며 읽기와 같은 이유로 적정 속도의 두 배에 달하는 99초의 시간을 썼다. 교실에는 학년을 막론하고 30%가량의 아이들이 글자는 웬만큼 읽을 줄 알지만, 글을 읽고 나서 내용을 잘 이해하지 못한다. 교사들은 그 아이들이 어느 정도 읽을 줄 알기 때문에 읽기가 문제가 된다는 것을 잘 알아차리지 못한다.

QR 코드를 찍고 들어가서 준영이가 검사지의 문장을 읽는 것을 들어보자. 조금 더듬거리며 읽지만, 이것이 학습 전체를 좌우할 문제라고 생각하지 않을 수도 있다. 예전에 내가 가르쳤던 많은 아이가 이런 수준으로 글을 읽었지만, 그것이 학습하는 아이에게 어떤 의미인지 그때는 몰랐었다.

준영이의 문장 읽기

6학년 아이라면 소리 내어 읽을 때 문장 단위로 보면서 의미 단위로 띄어 읽을 수 있어야 한다. 그래야 내용을 이해하면서 읽을 수 있다. 그러나 준영이는 많은 단어를 음절 단위로 한 글자씩 읽어냈고, 여러 곳에서 어절 단위로 띄어 읽었다. '우리가 어른이 되는 미래에는 어떤 인재가 필요할까요?'와 같은 문장은 '어른이'를 제외한 모든 단어를 막힘없이 읽었음에도 불구하고, 어절 단위로 '우리가, 어른이, 되는, 미래에는, 어떤, 인재가, 필요할까요'로 끊어서 읽었다.

공부에 어려움이 없으려면 우선 읽기 정확도가 적어도 90% 이상이

---

21) 6학년은 의미 단위로 띄어서 빠르지도, 느리지도 않게 읽어야 내용을 이해할 수 있다. 50초는 필자가 이렇게 읽어서 정한 시간이다.

되어야 한다. 대치, 생략, 첨가와 같은 읽기 오류나 반복하여 읽기, 수정하여 읽기, 다음 글자의 소리가 무엇인지 생각하느라 멈칫거리며 읽는 것과 같은 현상 없이 매끄럽게 읽은 어절 수가 90%를 넘어가야 읽기와 내용 이해를 동시에 수행할 수 있다. 준영이의 경우 이런 현상 없이 매끄럽게 읽은 어절 수가 71개 중 48개로 정확도가 67.6% 정도였다. 준영이는 끊임없이 다음 소리를 생각하며 망설이고, 수정하고, 아예 틀리게 읽으며 어렵게 글을 읽어냈다.

내용을 생각하며 눈으로 읽어보게 한 후에 했던 질문에 준영이는 4문제는 맞고 2문제는 틀렸다. 이것은 읽기가 정확하지 않아도 대강의 내용을 이해한다는 것을 보여주고 있다. 시대에 따라 달라지는 인재를 조사한 기관이나, 인재상을 묻는 것과 같은 단답형 질문을 듣고 다시 글을 읽으며 찾아냈다. 그러나 질문이 길어지거나, 조금 더 생각해야 하는 문제, 문장의 순서가 바뀌는 문제 등은 지문 안에 답이 있어도 찾아내지 못했다. 세 번이나 글을 읽고도 전체적인 내용을 파악하지 못했다는 의미다.

심각한 문제 중 하나가 어휘였다. 나는 그동안 실시했던 읽기 검사에서 어휘가 문해력을 떨어뜨리는 주요 원인이라는 것을 충분히 인지하고 있었다. 준영이도 역시 알고 있는 낱말, 어렴풋하게라도 설명하는 낱말의 수가 적었다. 문제는 이런 검사를 해보면 아이들 대부분은 단어의 뜻을 알고 있다고 생각하는데 막상 물어보면 모르거나 엉뚱하게 대답한다는 것이다. 그러니 아이들은 서너 번에 걸쳐 글을 읽고도 내용을 잘못 이해하거나, 대강 이해해서 짐작하여 말하거나, 단어 하나를 단서 삼아 대답했고, 단답형 답도 길고 장황하게 설명했다.

어휘 검사를 위해 우선 먼저 준영이에게 글을 다시 읽으며 모르는 낱말에 동그라미를 그려보라고 하자 '인재상' 하나에 동그라미를 그렸다. 더 없는지 묻자 고개를 끄덕였다. 그래서 내가 고른 열네 개 단어의 뜻을 물어보았다. 짐작했던 대로 두 개만 알고, 나머지 열두 개는 모른다고 하거나 틀리게 설명했다.

마지막으로 문장 쓰기를 했다. '인재'라는 단어를 설명한 후 '인재'가 들어간 문장을 하나 써보라고 했는데, 단어만 써놓고 가만히 앉아 있었다. '오늘 인재라는 단어를 배웠다. 선생님 이름은 인재다.'라고 예시 문장을 주었지만, 끝까지 쓰지 못했다. 자유 문장도 '오늘은 날이 맑다'라는 문장을 예시로 주고 보충하여 설명하자 어렵게 써냈다. 마침표가 없고 띄어 쓰지 않아서 점도 찍고 띄어쓰기도 해야 한다고 하니, 문장 완성 카드의 '나

2021.3.23._준영이의 읽기·쓰기 검사지

의 미래는'을 쓸 때는 띄어쓰기도 하고 점도 찍었다. 그러나 어법과 맞춤법 모두 틀린 문장을 썼다.

읽기 검사 장면을 녹음하여 다시 들으며 분석해보았다. 검사할 때는 녹화하거나 녹음한 후 다시 들으며 아이의 읽기와 쓰기 상황을 정리해보면 좋다. 이렇게 자세하게 정리하지 않더라도 이런 관점으로 검사를 해보면 아이가 어디에서 어떤 어려움을 겪고 있는지 대강이나마 알 수 있다. 그동안 고학년 읽기 검사를 하면서 나는 이런 생각을 했었다. 준영이와 같이 기회를 놓친 아이들을 위해 고학년일지라도 수업을 시작하기 전에 학습 문제라도 전체 아이가 소리 맞춰 읽고, 수업을 마치면서 그 수업의 내용을 한 문장씩이라도 써보면 좋겠다고 자주 생각했다. 분석 결과를 바탕으로 수업을 어떻게 할지 계획을 세웠고, 약 석 달에 걸쳐 사회책을 읽고, 읽은 것을 활용하여 문장을 썼다.

고학년일지라도 아이가 매끄럽게 읽지 못하면 자모음 검사를 해보면 좋다. 처음에는 준영이가 글을 제법 읽어서 굳이 검사가 필요 없을 것으로 생각했다. 그러나 수업을 거듭할수록 이상했다. 첫날 검사에서 '나의 미래는 크리에이터있다.'라고 썼는데, '있다'인지, '이다'인지와 같이 받침이 있는지 없는지를 계속 헷갈렸고, '막다'를 쓰라고 하면 '마마마마…'와 같이 반복하여 소리를 내며 겨우 쓰고, 받침이 무엇이냐고 물으면 여러 개의 자음을 생각나는 대로 대답하기 일쑤였다.

준영이가 모든 글자를 읽을 줄 알기도 했고, 6학년이기도 해서 저학년 아이들이 하는 자모음 검사는 생략했었다. 그런데 수업을 진행할수록 자모음의 소릿값에서 헤매는 걸 보고 한 달여가 지난 후에야 1학년이 활용하는 자모음 검사지로 평가를 해보았다. 결과는 놀라웠다. 읽기는 어느

읽기·쓰기 검사 후 분석하여 정리한 내용

소리 내어 읽기	**의미+어절+음절** 오류, 반복, 반복 수정, 멈칫거림 없이 정확하게 읽은 어절 수: 48/71(67.6%) **속도**: 익숙하지 않은 단어, 모르는 단어를 음절 단위로 더듬거리며 　　　천천히 읽고, 망설이며 읽고, 수정하며 읽음, 정확하게 읽은 어절이 　　　68% 정도로 정확하게 읽을 수 있는 단어가 연달아 있는 경우, 　　　예를 들어 '어떤 인재가 필요할까요?'와 같은 문장은 의미 중심으로 　　　띄어 읽음 　　　오류(대치, 생략, 첨가)를 보인 어절은 4어절로 오류는 그다지 심하지 　　　않으나 어떻게 읽을지 생각하느라 멈칫거리며 천천히 읽음 **대치**: 2008년에서(2008년에는), 창의성의(창의성이), 인재쌍도(인재상도) **첨가**: 1위순위(1순위) **반복 수정**: 상공, 1순위입니다, 인재상은, 어른이, 우리 모둠은 **반복**: 도전, 인재에게 **멈칫거림**: 대-한-상-공-회-의-소, 인-재상, 도-전—정-신이, 달라-지고, 이 　　　　　전-과는, 굉장히, 일어-나기, 것-은, 배-우-려는 등

내용 파악 질문에 답하기	2-1. 어떤 인재가 필요한지 조사한 기관은?	○	
	2-2. 2008년 조사에서 나타난 인재상 1순위는?	○	
	2-3. 2018년 조사에서 나타난 인재상 1순위는?	○	
	2-4. 필요한 인재상은 무엇에 따라 달라지고 있다고 했나요?	×	4차 산업 혁명
	2-5. 미래의 인재에게 가장 중요한 것은 무엇이라고 했나요?	○	
	2-6. 계속 배우려는 의지가 왜 필요하다고 했나요?	×	지식이 쌓이니까?

어휘력 (　)안의 말은 아이의 대답임	○	협력(같이 하는 것)
	△	소통(친구들끼리 얘기하는 것)　·
	×	인재(미래 같은 것), 인재상(모른다고 동그라미 그림), 창의성(자기가 만들고 싶은 것), 도전(자기가 도전하고 싶은 것), 필요(뭐가 필요한 것), 지능(로봇의 지능?), 인공(로보트), 인공 지능(로보트), 산업(잘 모르 겠어요), 혁명(잘 몰라요), 산업 혁명(4차원?, 뭐 미래 같은 것, 보는 것), 형태(형태같이 생긴 것)

문장 쓰기	• **인재**: 못 씀, '오늘 인재라는 단어를 배웠다. 선생님 이름은 인재다.'라는 예시를 주었지만 쓰지 못함 • **자유 문장**: 한참 생각 후 보충 설명을 하자 '친구랑 놀았다'라고 씀, 마침표 찍지 않음, 띄어쓰기하지 않음 • **문장 완성 카드 쓰기**: '나의 미래는 크리에이터있다' • 띄어쓰기하지 않으며, 문장 마침표를 찍지 않아서 찍어야 한다고 알려주니 문장 완성 쓰기에서는 찍음, '나의 미래는' 카드에 띄어쓰기가 되어 있어서 그대로 보고 썼으며, 그다음 어절을 쓸 때 띄어서 씀
발견한 사실	• 준영이는 발달 단계상 의미 단위로 띄어 읽을 수 있다. 망설임 없이 정확하게 읽은 '어떤 인재가 필요할까요?'와 같은 부분은 의미 단위로 띄어 읽었다. 한 단락의 글을 전반적으로 의미 단위로 읽지만, 아직 어절 단위 읽기 습관이 많이 남아있다. '어른이 되는 미래에는'을 읽을 때 높낮이를 살려 어절 단위로 노래 부르듯 읽었다. 읽기가 익숙하지 않은 단어들이 나올 때는 주로 음절 단위로 한 글자씩 끊어서 읽었다. '대한상공회의소'와 같은 처음 보는 단어는 음절 단위로 한 글자씩 천천히 읽었다. 준영이는 아는 단어가 연결되어 있으면 의미 단위로, 익숙하지 않은 단어는 어절 단위 또는 음절 단위로, 처음 보는 단어라고 생각되는 것은 음절 단위로 띄어 읽었다. • 어렴풋이라도 알고 있거나, 안다고 생각하는 단어는 설령 뜻을 모르더라도 음절 단위로 더듬거리지 않고 정확하게 읽는다. '창의성, 소통과 협력, 형태'와 같은 단어는 어렴풋이라도 알고 있는 듯한 느낌을 받았는데 읽을 때도 막힘없이 잘 읽었다.
분석 및 해석	• 소리 내어 정확하게 읽기 지도가 필요함 • 읽기 어려움에 비해 글 내용 파악은 어느 정도 하고 있음 • 어휘력이 많이 떨어짐, '창의성, 도전, 필요, 형태'와 같은 단어는 어렴풋이 이해하고 있는 것 같으나 설명은 전혀 하지 못함, '형태'를 설명할 때 손가락으로 필통의 모양을 따라 그리며 '이렇게 형태 같이 생긴 것'이라고 말함 • 읽기, 어휘, 쓰기 등 모두 심각한 부진을 보이고 있으며, 특히 문장 쓰기는 1학년 수준에 머물러 있음

정도 수행할 수 있었지만, 자음 이름과 소릿값, 의미 없는 단어 읽기, 읽기 유창성, 받아쓰기 등 모음 이름을 제외한 모든 항목에서 1학년 수준에 머물러 있었다. 특히, 자음 이름에 들어 있는 초성과 종성 소릿값 구분을 어려워하는 것이 눈에 확 들어왔다. 그 후에 소리에 좀 더 집중하여 수업을 진행했다. 처음부터 이런 상황을 파악했더라면 좋았겠다는 생각이 들었다.

준영이의 3개월 고군분투기

글자를 대강 읽고 쓸 줄 알았던 준영이와 나는 3월 24일부터 7월 9일까지 3개월가량 만났다. 수요일을 제외한 월, 목요일 2교시와 화, 금요일 3교시에 만나기로 했었지만, 이런저런 사정으로 수업을 하지 못한 날이 꽤 있었다.

검사지도 그렇지만, 학습 교재도 교과서를 활용하면 좋다. 나는 고학년 아이들 읽기 수업에 사회 교과서를 주로 활용한다. 작년에도 그랬고, 그 이전에도 사회책을 아이와 함께 읽었다. 세상살이가 담겨 있어서 사회적인 안목과 식견을 높이는 데 사회 교과서만 한 것이 없기 때문이다. 세상을 볼 안목이 생기면 생각이 더 깊어질 것이고, 삶을 대하는 자세도 조금 더 진지해지지 않을까 싶어서도 사회 교과서를 읽기 교재로 선택한다.

사회 교과서를 선택하는 이유가 한 가지 더 있다. 사회 교과서에는 준영이와 같은 아이에게는 낯선 단어가 수두룩하다. 교과서에 어렵고 이해할 수 없는 단어가 많을수록 공부로부터 멀어질 수밖에 없다. 나는 준영이가 교과서를 읽는 과정에서 어휘력을 늘리고, 내용을 이해하여 교실 수업에도 좀 더 흥미롭게 참여하기를 바랐다.

아이의 마음으로 들어가기

가족 구성원의 언어생활은 아이의 언어 활용 능력에 지대한 영향을 미친다. 특히 태어나서 3년, 그리고 그 이후 3년의 시간이 말하기는 물론 읽기와 쓰기 능력까지 결정한다고 해도 과언이 아니다. 아이가 그 시간을 어떻게 보냈는지를 아는 것은 그래서 중요하다. 가족의 형태가 핵가족화하고, 다양한 사정으로 듣기와 말하기 시간이 부족했던 아이들이 입학하면서 발음에서부터 읽기, 쓰기까지 어려움을 겪는 아이들도 늘어나고 있다. 준영이도 그런 아이 중 하나였다.

이미 사춘기에 들어선 준영이를 데리고 어린 시절을 묻는 것이 조심스럽기도 했고, 제대로 대답해줄 것 같지도 않았다. 그래서 활용한 것이 문장 완성 카드였다. '내가 제일 행복한 때는…'이나 '내가 정말 잊고 싶은 기억은…'과 같은 카드를 매개로 부모 형제와 어떻게 시간을 보냈는지 어릴 적 이야기를 끌어내어 대화를 나눌 수 있었다.

준영이의 어린 시절은 '쓸쓸함'과 '외로움'이라는 말로 정리할 수 있

문장 완성 카드_마인드프레스

다. 담담하다 못해 모든 것을 초월한 듯 말하던 낮은 톤의 목소리, 멍한 눈동자가 잊히지 않는다. 누구랑 무엇을 하며 시간을 보냈는지를 들을수록 준영이가 왜 그렇게 말하는지, 왜 그렇게 음운 인식 능력이 부족한지 이해가 갔다. 그래서 글 읽기와 쓰기 외에도 천일야화와 같은 이야기를 들려주는 시간을 마련하고, 그것이 비록 수업을 방해하는 엉뚱한 질문이어도 다 받아서 정성껏 답했다.

고학년 아이 문해 수업, 어떻게 할까?

검사를 마친 준영이와 나는 약 50여 차례 만나서 공부했다. 교과서를 읽고 글 속의 낱말을 풀어서 뜻을 알아보고, 내용을 살펴본 후 배운 낱말로 글쓰기를 했다. 그날그날의 상황에 따라 내용과 방법을 수정했지만, 읽기와 어휘, 쓰기는 매시간 수업의 중심이 되었다.

본격적인 수업 첫날 장면을 여기에 그대로 옮겨본다. 첫 수업 이후 아래의 패턴을 유지하면서 상황에 따라 수정하기도 하고, 아예 빼기도 하고, 사회책이 아닌 재밌는 이야기를 읽은 적도 있다. 아이의 흥미와 관심에 따라 내용은 얼마든지 바꿀 수 있다. 다만 교재가 무엇이든, 어떤 것을 읽고 쓰든 읽기와 어휘, 쓰기가 수업 안에 자연스럽게 녹아 들어가게 했다.

수업 계획

- 소리 내어 읽기 1: 읽기 수준 파악
- 모르는 낱말 동그라미 그린 후 풀이하기
- 내용 이해를 위한 퀴즈 맞히기 및 풀이하기

- 소리 내어 읽기 2: 유창성 향상

- 문장 쓰기

준비물

- 교사: 사회책, 필기도구, 기록용 공책, 연습장, 캠코더 또는 녹음기

- 학생: 사회책, 필기도구

기록용 공책에 수업 계획을 써갔지만, 계획했던 대로 수업을 끌어가기 어려웠다. 준영이는 계속해서 순간순간 떠오르는 대로 질문했고, 나는 최선을 다해 답했다. 교사의 수업 계획보다 아이의 흥미를 따라가는 것이 더 중요하다고 생각했기 때문에 질문을 하나라도 놓치지 않으려고 했다.

자모음 소리 이야기 나누기

자리에 앉는 준영이에게 이전 시간에 무엇을 배웠는지 물었더니 영어라고 대답하며 어렵다고 했다. 알파벳 A의 소리가 무엇이냐는 물음에 '이'라고 말했다가 바로 이어서 '아'라고 했다.

알파벳과 한글 자모음의 소리를 비교하여 잠깐 설명하면서 소릿값을 아는 것은 매우 중요하다고 말했다. '기역'을 비롯한 자음의 소리와 '리을'에서 '을'이 의미하는 것, '발'에는 소리가 몇 개나 들어 있는지 등 기본적인 것 몇 가지를 물어보았다. '기역'의 소리는 '기?'라며 고개를 갸우뚱했고, '을'은 받침이며, '발'에는 세 개의 소리가 들어 있다고 말했다. 나는 각 자음의 소리와 받침소리, 음절 글자에 들어 있는 소리 등을 설명했다. 소리 규칙을 듣는 준영이의 태도가 자못 진지했다. 몇 개의 질문을 더 했는

데 소리 규칙 인지에 그다지 큰 어려움은 없어 보였다. 그러나 각 자음의 소리와 받침소리, 문자와 소리 연결에 어려움을 겪고 있다는 것을 알아차리기까지 오랜 시간이 걸리지 않았다.

지난 시간에 배운 단어 떠올리기

인재와 인재상을 가지고 단어 맞추기를 했다. '인재'를 잊고 있어서 떠올려 맞추기를 시도했지만, 어려웠다. '인재상' 이야기를 하다가 붉다는 의미의 '홍' 글자 이야기가 나와서 그 글자가 들어가는 단어를 찾았다. 홍삼, 홍당무에 이어서 홍시를 설명하려고 '감은 감인데'라고 하자 준영이가 '홍감'이라고 외쳤다. '가을에 먹는 빨간색 감'이라고 하자 곶감이라고 해서 말리지 않은 물렁한 감이라고 설명했음에도 답을 말하지 못하고 멀뚱한 눈으로 나를 쳐다보았다. 준영이가 홍시를 먹어본 적이 없다는 것을 그제야 눈치챘다. 경험의 부족이 어휘 빈곤으로 이어진다는 것을 준영이를 통해 체험했다.

소리 내어 읽기 1

전두환은 5·18 민주화 운동을 강제로 진압한 후 간선제 로 대통령이 되었다. 전두환 정부는 신문과 방송을 통제해 정부를 비판하는 내용을 내보내지 않고 유리한 내용만 전하도록 했다. 정부는 국민들의 알 권리를 막았으며, 민주주의를 요구하는 사람들을 탄압 했다.(33어절)

어절 읽기 정답률[22]: 75.8%(25/33)

출처: 「사회 6-1」 22쪽

처음 소리 내어 읽기의 목적은 아이가 어느 글자에서 멈칫거리는지, 대치나 생략과 같은 오류를 보이는 곳은 어디인지, 속도는 적당한지 등 전반적인 읽기 상태를 파악하기 위한 것으로 아이가 읽기를 마칠 때까지 살펴만 본다. 읽기 오류를 보이는 곳을 기록할 수도 있다.

준영이는 윗글을 읽으면서 스스로 수정하거나, 음절 단위로 멈칫거리며 읽는 단어를 제외하고도 여덟 개의 어절에서 오류를 보여 읽기 정답률이 75.8%였다. 간선제를 '간섭제'로 읽고, '내보내지'에서 '내'를 생략하고 '보내지'로 읽는 등 바꿔 읽고, 생략하거나 첨가하며 읽었다.

'막았으며'를 읽을 때는 '막아으며'로 음절 단위로 한 글자씩 천천히 읽었다. '았'의 받침을 생략하고 읽은 것으로, 이후에도 준영이는 글자에 받침이 있는지 없는지 계속 헷갈렸다. 받침이 없는 것에 받침을 넣어 읽거나 쓰고, 있는 것을 빼고 읽기 일쑤였다. 어느 정도 읽고 쓸 줄 알았던 준영이가 왜 이런 현상을 보이는지 궁금했다.

내용 이해하기

낱말 뜻 공부하기에 앞서 내용 이해 정도를 알아보기 위한 질문 세

---

22) 읽기 유창성 교재로 정답률이 90% 정도 되는 것을 활용하는 것이 좋다. 그러나 나는 낯선 단어를 익혀 교실 수업에 좀 더 흥미를 가지고 참여할 수 있도록 사회 교과서를 활용하였다.

개를 했다. 5·18 민주화 운동을 진압하고 대통령이 된 사람은 누구인지, 정부를 비판하는 내용이 나가지 못하도록 통제한 것은 무엇인지 등을 물었다. 전두환이라는 답은 쉽게 나왔으나 신문과 방송은 내용을 다시 살펴보고 나서 대답했다. 질문도 하고, 문장의 뜻도 해석하면서 전체적인 내용이 무엇인지 이야기 나누었다.

모르는 낱말에 동그라미 그리기, 풀이하기

준영이는 간선제, 비판, 탄압에 동그라미를 그렸다. 나는 준영이에게 동그라미 그린 단어를 제외한 통제, 유리, 권리의 뜻을 물었는데 통제를 '멈추는 것 같은 것'처럼 뜻을 대강이라도 알고 설명했다.

모른다고 동그라미를 그렸던 '간선제'를 풀이하기에 앞서 나는 '선'이 무슨 뜻일지 짐작해보라고 했다.

준영이: 그을 선?

교사: 선을 그을 때도 '선'을 쓰지. 여기서는 그런 뜻이 아니야. 돌아오는 4월에 이것이 있어.

준영이: 간선제?

교사: 두 글자야. '선'으로 시작해. 4월에 서울하고 부산에서 이것을 실시할 예정이야.

준영이: 아! 4·19 혁명!

교사: 4·19 혁명도 4월에 있었지만, 이미 지나간 일이야. '선'으로 시작하는 두 글자야. 학교에서도….

준영이: 육이오?

교사: 육이오는 세 글자네. 학교에서도 너희들이 이것을 해. 작년 12월에
했어.

준영이: 선….

교사: 그렇지. '선'으로 시작하는 것.

준영이: 선….

교사: 볼펜 깍지로 종이에 찍어. 그리고 접어서 내.

준영이: (한참 생각한 후에) 선거.

교사: 그렇지. 맞았어. 그러면 '제'는 무엇일까?

준영이: 제도?

교사: 그렇지. 그럼 이제 '간'만 알면 되겠네. '간'은 무엇일 것 같아?

준영이: 자기가 독차지하는 것?

교사: 우리가 '네가 직접 해봐.' 그런 말 쓰지? '네가 직접 그려봐.' 이런 말
에서 '직접'의 반대말이 무엇일까?

준영이: 같이?

교사: 직접의 반대말, 내 힘으로 직접 하지 않는 것.

준영이: 다른 사람한테 떠넘기는 것?

교사: 두 글자로 말해 봐. '직접'처럼.

준영이: 간….

교사: 그렇지. '간'자 들어가게 만들어봐. '직접'의 반대말.

준영이: 간…. 섭, 간접?

교사: 간접이라는 말 알아?

준영이: 몰라요.

교사: 그렇구나. 간접은 네가 선생님께 무언가 하고 싶은 말이 있을 때 직접

와서 하지 않고 친구에게 부탁하여 전달하게 하는 것과 같은 거야.

준영이: 왜요?

교사: 쑥스럽거나, 무섭거나 그럴 때. 자, 그럼 간은 간접, 선은 선거, 제는 제도이니 간선제는 무슨 뜻일까?

준영이: 간접선거제도.

간접선거제도와 직접선거제도를 사례를 들어가며 설명하고 나서 어떤 제도가 좋을 것 같은지, 준영이라면 어떤 제도를 선택할지 물었다. 준영이가 직접선거제도를 선택하는 걸 보니 제대로 이해한 것 같았다. 준영이와 단어 공부를 할 때 단어의 뜻을 먼저 짐작하게 해본 후 글자 속에 들어 있는 의미를 찾아가는 방법을 그 후로도 계속 사용했다.

홍시도 그랬지만, '간접'이라는 말을 모른다는 것도 놀라웠다. 준영이뿐만 아니라 많은 아이가 교사의 생각보다 어휘력이 부족하다. '간접'처럼 전혀 모르는 낱말도 많지만, 잘못 알고 있거나, 어렴풋이 알고 있어서 '비판'을 설명할 때 '비판하는 것과 같은 것'이라고밖에 설명하지 못하는 아이가 생각보다 많다. 매시간 그 수업의 핵심적인 용어, 새로운 낱말을 익히는 활동을 해야 하는 이유이다.

소리 내어 읽기 2

읽기 유창성을 기르기 위해서 사용할 수 있는 방법 중 하나가 반복하여 읽기다. 반복하여 읽을 글은 너무 길면 안 된다. 대여섯 줄 정도 분량이면 충분하다. 유창성을 염두에 둔 글 읽기는 적당한 속도로 정확하게 읽는 것에 초점을 두어야 한다.

나는 준영이에게 낱말을 풀이하면서 내용을 이해한 글을 매번 다섯 번씩 읽게 했다. 틀리게 읽고도 알아채지 못하고 넘어가는 글자는 손가락으로 가리키며 다시 읽게 했다. 빠르게 읽을 때는 천천히 정확하게 다시 읽게도 했다. 다섯을 세어가며 읽혔는데, 처음에는 성실하게 하다가 한 달이 가고, 두 달이 지나가며 힘들어서 두세 번으로 줄인 날도 있었다. 하지만, 소리 내어 읽기는 매시간 빼지 않고 했다.

준영이는 처음 소리 내어 읽을 때 '간섭제'로 읽었지만, 낱말 풀이를 한 후에는 '간선제'라고 정확하게 읽었다. 가장 어려웠던 것은 '막았으며'였는데, 연음을 어떻게 읽어야 할지 잘 모르는 것 같았다. [마, 갔, 으, 며]와 같이 한 글자씩 읽었고, 연음을 어떻게 읽을지 설명한 후에도 [마가으며]라고 읽어서 서너 번 따라 읽게 했다. 연음은 이날 이후로도 준영이에게는 만만치 않았다.

고학년 아이 읽기 지도에서 반드시 짚고 넘어가야 할 것이 쉴 곳이다. 아이들에게 소리 내어 읽어보라고 하면 많은 아이가 빠르게 읽는다. 빠르게 읽는 것이 잘 읽는 것이라 생각해서 그런 것 같았다. 아이들은 빠르게 읽다가 숨이 차는 곳에서 쉰다. 읽기가 유창하지 않은 아이들일수록 더 그렇다.

의미 단위로 띄어 읽게 하려면 어디에서 쉬어야 할지를 명시적으로 가르쳐야 한다. 문장에는 쉼표와 마침표가 있다. 이 두 곳에서만 쉬어도 읽기가 훨씬 수월하다. 준영이에게도 쉼표와 마침표를 설명하고, 이곳에서는 반드시 쉬도록 가르쳤다. 그러나 빠르게 읽기가 몸에 배어 고치기가 쉽지는 않았다.

문장 쓰기

동그라미를 그렸던 간선제와 비판, 탄압 중에서 준영이는 문장으로 쓸 단어로 탄압을 골랐다. 이미 함께 풀이했기 때문에 뜻을 알고 있어서 나는 준영이와 함께 번갈아 가며 떠오르는 단어로 생각그물을 만들었다. 준영이는 '폭행, 사망, 싸움, 죽이다'를 썼고, 나머지 단어들을 내가 썼다.

그런 다음 적은 단어들을 연결하여 탄압의 뜻을 말해보게 했으나, '폭행을…'까지 말하고 답을 하지 못했다. 그래서 나는 단어들을 하나씩 짚어가며 '하고 싶은 것을 폭행으로 못하게 하는 것'이라고 예를 들어주었다. 그러자 '하고 싶어서 사망을 못하게 하는 것'이라고 준영이가 말했다. 단어를 연결하여 문장을 만들어본 경험이 없기도 했지만, 문장 자체를 만들어본 경험, 제대로 된 문장으로 대화를 나누어본 경험이 부족했으리라는 생각이 들었다. 두어 번 더 알려준 다음에 결국에는 내가 문장을 만들

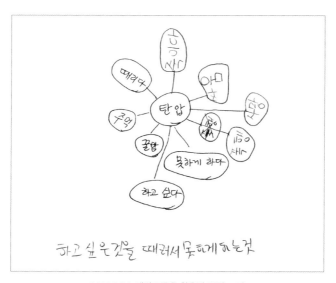

2021.3.24._생각그물을 활용한 문장 쓰기

어서 불러주며 쓰라고 했다.

　이날은 첫날이라 단어 카드를 만들지 않았지만, 다음 수업부터는 단어 카드를 만들고 모아서 준영이만의 어휘 사전을 만들었다. 어휘를 늘리는 도구로 활용하기 위해서였다. 앞면에는 뜻을 정리하고, 뒷면에는 그 단어를 응용한 문장을 적었다.

2021.3.30._폐지 뜻과 폐지를 넣어 만든 문장

　이날 준영이는 단어 네 개 중 세 개를 틀리게 썼다. 폭행을 '푹행'으로, 죽이다를 '죽있다'로, 싸움을 '싸운'으로 썼다. 폭행을 쓸 때 '푹'이라고 써서 '푹행'이라고 읽으며 그렇게 썼다고 했더니 한참 생각한 후에 '티근'이라고 말하고는, 틀렸다고 생각했는지 책을 보고 '폭행'이라고 고쳐 썼다.

　싸움을 쓸 때도 바로 고치지 못하고, '싸운', '싸우' 등으로 두어 번 고치고도 쓰지 못해서 '음'을 발음해주며 받침이 무엇인지 찾게 했지만, 썼다 지웠다를 반복하며 정확한 받침을 찾지 못했다. 기역부터 차례로 미음까지 말했을 때야 비로소 맞게 썼다.

　이날 나는 준영이의 쓰기 실력 향상을 위해 무엇을 어떻게 해야 할지 참 난감했다. 6학년이나 되었음에도 '죽이다'를 '죽있다'로 써서 받침이 있는지 없는지를 물었더니 얼버무리며 '있다, 없다'를 반복했다. 받침소리가 무엇인지 명확하게 알지 못하는 아이에게 어디서부터 쓰기를 시작해야 할지 걱정이 앞섰다. 더구나 제대로 된 문장을 말하기도 어려워하는 준영이를 데리고 나는 어떤 수업을 해야 할까 고민스러웠다.

수업을 마치고 영상을 돌려 보며 나는 수업의 과정을 꼼꼼하게 기록했다. 기록한 것을 통해 발견한 것을 바탕으로 앞으로의 수업의 방향을 다음과 같이 정리했다.

첫째, 경험 부족은 어휘 빈곤으로 이어진다. 준영이는 홍시를 먹어본 적이 없다. 그러니 홍시를 아무리 설명해도 이해하지 못한다. 사진을 찾아서 보여주어도 표정에 별 변화가 없다. 홍시를 먹어봤다면 설령 단어를 잊었다고 하더라도 단어를 말하면 '아~ 홍시!'라고 하면서 달다는 말도 할 것이고, 언제 먹어봤다는 말도 할 텐데 먹어본 적이 없으니 어떤 말을 해도 반응을 보일 수가 없다. 경험치를 늘리는 수업이 필요하다. 직접 경험하는 것도 좋고, 책을 통한 간접 경험도 좋다.

둘째, 단어를 고리로 맥락과는 상관없는 질문을 한다. 모르는 단어가 많으면 대화의 핵심과 맥락을 잘 파악하지 못한다. 맥락을 제대로 이해하지 못하면 대화에서 나오는 단어를 고리로 질문을 하거나, 자신의 경험을 늘어놓는다. 동찬이도 그랬고, 은성[23]이도 그랬는데, 준영이도 그렇다. 내용을 이해하지 못해서 맥락 파악이 어려우면 대화의 중심으로 들어가는 것이 아니라 변죽을 울리며 엉뚱한 방향으로 끌고 갈 가능성이 크다. 낱말 풀이 수업에 집중하고, 풀이한 낱말을 바탕으로 내용 이해하기 수업이 필요하다.

---

23) 2015년과 2016년에 가르쳤던 아이들, 이 아이들과의 수업을 바탕으로 『읽고 쓰지 못하는 아이들』을 썼다.

셋째, 처음에 틀리게 읽는 단어는 반복해서 읽을 때도 틀리는 경향이 있다. 보통 익숙하지 않은 단어를 틀리게 읽는데, 읽기 자동화가 되어 있지 않으면, 글자가 쉽든 어렵든 그 단어가 익숙해질 때까지 틀리게 읽는다. 준영이에게는 '내보내게'가 그랬다. 준영이는 평소에 익숙한 '보내다'를 활용하여 계속해서 '보내는'으로 읽었다. 수정해서 다시 읽고 연습해도 처음부터 다시 읽을 때 '보내는'으로 읽었다. 다섯 번 중 네 번을 그렇게 읽었다.

넷째, 아이들은 읽을 때 익숙한 글자를 활용하여 읽는다. 문자 인식이 정확하지 않을 때 이미 자신이 아는 글자를 활용하여 읽는 경향이 있다. 6학년도 그렇다.

다섯째, 6학년에도 음운 인식이 정확하지 않은 아이가 있다. 준영이는 '폭행'을 읽을 줄은 안다. 그런데 '폭'은 '푹'으로 썼다가 티읕이 들어간다고 했다가 결국엔 '폭력 정권'이라는 단어를 보고 '폭행'을 썼다. '폭'은 초성 자음 소리를 정확하게 모르고, '움'은 받침이 무엇이 와야 하는지 모른다. 음운 인식 공부가 가장 먼저 필요한 것 같다.

여섯째, 단어를 연결하여 의미 있는 문장 만들기 수업이 필요하다. 준영이에게만 필요한 수업은 아니다. 사고하기, 말하기, 그리고 그것을 활용하여 문장 만들기 경험이 많아야 쓸 수 있고, 쓰기가 일상적으로 이루어져야 제대로 된 문장을 쓸 수 있다. 다양한 방법으로 문장 쓰기 수업을 해야 한다.

이상이 첫날 수업기록이다. 준영이에게 허락을 구하고 영상을 촬영한 후 돌려 보며 내용을 세세하게 기록했다. 기록한 것을 읽으며 준영이는 왜 그런 반응을 보였을까를 생각하고 분석하였다.

고학년 아이 중에는 읽고 나서도 무엇을 읽었는지 모르는 아이가 상당하다. 글자는 줄줄 읽지만, 내용을 이해하지 못하는 아이, 한 문장도 제대로 쓰지 못하는 아이, 맞춤법이 틀리고 띄어쓰기를 아직도 잘하지 못하는 아이들이 있다. 이런 아이를 데리고 고민하는 선생님들이 아이를 어떻게 도울 수 있을지 참고삼기를 바라는 마음으로 첫날 수업을 그대로 옮겨봤다.

첫날부터 끝나는 날까지 나는 수업기록을 계속해나갔다. 문자 해득 이후의 아이들이 글을 어떻게 읽고 쓰는지 면밀하게 살펴보며 연구해보고 싶어서였다.

자음과 모음 소리 공부

모음과 자음의 이름을 익히는 것은 생각보다 중요한 일이다. 자음 이름에 초성과 종성의 소리가 들어 있고, 모음에 중성의 소리가 있어서, 이름을 알고 그 소리를 합하는 방법을 터득하면 글자를 쉽게 읽을 수 있다. 그래서 자모음에 익숙해지면 그만큼 글자를 쉽게 배울 수 있다.

그런데 '기역, 니은, 디귿…'과 같은 자음은 모두 글자를 배우기 전까지는 듣지도 보지도 못한 생소하고 낯선 말이다. '아, 야, 어, 여…'는 모양과 소리가 비슷하여 주의를 기울이지 않으면 헷갈리기 십상이다. 게다가 한글은 자모음을 정확히 익히지 않아도 글자를 읽고 쓸 수 있을 정도로 배우기가 쉽다. 상황이 이렇다 보니 의외로 자모음을 정확하게 읽지 못하는 아이들이 상당하다. 1, 2학년뿐만 아니라 그 이후 학년도 마찬가지다.

준영이도 글자를 읽을 줄 앎에도 불구하고 자음과 모음 이름은 정확하게 읽어내지 못한 것들이 있었다. 그러다 보니 글자를 쓸 때 어떤 받침이 들어가야 하는지, '야'인지, '여'인지 정확한 모음을 사용하는 데 헷갈리거나 자신 없어 할 때가 많았다. 그래서 나는 준영이를 데리고 자음의 이름과 소릿값을 명확하게 익히게 하는 수업을 하려고 무진장 애를 썼다.

'밥, 방, 맘'과 같은 음절 글자를 들려주고 첫소리, 가운뎃소리, 끝소리 찾기를 하고, '마'를 길게 소리 내어주고 끝에 남는 소리를 찾게 하고, '방'을 길게 소리 내어 '바~~응'이라고 들려주며 남는 소리를 찾은 다음, 그것이 받침소리임을 가르쳤다. 그러나 준영이는 '놓았더니'를 '넣었더니'로, '빙그레'를 '빙글러'로 읽는 등 모음과 자음의 소리가 명확하지 못한 데서 빚어지는 읽기 오류가 좀처럼 나아지지 않았다.

4월 초순 무렵에 나는 음운 인식 연습을 체계적으로 하기 위해 '찬찬한글'을 들고 갔다. 한글 창제 원리와 규칙 등을 설명한 후에 모음과 자음의 소리 규칙 등을 연습하는 시간을 가졌다. 처음 몇 분은 나를 위해 참아주는 듯했으나 시간이 지날수록 자꾸 하품하고 몸을 뒤틀며 지루해했다. 다른 공부를 하다가 찬찬한글을 꺼내면 '그거 꺼내면 안 돼요!'라고 외치는 날도 있었다. 열심히 문장을 읽다가도 음운 공부만 하려고 하면 고개를 숙이며 시선을 피하고, 건성으로 대답하다가 엎드렸다. 결국 얼마 못 가서 찬찬한글로 공부하는 것을 그만둘 수밖에 없었다. 그 이후로 나는 찬찬한글을 직접 들고 가지는 않았다. 자모음 소리 공부를 그만두지도 않았다. 찬찬한글을 교재로 활용하지 않았을 뿐, 그 속의 내용을 염두에 두고 소리와 문자 연결을 위한 공부를 더 열심히 했다.

모두가 함께 자모음을 배웠을 그 시기에 준영이와 같은 아이들에게는 분명 더 많은 지원과 시간이 필요했겠지만, 지원이 충분하지 않았을 것이다. 그 이후로 간간이 배우다 말기를 반복한 자모음이 지겨웠을 것이고, 초등학교를 마치는 학년이 되어서 다시 자모음 소리를 익히려니 힘도 들고 자존심도 상했을 것이다. 실제로 준영이는 이런 공부가 정말 싫다고 말했다. 정확하게 읽고 쓰기 위해, 쉽게 읽고 쓰기 위해 소리 규칙을 공부해야 한다는 말은 준영이를 설득하는 데 아무 소용이 없었다.

소리 규칙을 터득하고 활용하려면 배우고 익히면서 스며드는 과정이 있어야 해서 시간이 걸린다. 다른 공부도 해야 하는 6학년 아이에게는 그런 시간도 부족할 뿐만 아니라 심리적으로도 자모음 공부를 거부할 수밖에 없다. 그래서 자모음의 정확한 이름과 소릿값을 배우고, 그것을 조합하여 글자를 읽고 쓰는 공부는 3학년이 되기 전에 반드시 마쳐야 한다. 준영이처럼 느리게 배우는 아이도 자모음의 이름 정도는 외울 수 있게 해야 한다. 그래야 그다음 학년에서 소리의 규칙을 쉽게 터득할 수 있다. 자모음의 이름과 소릿값에 대한 지식은 글자 읽기와 철자법의 초석이 된다. 특히 한글은 자모음 이름에 소릿값이 모두 들어 있고, 하나의 글자가 하나의 소리만을 가지고 있어서 이름을 아는 것만으로도 글자 읽을 준비를 얼추 마친다고 할 수 있다.

아이들이 자모음의 이름을 즐겁고 재미있게 익힐 수 있는 가장 좋은 방법은 노래이다. 유치원에서, 초등학교 1, 2학년 교실에서 모음과 자음 노래를 매일 부를 수 있게 시간을 마련해주면 어떨까? 화면 속의 글자 모양을 시각적으로 보면서 습관적으로 노래를 따라 부르다 보면 자음과 모음의 소리를 저절로 익히게 되지 않을까? 대한민국의 모든 1학년 교실에서 자모음 노랫소리가 아침 시간마다 흘러나오길 기대하며 나는 '기역, 디귿,

시옷'을 '기윽, 디은, 시읏'으로 바꾼 노래를 만들어 유튜브에, 블로그에 올려놓는 작업을 해볼 작정이다.

기윽, 디은, 시읏으로 바꾸자

'우리 집 강아지 이름은 마음이다. 도둑이 담을 넘어간다.'를 받아쓸 때였다. 이날 나는 'ㅁ'받침을 염두에 두고 문장을 만들어 불러주었다. 준영이는 '우－리－집－강－아－지…'처럼 음절 단위로 한 글자씩 소리를 내어 가며 썼다. 글자 대부분을 맞게 썼지만, '도둑'의 '둑'을 쓸 때는 '둑둑둑…'이라고 한참씩이나 소리를 내어보고도 쓰고 지우기를 반복했다. 나는 옆에서 '두윽'이라고 소리를 내주며 '윽'에 해당하는 자음자를 찾을 수 있게 도움을 주고자 했다.

교사: 두윽, 두윽, 두윽, 그러니까 두부터 써야겠지? 두윽.

준영이: 네. 두두두….(두를 씀)

교사: 윽.

준영이: 윽이니까 기윽.(기역을 받침으로 써서 둑을 완성함)

'담', '넘', '간'도 받침 발음을 옆에서 해주기도 하고, 스스로 발음하기도 하면서 적어나갔다. 이날뿐만 아니라 전에도, 그 후로도 준영이는 글을 쓸 때 계속해서 소리를 내보고, 음절체와 말미자음[24]을 분리하여 받침소

---

24) '넘'에서 '너'는 음절체이며, 'ㅁ'은 말미자음이다.

리를 찾아 쓰기 연습을 했다.

초기문해력 검사 중 자음 읽기 검사에서 준영이는 'ㅁ'을 '미읍'으로, 'ㅌ'을 '티근'으로, 'ㅎ'을 '히응'으로, 'ㅉ'을 '쌍지근'으로 잘못 읽었다. 준영이처럼 나도 그런 적이 있다. 교사가 되어서도 나는 'ㅌ'이 '티읕'인지, '티근'인지가 헷갈렸다. 14개 자음자 중 'ㄱ, ㄷ, ㅅ' 세 글자가 규칙에서 어긋나 '기역, 디귿, 시옷'으로 발음한다는 것을 알고, '기윽'에서 '윽'이 '니은'에서 '은'이 받침을 의미한다는 것을 이해하면서 비로소 '티읕'이라고 자신 있게 말할 수 있게 되었다. 교사인 나도 그랬는데, 준영인들 오죽 헷갈렸을까.

자음 이름에 소리가 들어 있어요

그래서 나는 내가 만난 아이들에게는 처음부터 '기역'이라고 가르치지 않고, '기윽'이라고 가르친다. 모음·자음을 모두 익힌 후 받침을 가르칠 때 먼저 자음 이름에 첫소리와 받침소리가 들어 있음을 설명하고, '기윽'의 '윽'이 받침소리라고도 가르친다.

한글은 너무나도 쉽게 배울 수 있는 글자여서 '기역, 디귿, 시옷'처럼 규칙에서 어긋난 것이 있어도, '니은'의 '은'이 받침소리인지 인식하지 않아도 웬만한 아이들은 읽고 쓰기를 배우는 데 별 어려움이 없다. 그래서인지 '기역, 디귿, 시옷'을 '기윽, 디은, 시읏'으로 바꿔야 한다는 주장도 거의 없을뿐더러 어쩌다가 그런 주장이 나와도 찻잔 속의 태풍으로 그치고

만다.

　세 글자의 이름 불규칙성 때문에 준영이와 같은 아이들은 특히 받침 글자를 익히는 데 많은 어려움이 있다. 교사들도 받침소리를 가르칠 때 '기역'의 '역'이 받침에 해당한다고 가르치기 어렵다. 물론 '역'에 '윽' 소리가 들어 있어서[25] '역'이 받침소리라고는 할 수 있다. 그러나 자음 이름에 소리가 들어 있다고 가르칠 때, '미음'에서 '미'는 첫소리이고, '음'은 받침소리라고 가르칠 수는 있어도, '기역'은 그럴 수 없다. '기역'으로 이미 배운 아이들에게 다시 받침소리를 낼 때는 '기여윽'이라서 '윽' 소리라고 가르치는 순간 헷갈릴 수밖에 없다. 그래서 처음부터 '기역'이 아니라 '기윽'으로 가르쳐야 한다. '디읃, 시읏'으로 가르쳐야 한다.

　'기윽'은 어쩌다가 '기역'이 되었을까? 훈민정음 속의 자모음 표기는 어땠을까? 언제부터 현재와 같은 자모음 이름을 사용했을까? 아이들을 가르치는 교사라면 누구나 다 알고 있어야 하고, 아이들에게 정확하게 가르쳐야 하지만, 우선 나부터도 언어 연구를 시작하기 전까지는『훈민정음해례본』에 관심을 가져본 적이 없다. 학창 시절에 '어제(세종) 서문' 정도를 배웠고 중국과 다른 글자 때문에 고통받는 백성들을 불쌍히 여겨 글을 창제했다는 것 정도를 알았던 것 같다.

　자음의 이름 표기 규칙이 어긋나는 글자 세 개를 가르칠 때야 비로소 왜 '기윽'이 아닐까 생각했다. '기역'과 '기윽'에 의문을 가지니『훈민정음해례본』속의 글자가 궁금해졌다.

---

25) '역'을 천천히 소리 내면 '어' 소리 후 윗니와 아랫니가 맞닿으면서 '윽' 소리가 난다.

『훈민정음해례본』속의 자음

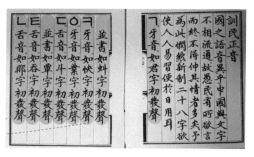

훈민정음해례본_어제(세종) 서문과 예의 속의 자음 소리 설명[26]

『훈민정음해례본』의 1부 정음(正音) 편 예의에 자음과 모음의 모양과 소리가
자세하게 수록되어 있다. 그중 'ㄱ'에 대한 설명을 옮겨보면 다음과 같다.[27]

> ㄱ. 牙音. 如君字初發聲. 並書. 如虯字初發聲 [정음1ㄱ:7-정음1ㄴ:1_어제예의]
>
> ㄱ는 牙音이니 如君[군]字初發聲하니 並書하면 如虯[뀨]字初發聲하니라
>
> ㄱ는 :엄쏘리니 君군ㄷ字쭝 ·처섬 ·펴아 나는 소리 ·ㄱ ·ㅌ·니 글·ㅸ쓰면 虯끃ㅸ字쭝 ·처
> 섬 ·펴아 나는 소리 ·ㄱ·ㅌ나라
>
> ㄱ는 어금닛소리(아음)이니 '君(군)'자의 처음 나는 소리(초성)와 같다. 나란히 쓰면 '虯
> (뀨)'자의 처음 나는 소리와 같다.

훈민정음에는 'ㄱ'을 어금닛소리로 '군(君)'자의 초성과 같고, 나란히 쓰면
'뀨(虯)'자의 초성과 같다고 설명하고 있다. 같은 어금닛소리 'ㅋ'은 '쾌(快)'자
의 초성이라고 설명해 놓았다. 혓소리인 'ㄴ, ㄷ, ㅌ'은 우리가 사용하는 순서
가 아닌 'ㄷ, ㅌ, ㄴ'의 순서로 적고, 그중 'ㄷ'은 두(斗)자의 처음 나는 소리(초
성)라고 설명했다.

---

26) 이기범, 『훈민정음해례본』, 그린북, 2014.

27) 김슬옹, 『훈민정음해례본 입체강독본』, 박이정, 2017.

자음자는 소리를 내는 방법에 따라 다섯 가지로 소리를 구분하여 어금닛소리(牙音), 혓소리(舌音), 입술소리(脣音), 잇소리(齒音), 목구멍소리(喉音)로 나누어 아설순치후(牙舌脣齒喉) 순서로 적었으며, 한자의 소릿값만 가져다가 각 자음의 소리를 설명하고 있다.

그렇다면 현재 우리가 사용하고 있는 자모음의 이름은 누가 지었을까?

현대 국어에서 사용하는 자모음 이름은 언제부터 썼을까?

한글 자모 이름은 최세진이 1527년에 쓴 『훈몽자회』에서 찾을 수 있다. 중국어 통역관이면서 뛰어난 언어학자였던 최세진은 어린이들을 가르치기 위해 『훈몽자회』를 썼다. 이 책은 현실 사물과 밀접한 관련이 있는 3천여 개 한자에 한글로 음과 뜻을 달아놓은 한자 학습서이다. 최세진은 『훈몽자회』의 범례(凡例) 부분에 한글 자모와 용법에 대해 간단한 설명을 붙여놓았다. 자음과 모음을 초성과 종성에서 함께 쓰는 글자, 초성에서만 쓰는 글자, 중성에서만 쓰는 글자 등으로 나누어 설명하였는데 각 글자 밑에 '其役(기역), 尼隱(니은), 池末(지말, 디귿)…'과 같은 표기가 붙어 있다. '시옷'은 '시의(時衣)'로 표기하였다. 자모음의 순서도 훈민정음을 따르지 않고, 그 당시 많이 쓰이던 글자 순으로 적었다.

다른 글자들은 '니은, 리을, 미음…' 등 초·종성 소리 규칙에 따라 적었으나, 기역과 디귿, 시옷은 '윽. 읃, 읏'에 맞는 글자가 없어서 그러지 못했던 것 같다. 그래서 비슷한 소리와 뜻을 빌어 적었다. '시옷'은 시의(時衣)라고 적었는데, '옷'은 음이 아닌 '옷'이라는 뜻 부분을 가져다 썼다. '디귿'은 '지말(池末)이라고 적었는데 '디귿'을 왜 '지말'이라고 적었을까?

池末(못 지, 끝 말)에서 '지'는 구개음화 되기 전에는, 즉 그 당시에는 '디'였다고 한다. 또한, 된소리 현상이 보편적이지 않아서 '끝 말'의 '끝'을 '귿'이라고 읽어서 '지끝'이 '디귿'이 되었다고 한다. 기역(其役)은 두 글자 모두 음을 가져다 쓰고, 시옷(時衣)과 디귿(池末)은 음과 뜻을 각각 한 글자씩 가져다 이름을 붙였다.

최세진이 『훈몽자회』에 기록한 자모음의 순서와 명칭

초성종성 통용팔자	ㄱ	ㄴ	ㄷ	ㄹ	ㅁ	ㅂ	ㅅ	ㆁ	초성과 종성에서 함께 쓰는 글자		
명칭	其役	尼隱	池末	梨乙	眉音	非邑	時衣	異凝			
초성독용 팔자	ㅋ	ㅌ	ㅍ	ㅈ	ㅊ	ㅿ	ㅇ	ㅎ	초성에서만 쓰는 글자		
명칭	箕	治	皮	之	齒	而	伊	屎			
중성독용 십일자	ㅏ	ㅑ	ㅓ	ㅕ	ㅗ	ㅛ	ㅜ	ㅠ	ㅡ	ㅣ	ㆆ
명칭	阿	也	於	余	吾	要	牛	由	應	伊	思
참고	뜻 부분을 가져다 쓴 글자: ㄷ, ㅅ, ㅋ 구개음화 되기 전 글자: ㄷ, ㅌ 이름을 붙이는 규칙에서 벗어난 글자: ㄱ, ㄷ, ㅅ										

그 당시 자음을 한자로 표기하는 어려움 때문에 소리 규칙에 어긋나게 적었을 텐데, 그 규칙을 지금까지 고집할 필요가 있을까? 글자를 막 배우는 시기의 아이들에게 소리 규칙은 무엇보다도 중요하다. 그래서인지 북한과 북한 문화권에서는 '기역'이 아니라 '기윽'으로 가르친다. 우리도 글자를 배우는 아이들을 위해 초등학교 1학년 교과서는 '기윽, 디읃, 시읏'으로 바꾸어 가르쳐야 한다. '기역, 디귿, 시옷'이 역사적 사실로 가치가 있다면

중국 연변지역 조선학교 1학년 교과서

아이들이 그러한 사실을 이해할 수 있을 때 훈민정음 내용과 함께 가르치면 될 일이다.

읽기를 연습할 때 동시 읽기도 좋다

나는 준영이가 집과 교실에서 읽었던 동시를 다시 함께 읽으며 이야기를 나누곤 했다. '도라지꽃'을 읽은 날이었다. 그날 준영이는 모든 글자를 어절 단위로, 때로는 음절 단위로 정확하게 읽었다.

도라지꽃

햇살 동터 오는
산등성이 아침
보랏빛 도라지꽃
늦잠을 자고 있다.
곁을 지나던 노루가
보랏빛 꿈이 무얼까

가만히 들여다보다 간다.

도라지꽃을 본 적이 있는지부터 묻고 핸드폰에서 이미지를 찾아 함께 보았다. 준영이는 '도라지꽃이 늦잠을 자고 있다.'는 말이 무슨 뜻인지 모른다고 했다. 실제로 노루가 가만히 들여다본다고 생각하는지 묻자, 아니라면서 글쓴이의 생각이라고 했다. 그렇게 말해 놓고 한참을 가만히 있더니 '시 쓰는 사람은 생각을 잘해요.'라고 덧붙였다. 생각을 잘하는 사람의 글을 읽으면 우리도 생각을 잘하게 되니 열심히 시를 읽자고 응답했다.

아이들의 읽기 연습 교재로 시만큼 좋은 것도 드물다. 글이 짧아서 아이들이 읽어내기 쉽게 생각한다. 그래서 반복해서 읽히기 좋다. 또한 운율이 담겨 있어서 어절 단위 읽기 연습이 쉽다. 아이들끼리, 교사와 아이가 함께 소리를 맞춰 읽으며 어절 단위 끊어 읽기 연습을 할 수 있어서 좋다. 거기다가 함축된 내용을 이야기하다 보면 '시 쓰는 사람은 생각을 잘해요.'와 같은 문장도 덤으로 얻어낼 수 있으니 이보다 더 좋은 교재가 있을까 싶다. 준영이는 『초록 토끼를 만났다』(송찬호 지음, 문학동네, 2017)에 실린 46편 중 끝부분 서너 편을 제외한 모든 동시를 읽었다.

문장 만들기 연습

찬찬한글 사건 이후 준영이의 수업 태도가 많이 흐트러져서 수업을 진행하는 데 어려움이 많았다. '충성!'을 외치던 처음의 마음은 어쩌다 한 번씩 살아났고, 사회책을 읽는 것도, 글을 쓰는 것도 심드렁해서 돌파구가 필요했다.

그래서 시작한 것이 이야기다. 천일야화 중 '어부와 정령 이야기'를 시작으로 '알라딘과 요술램프', '알리바바와 40인의 도둑', 그리고 '홍길동전'까지 석 달 동안 네 편의 이야기를 들려주었다. 책을 읽어준 적은 있지만, 이야기해준 경험이 부족하여 자꾸 내용을 까먹고, 이야기가 잘 구성되지 않아서 어려웠다. 그래서 핵심적인 내용을 미리 정리하여 10개 정도의 문장을 적어놓고, 그것을 보아가며 이야기를 들려줬다. 이야기가 끝난 후에는 그 문장을 불러주고 받아쓰게 했다.

어설픈 이야기나마 재미가 있었던지, '어부와 정령 이야기'가 끝나갈 무렵 어느 날 준영이가 불쑥 나에게 물었다.

"어디서 책 나와요?"

나는 순간 무슨 말인지 못 알아듣고 어리둥절한 표정으로 준영이를 바라봤다. 이야기가 어느 책에 나오는지를 묻고 있음을 이어진 대화에서 이해했다. 천일야화가 어떤 이야기인지 알려주고 시에라자드가 밤을 새워가며 왕에게 해준 이야기라고 설명하자 읽어보고 싶다고 말했다. 그래서 한 편의 이야기가 끝날 때마다 준영이에게 책을 건네주며 읽어보라고 했다.

문장 만들기는 사고의 과정임과 동시에 사고의 수준을 반영한다. 나와 함께 수업했던 아이들 모두 제대로 된 문장을 만드는 것을 매우 어려워했다. 평소에 사용하는 낱말이 적어서이기도 했고, 문장을 만들어 사용해본 경험과 피드백 경험이 부족해서이기도 했다. 준영이도 '어디서 책 나와요?'뿐만이 아니라 제대로 된 문장 만들기를 무척이나 어려워했다. 문장을 구성하려면 상황에 맞는 낱말이 저장되어 있어야 하고, 낱말들을 구성할 줄 알아야 하는데, 준영이는 저장된 낱말도 빈약하고 구성은 더더욱 어려운 상황에 놓여 있는 것 같았다.

'어디서 책 나와요?'가 제대로 된 문장이 되려면 '어떤 책에 나와요?' 또는 '그 이야기가 어느 책에 쓰여 있어요?'가 되어야 한다. 이 두 문장에 있는 단어는 준영이가 모두 아는 단어들이다. 그럼에도 불구하고 '어디서 책 나와요?'라고 마치 외국인이 말하듯이 어순과 구성이 엉망인 문장을 구사하는 것은 제대로 대화를 나누어보거나, 책을 읽거나, 배워본 적이 없어서일 것이다. 이렇게 대화에서조차 문장 구성이 되지 않으니, 문장 쓰기는 더더욱 난공불락이었다.

그래서 나는 쓰기에 앞서 먼저 문장을 만들었다. 내가 먼저 제대로 된 문장을 시범으로 보여주고 난 후 준영이와 둘이서 번갈아 가며 각자가 만든 문장을 말했다.

'부당'을 배운 날이었다. 생각그물을 만든 후 먼저 문장 만들기를 했다. 이날 준영이가 생각그물의 단어들을 활용하여 만든 문장은 '부당은 평

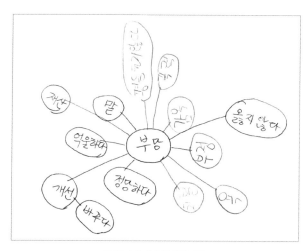

2021.4.15._'부당' 생각그물

등하지 않다', '차별한다', '부당은 옳지 않다', '부당은 부정적이다', '폭력으로 감옥에 갈 수 있다'였다. 그리고 마지막으로 '차별받지 않고 싶다'를 만들어서 엄청난 칭찬을 받고 그것을 썼다. 이런 활동을 하면서 점차 문장을 활용하는 것이 나아지기는 했지만, 그 속도는 매우 더뎠다. 1학년 때부터 국어 수업 시간을 통해 매일 한 문장을 제대로 만들고, 쓰고, 수정하여 쓰기를 반복했더라면 훨씬 더 잘할 수 있지 않을까 싶었다.

정확하게 읽어야 정확하게 쓴다

'했어'를 읽을 때였다. '했어'를 '핸ㅡ어'라고 힘들게 한 글자씩 읽는 것을 보고 연음 규칙을 다시 알려주었다. 그런 후 '먹었어', '바람이 불었어', '항쟁이 일어났어'와 같이 쌍시옷 받침이 들어간 문장을 읽게 했다. 이틀간 집중해서 5분 정도씩 반복해서 읽게 했더니 사흘 만에 정확하게 읽어 냈다.

'폐지'로 생각그물을 만들 때였다. 단어의 뜻을 먼저 설명한 다음에 떠오르는 단어 하나씩을 번갈아 가며 적었다. 준영이 차례가 되었을 때 '없애다'를 쓰는데 '업쌔다'라고 말하면서 '없썼다'로 썼다. 그러면서 '쌔다 이거예요?'라고 물었다. 준영이가 쓴 '없썼다'를 가리키며 읽어보라고 하자 '쌔다, 쎈다'라고 읽다가 없는 글자라고도 했다. 이날 나는 준영이와 글자 하나하나를 떼어서 읽고, 붙여서 읽고, 연음 규칙을 살려서 읽기도 했다.

준영이는 '폐쇄'도 '페세'라고 쓰고 나서, '폐'는 폐지 때문이었는지 바로 고쳐 썼다. '폐세'를 짚으며 읽어보라고 하자 '폐세'라고 읽었다. 그래서 '쇄'와 '세'를 비교하여 들려주고, 입 모양을 보게 하면서 '쇄'와 '세'를 연습했다. 그러고 나서야 비로소 '쇄'라고 읽고 썼다. 읽고 쓰기에 앞서 정확한

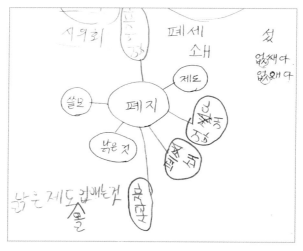
2021.3.30._낱말 풀이

발음을 배우고, 정확하게 소리 내는 연습이 필요하다는 것을 이날 준영이가 다시 한번 확인시켜주었다. 준영이 같은 아이들이 생기지 않도록 1, 2학년 국어 수업은 정확하게 소리 내고, 정확하게 읽고, 정확하게 쓰는 것을 최우선의 목표로 하면 좋겠다.

준영이는 6학년이었음에도 불구하고 음운 인식이 정확하지 않았다. 받침이 있는지 없는지 자주 물었고, 어떤 받침이 들어가야 하는지는 더 어려워했다. 많은 글자를 '페세'처럼 쉬운 발음을 선택하여 읽고, 낱말을 쓴 후에도 잘못되었다는 것을 알아차리지 못했다.

문자 해독이 1, 2학년 과정에만 담겨 있어서 이후에는 준영이와 같은 아이들은 보충 과정을 통해서만 배울 수 있다. 이마저도 명확하게 규정되어 있지도 않을 뿐 아니라 강사들에게 맡겨져 시간만 허비하는 경우도 허다하다. 그러는 사이에 이 아이들은 읽기 때문에 다른 공부를 놓치고, 이해할 수 없는 내용 속에서 허우적대다가 공부로부터 멀어진다.

그래서 3학년 과정에도 모든 아이의 읽기 정확도를 더 높이기 위해, 느린 학습자에게도 한 번의 기회를 더 주기 위해 모음과 자음, 받침소리를 확인하는 차원의 성취기준과 학습 내용이 교과 내용으로 들어가야 한다. 고학년 교실에서도 일상적으로 소리 내어 읽기, 과학이나 사회와 같은 전문 교과의 용어 풀이 등, 아이들의 읽기 능력 향상을 고려한 수업이 이루어져야 한다. 준영이처럼 때를 놓친 아이에게 만회할 기회를 만들어주어야 한다.

받아쓰기의 시작과 끝

준영이가 가장 좋아한 공부는 받아쓰기였다. 처음에는 단어만 쓰기도 하고, 한두 문장만 쓰기도 했으나, 이야기를 들려줄 무렵부터는 문장 열 개를 썼다. 준영이는 가끔 받아쓰기가 가장 재미있다고 말하기도 하고, '이거 많이 써봤어요.'라며 '없어요'와 같은 단어를 순식간에 쓰기도 했다. 점수를 받으면서 성취감을 느끼는 듯했다. 준영이와 공부하면서 점수가 필요할 때도 있다는 걸 생각하게 됐다. 특히 공부를 통해 성취를 맛보는 경험이 상대적으로 부족한 아이들에게 점수가 어떤 의미인지 준영이를 통해 알게 됐다.

학교에 입학하여 읽기를 배우는 순간부터 쓰기도 함께 하는 것이 좋다. 두뇌에서 읽기와 쓰기를 처리하는 영역이 달라서 읽을 줄 안다고 해서 쓸 줄 아는 것이 아니다. 읽고 쓰기를 함께 배울 때 서로 도움을 주고받으며 더 쉽게 배울 수 있다.

게다가 쓰기 활동은 소근육 운동에 정말 좋은 활동이다. 소근육 발달을 통한 두뇌 발달을 위해서도 입학하는 날부터 손가락으로, 연필로 직선을 그리고, 원을 그리는 활동부터 쓰기를 시작하면 좋다.

받아쓰기도 시작이 빠르면 빠를수록 좋다. 받아쓰기는 소리와 문자를 연결하는 데 목적이 있다. 각 글자의 소리를 듣고 낱글자들을 조합하여 문자를 적을 수 있게 하는 방법으로 받아쓰기를 활용한다. 소리를 듣고 쓰는 동안 그림처럼 하나로 뭉쳐있던 글자들을 음절 단위로, 음소 단위로 분리하여 사고할 수 있게 된다.

읽기 발달이 아직 음소 단위로, 음절 단위로 분리되지 않고, 글자를 그림처럼 묶어서 사고하는 아이라면 글자를 보고 그리는 수준에서부터 쓰기를 진행하면 된다. 알림장에 써줄 글자 중 낱글자 하나라도, 음절 글자 한 개라도 비워놓고 아이가 직접 쓰게 하는 활동은 아이에게 글자에 흥미를 갖게 할 뿐만 아니라 문자에 대한 거부감도 줄일 수 있다. 듣고 쓰지 못하는 아이를 배려하여 시차를 두고 칠판에 적어준 후 보고 그리거나 쓰게 하면 된다.

고학년이 되어도 여전히 맞춤법이나 띄어쓰기를 잘하지 못하는 아이들이 있다. 띄어쓰기는 띄어읽기를 가르치면 자연스럽게 할 수 있게 된다. 띄어쓰기 단위인 어절 단위 읽기가 되면 쓰기도 두어 번 방법만 일러줘도 띄어서 쓸 수 있게 된다. 그러나 맞춤법은 낱말 풀이와 더불어 연습이 필요하다.

준영이는 5월 10일에 '재봉사'를 '제봉사'로 받아썼다. 6월 7일에는 '혈안'을 소리 나는 대로 '혀란'으로 썼다. 이 두 단어 모두 준영이가 뜻을 알지 못했던 것들이다. 맞춤법에 맞게 쓰려면 두 가지 조건이 갖추어져야 한다.

첫째는 뜻을 알아야 한다. 뜻을 모르는 것은 내 어휘집에 없는 것이니 소리 나는 대로 쓰거나, 짐작하여 쓸 수밖에 없다. 정확한 뜻을 알고

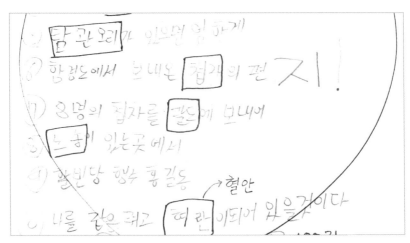

있거나, 적어도 어렴풋이라도 알고 어디서 본 듯이라도 해야 맞춤법에 맞
게 쓸 수 있다.

둘째는 뜻을 알더라도 연습이 필요하다. 아이들이 가장 많이 쓰면서
도 쉽게 틀리는 말 중 하나가 '좋다, 싫다'이다. '싫으니, 싫어서, 싫고…'와
같이 어미가 변하면 더 잘 틀린다. 맞춤법을 정확하게 맞추려면 좀 심하게
말해 '혹독한' 연습이 필요하다.

이런 관점에서 보면 받아쓰기 시작은 초등학교 입학과 동시에 시작
하여 졸업할 때까지 해야 한다. 다만 학년의 수준에 맞는 방식과 내용을
선정하여 저학년 때는 매일, 고학년이 되어서는 낱말 풀이와 연결하여 가
끔이라도 받아쓰기를 해야 한다.

준영이가 찾은 최선 '이 말 저 말'

새로 시작한 이야기를 위해 들고 간 『홍길동전』을 받더니 '이! 저건

홍길동'이라고 외쳤다. 홍길동 이야기를 아는지 물었더니 안다고 했다가 바로 이어서 모른다고 했다. '홍길동 이름만 많이 들어봤지?'라고 물었더니 '도둑질'이라는 대답이 돌아왔다. 홍길동 이름을 듣자마자 도둑을 떠올리는 것이 안타까워 질문 몇 가지를 더 해봤다.

"홍길동이 왜 도적이 됐을까?"

"사람을 죽이기 위해서."

내 표정을 보고 답이 아니라고 생각했는지 '벌 받기 위해서', '아버지를 죽여서 복수하기 위해서'라고도 말했다. 순하고 착한 준영이 입에서 사람을 죽이는 것, 아버지를 죽여서 복수하는 것과 같은 말이 아무렇지도 않게 쏟아지는 것을 보며 혼란스러웠다. 요즘 아이들의 사고방식이라거나, 어린 시절에 별생각 없이 내뱉는 말이니 신경 쓰지 않아도 될 거라는 생각이 들다가도 준영이는 어디서 이런 말을 주워 삼켰을까 여러 갈래로 생각이 뻗어갔다.

평소 준영이는 질문을 받았을 때 자기가 아는 한도에서 빠르게 답을 했다. 내가 그에 대해 꼬치꼬치 캐며 대화의 중심으로 들어갈수록 무엇을 어떻게 대답해야 할지 몰라 가만히 있거나, 다른 것으로 화제를 돌려 얼토당토않은 말을 했다.

경험이 모여 언어와 문장을 구성하고, 언어와 문장이 정제되어 대화로 나와야 하는데 삶과 책 등에서 얻는 경험치가 현저하게 부족한 준영이가 나름대로 찾은 최선이 '이 말 저 말'이 아니었을까 싶었다. 그날도 준영이는 그런 대화 전략을 구사하여 도둑에서 떠오른 인상인 사람을 죽이는 것, 아버지를 죽여 복수하는 것과 같은 자극적으로 다루어지는 뉴스거리를 가져다가 아무렇지도 않게 말했던 것은 아닐까.

준영이가 가진 경험치를 높이는 것과 그것이 말과 쓰기와 읽기로 제대로 구현될 날을 기다리며 홍길동 이야기를 시작했다. 허균이 고발하고자 했던 조선 시대의 부조리와 홍길동이 단순한 도적이 아니었음을 이해하기를 기대하며 이야기를 들려줬다. 이야기가 끝나는 날까지 준영이는 단어를 고리로 떠오르는 생각들을 '이 말 저 말'로 쏟기도 하고, 질문도 했다. 그럴 때마다 나는 준영이가 이해할 수 있을 거라 기대하는 한도에서 정성껏 답했다.

마음에도 근육이 필요하다

5월 11일이었다. 조금 늦게 온 준영이 눈가가 촉촉했다. 왜 울었는지 물었는데 대답하지 않았다. 말하기 싫으면 하지 않아도 된다고 했더니 하기 싫다고 했다. 어떻게 하면 기분이 좋아질 수 있는지 물어도, 무엇을 하고 싶은지 물어도, 이야기를 들려줄까 물어도, 사탕을 줄까 해도 대답이 없고 소매로 눈을 계속 닦았다.

'먼저 책을 읽어줄까?' 하고 물었더니 싫다고 해서 '그럼 준영이가 가장 좋아하는 받아쓰기를 먼저 할까?' 하고 물었더니 고개를 끄덕였다. '다급한 목소리로 불렀어요.'를 쓰는데, '급'을 '금'으로 쓰고, '불렀어요.'를 '불런어요.'로 썼다. 코를 훌쩍이고, 눈을 꿈벅꿈벅하며 썼다. 틀린 것을 고칠 때 소리를 내보라고 해도 가만히 있고, 뭘 물어도 모른다고 했다.

공부할 마음이 생길 때까지 쉬자고 말하고 함께 가만히 앉아 있었다. 준영이도, 나도 말없이 앉아 있다가 내 어린 시절 이야기를 했다. 내가 가장 억울했던 때, 가장 기뻤던 때, 화가 났던 때, 창피했던 때를 혼잣말처럼 10여 분간 이야기했다. 내 어린 시절 이야기를 들으며 마음이 가라앉기를 바랐고, 나의 억울했던 이야기 등이 위로가 되기를 바랐다. 점차 아이의 표정이 맑아지는 것 같았다. 이야기 끝에 기분이 좀 괜찮아졌는지 물었더니 고개를 끄덕였다.

공부하고 싶은 마음이 생겼는지 물었지만 역시 대답은 없다. 그래서 그냥 이야기 듣기만 하자고 했다. '알라딘과 요술램프' 이야기 중 알라딘과 마법사가 동굴에 들어가 램프를 들고 나오는 장면을 들려줬다. 이야기를 시작하자 좀 전에는 먹지 않겠다던 과자를 먹고 싶다고 했다. 과자를 먹으면서 이야기를 듣는 준영이 표정이 밝아지는 것이 보였다.

받아쓰기를 하겠다고 해서 이야기 속에 나오는 '계단'을 불러주었더니 정확하게 쓰며 '굴'이 뭐냐고 묻기도 했다. 그렇게 이야기를 들으며 열 개를 받아썼다. 알라딘이 동굴에 갇힌 부분까지 이야기하고 마쳤을 때 준영이 표정이 완전히 돌아와 있었다. 받아쓰기는 100점을 맞을 수 있도록 조정했다. 스티커를 붙이는데, 동시집을 집으며 너무 어렵다고 말했다. 그러면서 오늘 왜 그랬는지 묻지도 않은 말을 했다.

"내가 왜 그랬냐면, 선생님이랑 읽고 있었는데 애들이 시끄럽게 해가지고 다시 읽으라고 했는데, 그것 때문에 너무 억울해요."

공부를 시작할 때 담임선생님에게 동시집을 한 권 주며 준영이의 읽기를 봐달라고 부탁했다. 집에서 먼저 연습한 후 담임선생님과 함께 세 번 정도 반복하여 읽기가 교실 과제였다. 동시집 『초록 토끼를 만났다』를 주었는데, 준영이가 읽기엔 조금 어려운 부분도 있었다. 읽기도 힘든데 다른 아이들이 떠들어서 다시 읽어야 했으니 억울하기도 했겠다 싶었다. 그래서 준영이에게 선택해보라고 했다.

"어려워도 도전을 해볼 것인지, 어렵다고 포기하고 쉬운 것으로 갈 것인지 선택해봐."

쉬운 책도 있으니 하고 싶은 것을 선택해보라는 말에 준영이는 한참을 생각하더니 도전하겠다고 했다. 억울한 일이 있어도 시간이 지나면 괜찮아진다는 내 말에 힘차게 고개를 끄덕이고, 평소처럼 하이파이브를 하고 준영이는 교실로 갔다.

얼마 전의 나였으면 준영이가 어렵다고 하면, 더구나 눈물을 흘리면서 어렵다고 하면 당장에 쉬운 책으로 바꿔줬을 것이고, 왜 우는지 꼬치꼬치 물었을 것이다. 그런데 영상을 돌려보면서 꼼꼼하게 기록하고 준영이에게 필요한 것이 무엇인지를 탐구하다 보니 좀 어렵더라도 책 한 권을 읽어내는 성취감이 더 필요함을 그 순간에 알아차렸다. 캐묻기보다는 마음 추스를 시간을 주는 것, 관심을 다른 곳으로 돌리는 것이 더 필요함을 알아차렸다. 기록과 탐구의 힘이다.

그날 나는 아이가 돌아간 후에도 준영이가 실패에 넘어지지 않고 도전을 거듭하며 읽기 터널을 무사히 빠져나가길 간절히 바라며 한참을 혼자 앉아 있었다.

학습에서 맛보는 성취감

5월 24일이었다. 교실로 들어오자마자 밝은 표정으로 수학 시험을 잘 봤다고 자랑했다. 받아쓰기하다가 갑자기 오늘은 기분이 정말 좋다고 말해서 나도 웃었다. 수학 시험 스무 문제 중 4개를 틀려서 80점을 맞았다고 했다. 어제 서술형 3문제를 걱정했는데 그중 한 문제는 맞고 두 문제를 틀렸다고도 했다. 이렇게 기분 좋은 날 준영이는 글씨도 잘 쓰고, 글을 읽을 때 목소리도 크다.

글을 읽을 때였다. 다른 때와 달리 틀리지 않기 위해 손가락으로 짚어가며 정성 들여 읽었다. 읽다가 고개를 들더니 '점점 읽는 것도 잘해지는 것 같아요.' 했다. 준영이 말대로 지난주 목요일부터 읽기 정확도가 90%를 넘어갔다. 틀리지 않게 주의를 기울이며 아직 많은 부분에서 음절 단위로 끊어 읽지만, 그래도 틀렸다는 것을 인지하고 곧잘 스스로 고쳐서 읽는다. 그날도 한 글자 한 글자 주의 깊게 보고 읽어나가다가 갑자기 그런 생각이 들었는지 자랑스러운 목소리로 말했던 것이다.

수학 시험 덕분에 그날은 다른 때보다 더 열심히 집중해서 읽고 썼다. 수학 시험과 받아쓰기, 글쓰기에서 느낀 성취감이 학습 성과로 이어진 날이었다. 이런 날은 아이도 교사도 최고의 성취감을 맛보는 날이다. 그래서 나는 아이가 성취감을 맛볼 대목을 어떻게 마련할지 늘 고민했다. 작은 성취라도 놓치지 않기 위해 눈과 크게 뜨고 마음을 활짝 열었다.

성취 하나하나가 쌓여서 마음에 저장될 때 아이는 학습 의욕을 조금씩 높여갈 것이며, 그것이 멈추지 않고 계속될 때 학습을 이어갈 수 있을 것이다. 인간은 누구나 새로운 것, 새로운 지식에 대한 욕망이 있고 그것을 채울 때 느끼는 쾌감이 다른 어떤 것보다 강하기 때문에 우리 인류의 역사가 여기까지 오지 않았을까 싶다.

마음의 근육

준영이와 수업하는 동안 두 번을 아무것도 하지 않고 앉아 있었다. 무엇을 하고 싶은지, 어떻게 하면 기분이 좋아질지, 지금 기분은 어떤지 등, 무엇을 물어도 묵묵부답이어서 그냥 앉아 있게 했었다. 처음 그랬을 때는 그래도 시간의 끄트머리에 좋아하는 받아쓰기를 하며 기분이 나아졌지만, 두 번째는 한 시간이 다 흐른 후에도 기분은 나아지지 않았고 그런 상태로 교실로 돌아갔다. 그 일 이후로 준영이의 기분을 살피고, 기분을 좋게 하려고 무던히 애쓰는 나를 발견했다. 교사는 힘들고, 아이는 마음의 성장 없이 기분 내키는 대로 행동하는 건 아닐까 두려웠다.

6월 들어서 준영이의 기분이 시시때때로 가라앉았다. 어느 날인가 기운 없는 얼굴로 공부하러 온 준영이에게 사춘기냐고 물은 적이 있다. 아니라고 대답하길래 내친김에 이것저것을 물었다. 공부도 어렵지 않고, 불만도 없고, 오기 싫은 것도 아닌데 기분은 별로라고 해서 그게 바로 사춘기 현상이라고 말했다. 어른으로부터 독립하여 세상으로 나아가는 과정이니 힘내라고, 마음의 근육을 잘 만들어가라고 했다. 그 말이 마음에 가닿았는지 묻지도 않은 말을 했다.

"국어 시간에 너무 어려운 책을 읽고 있어요. 오월의 달리기 너무 어려워요. 사투리 때문에 무슨 말인지 모르겠어요."

쉬운 것보다 도전을 선택했던 준영이가 읽기 때문에 좌절하며 기분을 끌어내리는 방식으로 자기를 드러내며 공부를 포기하는 것만 같아서 안타까웠다.

준영이와 공부하는 동안 우리는 자주 대화를 나누었다. 세상의 이치와 돌아가는 사정에서부터 마음을 어떻게 쓸지 등이 주된 주제였다. 가라앉는 기분을 어떻게 끌어올릴지도 이야기하며 마음의 근육을 키우자고 때때로 말했다. 이런 이야기들은 준영이에게 필요한 것이기도 했지만, 어쩌면 나 자신을 향한 말이기도 했다. 아이의 기분에 따라 널뛰는 내 마음에도 근육이 필요했다. 기다려줄 여유가 필요했고, 아이에게는 하고 싶어도 안 되는 것이 있다는 것을 받아들일 마음도 있어야 했다. 마음의 근육은 아이에게도 필요하지만, 학습이 부진한 아이를 가르치는 선생님에게 더 필요한 것인지도 모른다.

9월 1일 자로 발령이 나면서 준영이와 아쉽게 헤어졌다. 생일날 학교에 찾아오겠다며 그날 만나자고 한 약속 덕분에 11월에 준영이를 다시 만날 수 있었다. 아이와 헤어진 지 넉 달이 지난 시점이었다.

그날 나는 글 읽기와 쓰기 공부를 그만둔 준영이의 상황이 어떨지 궁금하여, 한 시간 분량의 수업을 준비해 갔다. 준영이는 내가 학교를 옮기면서 사준 셜록 홈즈 시리즈 열 권 중 두 권을 읽고 있다고 했다. 글을 읽을 때는 주의를 기울이며 음절 단위로, 어절 단위로, 때로는 의미 단위로 떼어서 읽었다. 읽기 정확도가 90%를 조금 넘어가고 있었다. 받아쓰기 열 문제 중 일곱 개를 정확하게 쓰고 세 문제를 잘못 썼는데 모두 'ㅔ'와 'ㅐ' 구분에서 틀리게 썼다.

7월 초 수업을 마지막으로 다섯 달의 공백이 있었는데, 쓰기에서 의미 있는 변화가 있었다. 내가 지적하지 않아도 받침을 정확하게 쓰고, 받침이 있는지 없는지 더 이상 헷갈리지 않았다. 글자를 쓰기 위해 입으로 소리를 내지도 않았다. 들으면서 글자들을 써나갔다. 띄어쓰기도 대부분 정확했다. 읽기 정확도는 6월을 넘어서면서 90%를 넘기도 하고, 근접하기도 해서 크게 진전이 있어 보이지는 않았지만, 쓰기는 눈에 보이는 변화가 있었다. 수업하는 동안 늘 제자리인 것 같았는데, 걱정과 달리 쓰기 실력이 한 계단 뛴 것이 눈에 보였다.

어른을 향한 걸음을 조금씩 내딛고 있는 준영이와 한 시간가량 이런 저런 이야기를 나누고 헤어졌다. 조금 일찍 글자를 더 집중적으로 공부했더라면 하는 아쉬움이 있었지만, 석 달의 시간이 분명 아이에게 특별한 의미로 다가갔으리라 믿기로 했다. 준영이가 가진 명랑함과 긍정의 힘으로 이후의 시간을 충분히 잘 살아나가리라 생각한다.

고학년 아이의 문해력 키우기

2019년 7월에 나는 세 개 학교에서 90여 명의 6학년 아이들의 읽기와 쓰기를 검사하고 분석했다. 고학년 아이들의 읽기 유창성 정도와 어휘력, 내용 이해력, 쓰기 능력 등을 분석하여 학교 교육과정에 반영하기 위해서였다. 결과는 짐작했던 것보다 훨씬 더 심각했다. 원도심 지역의 열악한 환경 속에 자리한 우리 학교 아이들이나, 신도심 지역의 학구열 높은 나머지 두 개 학교 아이들이나 별 차이가 없었다.

많은 아이가 줄줄줄 읽다가 숨이 차면 쉬었고, 심지어 마침표가 있는 곳조차도 쉬지 않고 읽었다. 익숙한 단어는 의미 단위로 띄어 읽다가 '노동력 착취'와 같은 모르는 단어가 나오면 음절 단위로 한 글자씩 읽어냈다. 문장을 읽다가 다음 단어를 어떻게 읽을지 생각하느라 멈칫거리고, 생략하거나 첨가하기도 하고, 틀리게 읽고, 반복해서 읽기 일쑤였다. 문자를 읽어내는 데 급급하여 내용을 볼 수 없는 아이가 92명 중 30명으로 비율이 32.6%나 되었다.

어휘력 검사에서는 먼저 아이들에게 모른다고 생각하는 낱말에 동그라미를 그리게 했는데 아이들 대부분이 '노동력 착취'와 같이 낯선 단어에만 그렸다. 아이들이 모를 것 같은 단어 열 개를 골라 뜻을 물었고, 어렴풋이라도 알고 있는 것 같으면 정답 처리했다. 예를 들어 '상대적'이라는 낱말을 설명할 때 '비교하다'나 '그 상대방…'과 같이 말해도 정답으로 간주했다. 어휘 검사에서 62% 정도의 아이가 절반도 맞추지 못했고, 열 개 모두를 모르는 아이도 네 명이나 있었다. 이때 아이들이 알고 있다고 생각하여 동그라미를 그리지 않은 단어 중 가장 많이 틀린 단어는 '재배'로, 단 두 명만 모른다고 표시했으나 정답률은 27%에 채 미치지 못했다. 아이들은 어디서 본 듯하거나, 실제로 교과서에 자주 등장하는 '재배'와 같은 낱말은 안다고 생각했다.

낯선 낱말과 알고 있다고 착각하는 낱말이 수두룩한 교과서 지문을 읽을 때 아이들은 건너뛰고 읽거나, 대충 읽어서 내용을 이해할 때도 대강 이해했다. 내용을 묻는 말에 다시 읽고 대답하면서도 장황하기 그지없었다.

어휘력과 함께 가장 심각한 것은 쓰기였다. 보고, 듣고, 말한 것을 쓰는 경험이 적어서인지 아이들은 문장을 쓴다는 것을 특별한 일로 생각하는 것 같았다. 주어진 단어였던 '열대 과일'을 넣어서 쓸 때는 그럭저럭 썼지만, 자유 문장을 쓸 때는 무엇을 써야 할지 망설이고, 또 망설였다. 겨우겨우 써낸 문장도 '나는 6학년이다', '학원 가기 싫다'와 같이 최소한의 문장 구성요소만을 갖추어 썼다.

문자 해득을 마친 이후의 아이들이 읽기와 쓰기를 활용하여 교실에서 어떻게 공부하는지를 보여준 검사였다. 준영이도 이 결과에서 보여준 것과 똑같이 읽기도, 어휘력도, 내용 이해도, 쓰기도 모두 문제가 있었다. 이런 정도의 읽기, 쓰기 수준으로는 도저히 다른 학습을 제대로 할 수 없다.

문자를 해득한 이후의 아이 중 약 30%가량은 읽기 유창성에 문제가 있다. 쓰기에 어려움을 겪는 아이의 비율은 이보다 더 높다. 읽기·쓰기 어려움으로 인해 깊이 있는 학습으로 나아가지 못하는 아이들은 학습에 흥미를 잃기도 하고, 준영이처럼 배우고자 하지만, 배우지 못해 순간순간을 힘겹게 살아가기도 한다.

한글 해득 이후의 아이들이 그다음 과정인 독해^{讀解}로 나아가기 위해서는 읽기 유창성이 확보되어야 하며 기본적인 쓰기 활동을 할 수 있어야 한다. 읽기 유창성과 쓰기 활동은 30% 아이들의 학습을 위한 최소한의 요건이기도 하지만, 모든 아이의 탄탄한 문해력을 위해 꼭 필요한 것이기도 하다.

그때 아이들의 검사 결과와 준영이와 함께한 수업을 바탕으로 고학년 아이들의 문해력을 키우기 위한 몇 가지 제안 사항을 정리한다. 읽기와 쓰기 때문에 공부를 포기하는 아이들이 조금이라도 줄어들기를 간절히 바란다.

고학년 아이의 문해 수업, 이렇게 하자

첫째, 학기 초에 개인별 진단 시간을 갖자.

고학년 아이들이 글을 어떻게 읽고 쓰는지 학기 초에 개인별로 진단하는 시간을 갖자. 각 학년 국어 교과서 한 단락 읽기, 한 문장 쓰기면 충분하다.

둘째, 읽기 방법을 가르치자.

빠르게 읽는 것이 잘 읽는 것이라고 생각하여 쉬지도 않고 줄줄줄 읽는 아이들이 생각보다 많다. 어디서 쉴 것인지, 어디서 띄어 읽어야 하는지 가르쳐주고, 일주일에 한 번이라도 소리 내어 읽을 시간을 고학년도 마련해야 한다.

셋째, 5, 6학년도 받아쓰기를 하자.

새로 배우는 낱말을 활용한 문장을 받아쓰고 읽는 시간을 갖자. 이런 시간이 어휘 공부는 물론이고 쓰기 능력 향상으로 이어질 것이다.

넷째, 띄어쓰기가 안 되면 띄어 읽기부터 하자.

띄어쓰기가 안 되는 아이가 있다면 띄어쓰기 단위인 어절 단위로 끊어서 읽기를 연습한 후에, 읽은 문장을 불러주고 쓰는 연습을 해보자. 띄어 읽기가 되면 띄어쓰기도 할 수 있다.

다섯째, 반복해서 읽자.

읽기 유창성을 기르기 위해서는 같은 문장을 반복해서 읽기가 유용하다. 한 문장도 좋고, 한 단락도 좋다. 처음에 틀리게 읽는 낱말이나 글자를 수정하여 읽는 과정이 없으면 그다음에도 오류를 보일 가능성이 크다. 익숙하지 않은 낱말을 반복하여 읽는 과정을 통해 읽기 자동화를 완성할 수 있다.

여섯째, 한 문장 쓰기를 생활화하자.

지금 눈에 보이는 것도 좋고, 들은 것도 좋고, 방금 한 일을 써도 좋다. 수업을 마친 후 그 시간에 공부한 것을 한 문장으로 쓴다면 학습 정리에도 좋을 것이다. 한 문장 공책을 마련하여 매일 쓰기를 해보자. 한 문장 쓰기가 일상화되면 무엇을 어떻게 써야 할지 연필만 굴리던 아이들도 훨씬 더 쉽게 쓰기에 다가갈 수 있다. 물론 두 문장을 쓴다면 더욱 좋겠지만, 한 문장 쓰기로도 충분하다.

일곱째, 동시를 읽히자.

동시에는 운율이 있어서 어절 단위 띄어읽기와 띄어쓰기를 가르칠 때 활용하면 좋다. 함축된 의미가 있고, 아름다운 언어가 있어서 함께 소리 내어 읽고 외우고, 혼자서 읽고 외우는 과정을 통해 말과 글의 아름다움을 느낄 수 있다.

맺음말

아이들은 왜 배우지 못하는가?

지난해 9월 기초학력보장법안이 국회에서 통과되어, 2022년 3월 25일부터 시행에 들어갔다.

이 법은 학습지원대상학생에게 필요한 지원을 함으로써 모든 학생의 기초학력을 보장하여 능력에 따라 교육을 받을 수 있도록 그 기반을 조성하는 것을 목적으로 한다.

목적을 밝힌 제1조의 내용으로 그동안 정책으로만 추진하던 기초학력을 법제화하여 국가의 의무 사항으로 규정하였다. 이 법에 따라 국가와 지방자치단체는 기초학력 보장을 위한 시책을 마련해야 하고, 교육부 장관과 교육감은 기초학력지원센터를 만드는 등 관련 정책을 추진해야 하며, 학교는 구체적인 계획을 세워 실행해야 한다.

어떤 이들은 이 법에 기대가 클 것이고, 어떤 이들은 우려가 있을 것이다. 아마도 올해 안에 여러 가지 정책들이 논의되어 실행되겠지만, 이 법안대로 정책이 현장에서 안착하여 시행에 들어가면 기초학력이 부진한 아이들에게 실질적인 도움이 될까?

초등학교 교사가 되어 학교에서 살아온 30년의 세월을 돌아보면 학습이 부진한 아이를 위한 끊임없는 노력이 있었다. 그동안 기초학력 정책은 교실에서, 학교 단위로, 교육청과 교육부 단위로 확대 시행되어왔다. 30년 전만 하더라도 교사가 재량껏 오후에 아이를 남겨두고 한글도 가르치고, 수학도 가르쳤다. 그러던 것이 점차 교육청 차원으로 확대되어 '창의경영학교', '두드림학교' 등으로 이름과 내용을 바꿔가며 정책이 추진되어왔다.

그동안 기초학력 향상을 위해 쏟아부은 돈과 시간을 생각하면 학년이 올라갈수록 학습에 어려움을 겪는 학생이 줄어야 하지 않을까 싶다. 그러나 어찌 된 일인지 교실에는 학습을 따라가기 힘든 아이들이 늘 같은 비율로 앉아 있는 것 같다. 어쩌면 상급학교로 진학할수록 다양한 이유가 합해져 그 수가 더 늘어나고 있는지도 모른다.

2020년도에 근무했던 학교에서 나는 선생님들과 함께 문해력 향상을 위한 '글구멍틔움 교육과정[29]'을 편성하여 운영하였다. 교육과정 운영에 앞서 선생님들은 각 반에서 아이들이 얼마나 잘 읽고 쓰는지 진단하

---

[29] 읽기·쓰기 자동화와 독해력의 바탕을 다지는 어휘력 신장을 위한 교육과정으로 1학년에서 6학년까지 전체 학년에서 운영한다. '글구멍 틔움 교육과정'은 상대적으로 학습이 느린 아이를 위한 것이기도 하지만, 모든 아이에게 공부의 바탕이 되는 탄탄한 문해력을 갖게 하기 위한 교육과정이다.

는 시간을 가졌다. 그때 나는 우연히 6학년 아이들 검사를 맡아서 진행했는데, 짐작했던 것보다 결과가 너무나 심각했다. 그래서 신도심 지역의 아이들 읽기 검사를 진행했는데 결과에는 별 차이가 없었다.

이미 앞장에서 서술했듯이, 6학년임에도 불구하고 글자를 읽어내는 데 집중하느라 내용을 생각할 겨를이 없을 정도로 읽기가 서툴렀던 아이들이 반마다 30%를 넘어갔다. 주어진 어휘의 반절도 뜻을 알지 못해 내용을 이해하기 힘겨워했던 아이들, 예시 문장을 듣고도 겨우겨우 써낸 문장조차도 어설펐던 아이들이 수두룩했다.

어떤 정책이 들어와도 기초학력 문제가 제자리에서 맴도는 이유가 여기에 있지 않을까 싶다. 기본적으로 읽고 쓸 줄 알며, 어휘력이 어느 정도 뒷받침이 되어야 학습을 할 수 있을 텐데 아이들의 현재 상태가 이렇다는 것을 간과하고 현재 보이는 현상 해결에만 급급한 것은 아닐까?

'아이들은 왜 공부를 안 하는 것일까?'

어른들이 흔히 하는 생각이다. 조금만 더 노력하면 잘 할 수 있을 것이라고도 말한다. 이 질문을 아래와 같이 바꾸어 보자.

'아이들은 왜 배우지 못하는가?'

같은 내용의 질문이지만, 첫 번째 질문은 학습 부진의 원인을 아이에게서 찾고, 두 번째 질문은 어른에게서 찾고 있다. 읽고 쓰기가 자동화되지 않아서 글자를 어떻게 읽어낼지를 고민하는 아이라면, 꼭 필요할 때가 아니면 읽지 않게 된다. 읽더라도 익숙하지 않은 낯선 단어들은 건너뛰고 읽을 가능성이 매우 크다. 이런 아이들은 공부를 안 하기보다는 못 한다고 봐야 맞다. 읽어도 무슨 말인지도 모르는 글을 누군들 읽으려고 할까. 어떻게 써야 할지 모르는 글을 쓸 수 있을까. 기초학력 정책을 시작할 때 그래서 '아이들은 왜 배우지 못하는가?'에서부터 출발해야 한다.

아이들이 제대로 공부할 수 없는 가장 근본적인 이유는 불평등한 사회 구조에 있다. 많이 듣고, 많이 말하고, 주 양육자인 부모와의 상호작용이 충분해야만 아이가 풍부한 언어구사력을 갖출 수 있다. 이러한 언어 사용 능력은 취학 후 읽기와 쓰기의 밑바탕이 된다. 그런데 부모의 사회경제적 지위가 낮을수록 아이와 교감하면서 대화를 나눌 시간을 갖기 어렵다. 우리가 가르쳤던 아이 대부분은 이런저런 사연으로 인해 충분하게 듣고 말하지 못하고, 따뜻한 상호작용이 부족한 상태로 취학 전 시절을 보낸 아이들이다. 비단 이 아이들뿐만 아니라 사회 구조와 시스템 속에서 부모로부터 따뜻한 돌봄을 받지 못한 아이들은 태어나면서부터 이미 다른 출발선에 서 있다.

이런 아이들이 학교에 오면 충분한 지원을 받아서 벌어진 차이를 메울 수 있을까? 불문율처럼 행해지는 중간 정도의 수준에 맞추어서 진행하는 수업이 1학년이라고 예외는 아닐 것이다. 다른 아이들보다 훨씬 더 많은 시간과 노력이 필요한 이 아이들이 중간 수준 수업에 제대로 참여할 수 없으리라는 것은 너무도 쉽게 짐작할 수 있다. 아무리 세심하게 살핀다고 하더라도 담임교사 혼자서 진행하는 수업에는 아이가 학습에서 소외될 수밖에 없다. 한참이나 뒤진 출발선에 선 아이를 교육과정과 수업이 더 뒤로 가게 만드는 것은 아닐까 고민이 필요한 지점이다.

이런 아이들을 가르치는 교사는 전문성이 훨씬 더 필요하다. 2015년 이후로 전국의 교육청들이 대대적인 연수를 진행한 덕분에 한글 교육 전문성을 갖춘 교사가 많이 늘었다. 교육대학에서도 한글 지도를 위한 시간을 늘려가고 있는 것 같기는 하다. 그러나 아직도 많은 교사가 이런 아이를 만났을 때 어디서부터 시작하고, 어떻게 해야 아이는 쉽게 배우고, 교사는 잘 가르칠 수 있는지 막막하다고 말한다. 그래서 교사가 되기 전에 교육대학에서부터 한글 교육을 위한 과정을 탄탄하게 마련해야 한다. 몇 시간의 이론 수업으로만 진행할 것이 아니라 적어도 한 학기, 또는 1년의 과정으로 깊이 있게 공부할 수 있어야 한다. 전문성을 가지고 아이들을 만나면 교사는 더 잘 가르칠 수 있고, 아이들은 더 잘 배울 것이다. 1학년 교사들에게는 해마다 한글 지도 전문성을 더 갖추기 위한 연수와 협의 시간이 마련되어야 한다. 함께 사례를 나누고 어떻게 가르칠지 고민하고 협의하는 시간이 있어야 아이에게 필요한 지원을 놓치지 않고 제때 해줄 수 있다.

불평등한 사회 구조에서 비롯되는 격차를 줄이려는 노력과 느린 아이를 배려하는 교육과정과 수업, 교사의 한글 지도 전문성 등 세 가지가 톱니바퀴처럼 맞물려 돌아갈 수 있게 국가와 사회, 그리고 학교와 교사가 함께 노력해야 한다.

아이들이 잘 배우게 하려면 어떤 정책이 필요할까?

2017년도에 나는 『읽고 쓰지 못하는 아이들』[30]을 집필하면서 각 시·도 교육청마다 '언어 발달 지원센터' 설치와 1학년 아이를 위한 '읽기 지도 전문 교사' 배치를 제안하였다. 내용과 이름, 형식에는 차이가 있지만, '기초학력보장법'에 이런 내용이 일정 정도 담겨 있다. 나는 이 법이 계획을 수립하고 실적을 평가하는 방향으로만 흘러가지 않기를 진심으로 바란다. 아이들이 '능력에 따라' 잘 공부하게 하려면 정책을 수립하고 실행할 때 먼저 '아이들은 왜 배우지 못하는가?'라는 고민으로부터 출발하기를 다시 한번 강조하고 싶다. 이런 관점에서 현장에서 경험한 것을 바탕으로 그동안 생각했던 것 몇 가지를 정리한다.

첫째, 1~2학년은 읽기 쓰기 집중 학년으로 운영하자. 1~2학년 시기의 국어 교육은 소리에 집중할 수 있도록 교육과정을 개편하고 학교에서 잘 실행할 수 있게 뒷받침하자. 문장과 단어를 분절하여 음절 단위로 분리하고, 음절 글자를 분해하고 결합하여 읽고 쓰는 활동을 중심으로 교육과정을 편성하고 교과서를 만들어 활용해야 한다. 문자를 해독解讀하고, 정확하게 읽고 쓰는 활동에 집중할 시간을 충분히 주고, 소리를 익히는 다양한 말놀이와 글놀이를 할 수 있게 해야 한다.

1학년에 입학한 아이들은 시기적으로 음절 단위로 읽고 사고한다. 2~3학년 아이들은 어절 단위로 읽고 쓰기를 집중적으로 배워야 하는 시기다. 음절 단위로, 어절 단위로 읽고 쓰는 아이들은 문장을 읽고 이해하는 데 한계가 있다. 한 글자씩, 또는 어절 단위로 읽으면서 내용보다는 어떻게 소리 낼지에 집중하기 때문이다. 그래서 이 시기의 아이들에게는 읽고 이해하는 활동보다는 듣고 이해하는 활동을 해야 한다. 즉, 교사가 이야기를

---

30) 홍인재, 『읽고 쓰지 못하는 아이들』, 에듀니티, 2017.

들려주고 질문하는 형식의 독해 활동이 아이들의 발달 과정에 맞다.

그러나 아쉽게도 현재의 교육과정은 문자 해독과 정확성, 다양하고 풍부한 말놀이보다는 읽고 이해하는 독해 활동을 중심으로 편성되어 있다. 학습이 느린 아이들이 따라가기에는 버거운 것이 너무 많다. 아이들의 읽기 발달에 맞지 않는 것을 걷어내고 소리를 바탕에 둔 읽기 쓰기 집중 학년 운영은 느린 학습자뿐만 아니라 모든 아이의 문해력 바탕을 다지기 위해서라도 꼭 필요한 일이다.

둘째, 한글 교육이 따로 더 필요한 아이를 위한 '읽기·쓰기 전문교사'를 학교에 두자. 우리가 올해 가르쳤던 여섯 아이를 비롯하여 그동안 내가 만났던 아이들 모두 한글 교육이 따로 더 필요한 아이였다. 이 아이들은 짧게는 3개월에서, 길게는 2년까지 개별적인 교육이 필요했고, 그 시간을 거쳐 어느 정도 학습에 다가설 수 있었다.

이 아이들은 전문성을 갖춘 교사가 개별적으로 가르칠 때 가장 잘 배운다. 한글을 잘 읽고 쓰지 못하는 아이들을 위한 강사가 전국의 학교에 넘쳐나지만, 2~3학년이 되어도 심지어 준영이처럼 6학년이 되어도 글을 다 배우지 못하는 경우가 허다하다. 현재 수준을 진단하고, 그에 맞는 출발점을 찾아 아이에게 맞는 방법으로 가르치는 것이 무엇보다 중요한 아이들임에도 불구하고, 강사에게 맡겨져 집중적이고 전문적인 개별 지원을 받지 못하기 때문일 것이다.

현재 일부 시·도 교육청에서 시도하고 있는 기초학력 전담 교사, 문해력 전담 교사제와 같은 정책을 전국의 모든 학교에서 운영할 수 있도록 확대하는 것이 가장 먼저 필요하다. 이 교사들로 하여금 한글 교육이 더 필요한 학생들을 개별적으로 지도하여 학급으로 돌아가 수업에 참여할 수 있게 하는 역할을 주어야 한다. 앞장에서 지안이 선생님이 언급했던 뉴질랜드의 '리딩 리커버리 프로그램^{Reading Recovery Program}'과 같은 정책을 우리 실정에 맞게 만들어서 시행하기를 고대한다.

셋째, 일정 규모의 1학년 교실에는 두 명의 담임교사를 배치하자. 아이의 말을 잘 들어주고, 정성껏 답할 교사가 한 명으로는 부족하다. 1학년 아이들은 시기의 특성상 어른의 소리에 민감하다. 어른의 소리를 모방하고 따라 하는 경향도 강하다. 그래서 교사가 많이 들어주고 들려주어야 한다.

1학년만이라도 학급당 학생 수를 줄이자는 의견이 꾸준히 제기되고 있다. 수를 줄이는 것도 좋은 방법이기는 하지만, 아무리 학생 수가 적어도 학습을 따라가지 못하는 아이가 있다면 담임교사 혼자서 수업을 진행하면서 그 아이를 집중적으로 보기 어렵다. 옆에서 개별적으로 도와주면서 출발선 격차를 조금이라도 줄이기 위해서는 1학년 교실에는 두 명의 교사를 배치해야 한다.

글을 마치며 여섯 명의 어린 스승들에게 고맙다는 말을 꼭 전하고 싶다. 언제나 우리에게 사랑의 눈빛을 보내면서 믿고 따라와 준 그 예쁜 아이들 덕분에 공부가 깊어질 수 있었고, 아이를 이해하는 눈이 더 섬세해졌으며, 가르치는 기쁨을 만끽할 수 있었다.

부록

한글 지도 교재와 교구,
무엇을 사용할까?

　　한글을 가르칠 때 어떤 자료를 활용할지 많은 선생님이 고민한다. 그림책을 활용해보려고 뒤적이다 보면 어느 것을 골라야 할지 난감하다. 교구나 자료, 낱말카드 등 활용할 수 있는 것들은 넘쳐나는데 그중에 무엇을 선택해야 잘 가르칠 수 있을지 고민스럽다.

　　결론부터 말하면 무엇이든 교재가 될 수 있고, 어떤 것이든 교구가 될 수 있다. 아이가 좋아하는 것이 가장 좋은 한글 지도 자료라고 말할 수 있다. 교재와 교구를 활용할 수 있는 전문성과 안목만 있다면 어떤 것이든 아이에게 맞추어 활용할 수 있겠지만, 이제 막 한글 지도를 시작한 선생님이라면 교재 선택에 어려움을 느낄 것이다. 이런 어려움에 조금이나마 도움이 되면 좋겠다는 마음으로 우리가 사용한 교재와 교구를 소개한다.

손바닥 그림책[31]

한글 지도 연수가 전국적으로 시작될 무렵 연수에 참여한 선생님들에게 가장 어려운 점이 무엇이며, 교육지원청에서 무엇을 도와주면 좋겠는지 물은 적이 있다. 정리해보니 두 가지로 의견이 모여졌다. '적당한 교재를 찾기 어렵고, 안목도 부족하다. 그러니 매뉴얼을 달라'는 것이었다.

그날 이후로 어떻게 하면 선생님들이 바로 사용할 수 있고, 아이들이 좋아하는 교재를 만들 수 있을까 고민했다. 그런 고민 끝에 나온 것이 '손바닥 그림책' 44권이다. 손바닥 그림책은 '전북읽기교육연구회 글눈' 선생님들이 함께 만들었다. 선생님들이 가르치고 있는 반 아이들과 대화를 나누고, 아이들 입에서 나온 말을 받아 적고, 적은 것을 아이들에게 읽어보게 하고, 읽는 것을 관찰하면서 아이의 입말 수준에 맞게 수정했다. 그래서 초등학교 아이들의 언어와 가깝다.

손바닥 그림책은 총 4단계의 그림책과 활용 안내서, 그림 글자 카드로 구성되어 있다. 손바닥 그림책을 활용하기 전에 먼저 안내서를 읽어보면 좋다. 아이의 읽기 수준에 맞는 그림책을 찾을 수 있고, 다른 선생님들의 활용 사례도 볼 수 있다. 그림 글자 카드는 글자를 읽지 못하는 아이들이 힌트를 보고 읽을 수 있게 만들어서 문자 입문용으로 활용하기 좋다.

1단계 '첫 그림책'은 1권 『학교 오는 길』에서부터 『친구랑 놀아요』까지 아이의 마음과 삶을 담았다. 그림책을 처음 접하는 아이들, 아직 글자

---

31) 홍인재 외, 손바닥 그림책 시리즈, 청동, 2022.

를 전혀 읽지 못하는 아이들을 위한 의미 중심 그림책이다. 한쪽에 한 단어, 한 문장 정도만 담아서 글을 몰라도 충분히 읽을 수 있게 만들었다.

2단계 '가나다 그림책'은 발음 중심 그림책으로 기역부터 히읗까지 소리를 습득할 수 있게 구성하였다. 1권인 『개미야, 강아지야, 어디 가니?』 그림책은 '기역'의 초성인 '그' 소리를 자연스럽게 익힐 수 있게 'ㄱ'을 중심으로 단어를 배치했다. 이 책을 만들기 위해서 학년을 마치는 2월에 여섯 학교, 여섯 개 반 아이들에게 각 자음을 말했을 때 가장 먼저 떠오르는 낱말이 무엇인지 물어서 빈도가 가장 높았던 다섯 개의 단어를 골라 문장을 구성하였다. 핵심 단어 다섯 개는 그림 글자로 만들어 글자를 읽지 못하는 아이도 쉽게 익힐 수 있게 하였다.

3단계 '쑥쑥 그림책'은 글자의 소릿값을 익히고, 1, 2단계보다 글밥을 늘려 음절 단위, 어절 단위 읽기를 시작한 아이들이 유창성을 기르기 위해 읽는 책이다. 2단계에서 배운 자음 글자를 복습하는 그림책 한 권과 일곱 개의 대표 받침을 익힐 수 있는 그림책 두 권을 비롯하여 소리와 언어의 재미를 느낄 수 있게 구성하였다.

4단계 '재밌는 그림책'은 이야기책이다. 우리가 흔히 알고 있는 옛이야

손바닥 그림책과 안내서

손바닥 그림책 목록

순	1단계	2단계
이름	첫 그림책	가나다 그림책
1	학교 오는 길	개미야, 강아지야, 어디 가니?
2	현장학습 가는 날	놀이터에서 놀아요
3	길다 짧다	동물원에 가요
4	필통 속	'ㄹ'은 리을
5	개미네 집 구경하기	마술을 보러 가요
6	고민 중	비밀이야
7	함께 놀고 싶어요	생일에 무엇을 하고 싶어?
8	먹기 싫어요	아기 오리야, 어디 있니?
9	다리	자전거가 좋아
10	친구랑 놀아요	찾아보세요
11		코끼리 코는 길어
12		토끼와 타조의 달리기 경주
13		팔랑이와 퍼피
14		하품 시합

순	3단계	4단계
이름	쑥쑥 그림책	재밌는 그림책
1	일곱 빛깔 받침 글자	산삼과 이무기
2	선물	파란 부채 빨간 부채
3	악어의 'ㄱ'은 '기윽'	백설 공주와 일곱 난쟁이
4	친구야, 같이 놀자	며느리 방귀 태풍 방귀
5	개미를 본 적이 있나요?	콩쥐팥쥐
6	나는 공룡 박사예요	빨간 모자
7	나는 느리다	흥부와 놀부
8	무엇일까요?	금강산 구미호
9	비 오는 날	인어 공주
14	나는 자랐어요	구두장이 할아버지와 꼬마 요정

기나 '인어 공주'와 같은 명작 동화를 아이들 수준에 맞게 구성하였다. 3단계까지 읽으며 어느 정도 읽기가 익숙해진 후 이야기의 재미를 느끼면서 책을 잡기 바라는 마음으로 만들었다. 물론 4단계도 유창성을 기르기 위한 교재로 사용하면 좋다.

손바닥 그림책은 아이가 책 표지에 자신의 이름을 쓰고, 소리 내어 읽고, 선생님이 불러주는 글자나 문장을 쓰고, 그림을 그리고, 색칠도 하면서 놀 수 있게 만들었다. 아이들은 이 책을 읽으면서 책 한 권을 읽어내는 성취감을 맛볼 수 있을 것이다.

찬찬한글[32]

'찬찬한글'은 과학적으로 창제된 한글의 특성과 원리를 초등학교 저학년 수준에 맞게 가르칠 수 있도록 개발된 교재이다. 한글 낱자의 소릿값을 명시적으로 가르치는 발음 중심 접근법으로 초등학교 저학년 학생의 읽기 발달 초기 단계인 해독에 초점이 맞춰졌다.

찬찬한글은 34개의 배움 마당으로 구성되어 있다. 모음과 자음, 받침 없는 단어 읽기, 복잡한 모음, 복잡한 모음 단어 읽기, 대표 받침, 대표 받침 단어 읽기, 복잡한 받침, 복잡한 받침 단어 읽기 순으로 배치되어 있다. 마지막 장에는 최종 평가를 할 수 있게 되어 있다.

---

32) 17개 시·도 교육청(주관기관: 경상북도교육청)의 위탁을 받아 한국교육과정평가원에서 개발하였으며, 기초학력향상지원 사이트(꾸꾸)에서 내려받아서 사용할 수 있다.

1학년 교과서는 자음 단원이 앞에 배치되어 있는데 찬찬한글은 모음 단원이 먼저 나온다. 모음의 창제 원리를 이해하기 쉽도록 그림과 함께 제시하였으며, 비교하기, 동작 따라 하기, 쓰기 활동으로 구성되어 있다. 모음은 기본자(ㅣ, ㅡ), 초출자(ㅏ, ㅓ, ㅗ, ㅜ), 재출자(ㅑ, ㅕ, ㅛ, ㅠ) 10개를 먼저 익히고 자음 19개 첫소리를 배운 후 복잡한 모음 11개를 익히게 되어 있다.

모음 부분 설명

자음은 훈민정음 창제 원리에 따라 기본자와 가획자를 함께 익히도록 했다. 장면마다 재미있게 학습하도록 만화 캐릭터가 시범을 보이는 그림이 있다. 자모음 소릿값을 명시적으로 익힌 후에는 자모를 합성하여 글자를 학습할 수 있다.

자음 부분 설명

찬찬한글은 이중 모음을 별도의 단원으로 구성하여 1학년 교과서의 부족한 부분을 보충해주고 있다. 단모음이 된 이중 모음 'ㅔ, ㅐ'는 입 모양의 차이로 이해하도록 했고, 두 개의 모음이 합쳐져 만들어진 이중 모음은 학생들이 쉽게 이해하도록 그림으로 설명하고 있다.

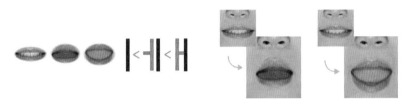

이중 모음 설명

받침은 먼저 7가지 대표 받침소리를 익힌 후 복잡한 받침을 알도록 구성되어 있다. 받침을 익힐 때는 음절체와 받침의 소리를 합성하여 연습하도록 제시되어 있다.

대표 받침 설명

찬찬한글은 학생용 교재와 교사용 지도서로 나누어져 있고, 교사용 지도서에는 간략한 설명과 지도를 위한 자세한 안내가 추가되어 있어 한글 수업을 위한 교재로 학교에서 쉽게 활용할 수 있도록 했다.

1학년 1학기에 51시간의 한글 학습을 끝내고 '한글 또박또박'으로 진

출처: 한글 또박또박

출처: 유튜브

단하여 학생의 한글 해득 여부를 파악한 후 필요에 따라 찬찬한글로 보충 교육을 할 수 있다. 2학년 이상의 학생도 한글 해득 수준을 진단하여 찬찬한글로 개별 맞춤형 지도를 할 수 있다. 2020년에 인천광역시교육청에서 제작한 찬찬한글 동영상 자료는 학교와 가정에서 언제든지 쉽게 활용할 수 있다.

찬찬한글을 활용하면 체계적으로 학생별 맞춤형 지도를 할 수 있고, 아이들이 좀 더 쉽고 재미있게 한글을 익힐 수 있을 것이다.

수업에 활용한 책들

순	책 이름	작가	출판사
1	기분을 말해 봐	앤서니 브라운	웅진주니어
2	꼭 잡아	이혜경, 강근영	여우고개
3	꽃밭	윤석중, 김나경	파랑새 그림책
4	다음엔 너야	에른스트 얀들, 노르만 융에	비룡소
5	달팽이 학교	이정록, 주리	바우솔
6	마음이 퐁퐁퐁	김성은, 조미자	천개의바람
7	생각하는 ㄱㄴㄷ	이지원, 이보나	논장
8	어서 오세요! ㄱㄴㄷ 뷔페	최경식	위즈덤하우스
9	엄마가 화났다	최숙희	책읽는곰
10	웃음이 퐁퐁퐁	김성은, 조미자	천개의바람
11	이 작은 책을 펼쳐 봐	제시 클라우스마이어, 이수지	비룡소
12	최고의 이름	루치루치	북극곰

13	팔이 긴 사람이 있었습니다	현민경	향출판사
14	달님 안녕 시리즈	하야시 아키코	한림출판사
15	짖어봐 조지야	줄스 파이퍼	보림
16	한입에 덥석	키소 히데오	시공주니어
17	똥방패	이정록, 강경수	창비
18	민들레는 민들레	김장성, 오현경	이야기꽃
19	우리 이불 어디 갔어	하수정	웅진주니어
20	애고, 똥 밟았네!	박종진, 경혜원	키즈엠
21	지원이와 병관이 시리즈	고대영, 김영진	길벗어린이
22	왜냐면	안녕달	책읽는곰
23	지각대장 존	존 버닝햄	비룡소
24	괴물들이 사는 나라	모리스 샌닥	시공주니어
25	상어 마스크	우쓰기 미호	책읽는곰
26	나, 꽃으로 태어났어	엠마 줄리아니	비룡소
27	입이 큰 개구리(하하호호입체북)	키스 포크너, 조너선 램버트	미세기
28	이파라파냐무냐무	이지은	사계절
29	초록 토끼를 만났다	송찬호	문학동네
30	이게 정말 나일까?	요시타케 신스케	주니어김영사

그 밖의 교재 및 교구

순	교재 및 교구		사진	만든 곳
1		책 발자국 K-2 수준 평정 그림책 시리즈		교육공동체벗
2	책	가나다 요술책		에듀 프랜드
		한글이 그크끄		책짓는 달팽이

3	낱글자 교구	자석 글자		
4		라온		코리아 보드게임즈
5	낱글자 교구	아봉당 (자석 글자)		꼬메모이
6	카드	GO FISH! 한글		행복한 바오밥
7		또박또박 재잘재잘 이야기 발음 카드		예꿈
		문장 완성 카드		마인드프레스

말글 공부

한글 깨치기에서 문해력까지

초판 1쇄 발행   2022년 6월 6일

지은이 김민숙, 김주루, 김청미, 김혜련, 오현옥, 홍인재

발행인 김병주
COO 이기택 **CMO** 임종훈 **뉴비즈팀** 백헌탁, 이문주, 백설
행복한연수원 이종균, 이보름, 반성현
에듀니티교육연구소 조지연 **경영지원** 박란희
책임편집 권은경
디자인 블랙페퍼디자인

펴낸 곳 (주)에듀니티
도서문의 070-4342-6110
일원화 구입처 031-407-6368 (주)태양서적
등록 2009년 1월 6일 제300-2011-51호
주소 서울특별시 종로구 인사동5길 29 태화빌딩 9층
출판 이메일 book@eduniety.net
홈페이지 www.eduniety.net
페이스북 www.facebook.com/eduniety
인스타그램 www.instagram.com/eduniety/
          www.instagram.com/eduniety_books/
포스트 post.naver.com/eduniety

ISBN 979-11-6425-126-1 (13370)
값은 뒤표지에 있습니다.

문의하기

투고안내